浙江省普通高校"十三五"新形态教材

U0749993

酒店前厅

管理实务

孟铁鑫 编著

浙江工商大学出版社
ZHEJIANG GONGSHANG UNIVERSITY PRESS
·杭州·

图书在版编目(CIP)数据

酒店前厅管理实务 / 孟铁鑫编著. — 杭州：浙江
工商大学出版社，2020.5
ISBN 978-7-5178-3714-5

Ⅰ.①酒… Ⅱ.①孟… Ⅲ.①饭店－商业管理－高等
学校－教材 Ⅳ.①F719.2

中国版本图书馆 CIP 数据核字(2020)第 022118 号

酒店前厅管理实务
JIUDIAN QIANTING GUANLI SHIWU

孟铁鑫 编著

责任编辑	张晶晶	
封面设计	林朦朦	
责任印制	包建辉	
出版发行	浙江工商大学出版社	
	(杭州市教工路 149 号　邮政编码 310012)	
	(E-mail:zjgsupress@163.com)	
	(网址:http://www.zjgsupress.com)	
	电话:0571-88823703,88831806(传真)	
排　　版	杭州朝曦图文设计有限公司	
印　　刷	杭州高腾印务有限公司	
开　　本	710mm×1000mm　1/16	
印　　张	21.25	
字　　数	382 千	
版 印 次	2020 年 5 月第 1 版　2020 年 5 月第 1 次印刷	
书　　号	ISBN 978-7-5178-3714-5	
定　　价	86.00 元	

版权所有　翻印必究　印装差错　负责调换
浙江工商大学出版社营销部邮购电话　0571-88904970

前　　言

伴随着我国旅游事业的蓬勃发展，作为旅游业三大支柱产业之一的酒店业，不仅在数量、规模等方面不断增加和扩大，而且也越来越重视服务规范和服务质量，尤其对前厅工作人员的服务技能和管理能力提出了更高的要求。

本书为浙江省普通高校"十三五"新形态教材。顺应新形势下高校旅游管理、酒店管理专业人才培养模式改革的需要，将旅游类应用型人才培养要求和前厅服务与管理职业岗位能力的实际需求相结合，以行业标杆企业前厅部的实际运营为参照，具有较强的时效性、针对性、指导性和实用性。同时，以酒店前厅职业能力养成为主线，将理论知识、技能操作和职业素养培育紧密结合，梯度明晰、有序适当。

本书的特点主要表现在以下方面：

第一，注重提升学生的综合能力和职业素养。书中链接了丰富的拓展知识，穿插了生动的案例和详尽的分析，根据现实岗位的要求设计了多样化且实践性较强的操作练习，涉及面广、形式多样，能帮助学生提高判断能力、分析能力和思考能力，养成酒店人需要的团队合作、社会责任感等意识。

第二，教材呈现形式生动、多样。遵循认知规律，图文并茂，使抽象的内容直观化、具体化，增强教学内容的实用性，方便教师和学生阅读。

本书是与浙江世贸君澜大饭店校企合作编写的教材，适用于旅游管理专业和酒店管理专业本、专科学生前厅课程的教学。本书在编写过程中，参考了许多专家学者的相关文献，在此一并表示感谢。

由于编者水平有限，书中难免不足之处，敬请有关专家和广大读者批评指正。

编　者
2019 年 6 月

目　录

模块一　前厅部认知

学习目标

知识目标

■ 了解前厅部的地位、作用及主要任务

■ 了解前厅部各岗位的基本职能

■ 熟悉前厅的功能布局和环境营造

能力目标

◎ 能分析自己所熟悉的酒店前厅的功能分区

◎ 能根据酒店的实际情况,设计前厅部的组织结构图

◎ 能结合实际分析前厅服务和管理的发展趋势

案例导读

李涛是某旅游学院酒店管理专业大学三年级的学生,身高 176cm,看起来很健康。他做事认真、踏实、个性开朗。在校期间通过了大学英语四级考试,英语口语一般;但业余时间选修了日语,能用简单的日语与客人进行交流,专业成绩良好。他喜欢酒店的工作,乐于与来自世界各地的客人打交道。在校期间,曾到当地一家四星级酒店餐饮部兼职做了半年西餐厅服务员,酒店对他的评价不错。他现在想尝试在前厅部工作,他认为前厅工作更有挑战性,更能锻炼自己的能力。不过由于他所在的学校前厅实战场地有限,其工作经验比较缺乏,不能确定自己适合从前厅部的哪个岗位做起。来到某四星级酒店实习后,培训部经理让他在两周的入职培训期间对该酒店及前厅部做一个初步了解,然后结合自己的特点确定一个合适的岗位。

思 考

1.你能给前厅部下一个定义吗?

2.你认为前厅部的任职条件有哪些?

3.假如你是李涛,你会给自己做怎样的职业规划?

任务一　认知前厅部

一、前厅部的概念

前厅部是沟通与协调酒店各部门的对客服务,为酒店高级管理决策层及相关各职能部门提供各种信息参考,同时为宾客提供各种综合服务的部门。前厅部的工作主要是负责招徕并接待宾客、销售酒店客房及餐饮娱乐等产品和服务。

前厅部的工作贯穿于宾客与酒店接触及交易往来的全过程。前厅部通过开展预订客房业务,首先与潜在的宾客接触,接着是接待抵店客人,办理登记手续,使宾客顺利入住,为住客提供各项前厅服务,管理客账直至送别客人离店。前厅部还为住店宾客建立客史档案,为宾客的再次光临做好准备。前厅部的工作带有"全局性"。因此,前厅部人员在宾客心目中是酒店的代表、酒店的橱窗等。

二、前厅部的地位

前厅部的作用是与它所承担的任务相联系的。前厅部是现代酒店的重要组成部分,在酒店经营管理中占有举足轻重的地位,具体表现在以下几个方面。

(一)前厅部是酒店业务活动的中心

前厅部是一个综合性服务部门,服务项目多,服务时间长,酒店的任何一位客人,从抵店前的预订到入住直至结账离店,都需要前厅部提供服务。可以说,前厅服务贯穿于客人在酒店内活动的全过程,是酒店服务的起点和终点。无论酒店规模大小、档次如何,前厅部总是服务客人的中心。

(二)前厅部是酒店形象的代表

前厅部是酒店对外的营业窗口,有经验的客人通过酒店前厅部服务与管理就能判断这家酒店的服务质量、管理水平和档次高低。前厅服务的好坏不仅取决于大堂的各项硬件设施，更取决于前厅部员工的精神面貌、礼貌礼节、服务态度、服务技巧、工作效率等软件。

前厅部是给客人留下第一印象和最后印象的地方。第一印象在客人对酒店的认知中会产生非常重要的作用。它产生于瞬间，却会长时间保留在人们的记忆中。有的客人初到酒店，会产生异地陌生感、不安全感和不习惯感等，会对酒店比较挑剔。面对这种客人，酒店要通过自己的服务，力图改变客人的异地化心理和挑剔心理，要让客人有宾至如归的感觉。如果第一印象好，那么即使客人在住宿期间遇到不如意的地方，也会认为这是偶然发生的，可以原谅；反之，则会影响到客人入住的心理感受。客人入住期满离店时，也要经过大堂，前厅部员工在为客人办理结账手续、送别客人时的工作表现，会给客人留下"最后印象"，优质的服务将使客人对酒店产生依恋之情。

此外，在大堂会集的大量人流中，除住店客人外，还有许多前来就餐、开会、购物、参观游览、会客、检查指导等的其他客人。他们往往会停留在大堂，对酒店的环境、设施、服务进行评论。因此，前厅部是酒店的营业橱窗，是酒店形象的代表，反映酒店的整体服务质量。

（三）前厅部是酒店业务内外联系的枢纽

前厅部犹如酒店的大脑，在很大程度上控制和协调整个酒店的经营活动，由这里发出的每一项指令、每一条信息都会直接影响酒店其他部门对客人的服务质量。因此，前厅部员工，尤其是接待员工作必须认真负责、一丝不苟，并经常联络和协调其他部门的工作，以保证酒店正常运转，提高酒店的整体服务质量。前厅部是客人与酒店联系的纽带，客人的各种要求和求助会反馈到前厅部，客人的投诉也会反馈到前厅部，前厅部协助各有关部门及时解决各种问题，满足客人的旅居需求。

另外，前厅部与客源单位、社会各接待单位、同行及政府职能部门都有交往和联系。因此，前厅部在酒店服务接待过程中起着承上启下、联系内外、疏通左右和总体协调的关键作用。

（四）前厅部是创造经济收入的关键部门

为客人提供食宿是酒店最基本的功能，客房是酒店最大、最主要的商品。在酒店的营业收入中,客房营业额通常要高于其他各项。据统计,目前国际酒店客房收入一般占酒店总营业收入的50％左右,而在我国客房收入还要高于这个比例。前厅部的有效运转有利于提高客房出租率,增加客房销售收入,提高酒店经济效益。除了销售客房以外,前厅部还可通过提供邮政、电信、票务以及出租车服务等,直接取得经济收入。

(五)前厅部是酒店管理的参谋和助手

作为酒店业务活动的中心,前厅部直接面对市场和客人,是酒店中最敏感的部门,它能收集到有关市场变化、客人需求和整个酒店对客服务、经营管理的各种信息。前厅部是酒店管理的参谋和助手,主要表现在以下三个方面:

1. 在客人入住酒店后,安排客人生活、建立和利用客人资料、处理客账、反映客人意见和结构状况等工作都由前厅部来完成;

2. 前厅部在与客人接触过程中,较直接而真实地了解市场,把握目前酒店经营的特点和趋势,洞察酒店的市场规律;

3. 前厅部每天要汇集各部门的营业情况,如房态变化、客流情况、各业务量情况等,制作营业日报表及账务报表。在对这些信息进行整理和分析后,每日或定期向酒店提供真实反映酒店经营管理情况的数据报表和工作报告,并向酒店管理机构提供咨询意见,作为制定和调整酒店经营策略的参考依据。

案例评析

一个雨雪夜,机场附近某大酒店的前厅很热闹,接待员正紧张有序地为一批误机客人办理入住登记手续,在大厅的休息处还坐着五六位散客等待办理手续。此时,又有一批误机的客人涌入大厅。大堂副理小刘密切注视着大厅内的情景。

"小姐,麻烦您了,我们打算住到市中心的酒店去,你能帮我们叫辆出租车吗?"两位散客从大堂休息处站起身来,走到大堂副理面前说。"先生,都这么晚了,天气又不好,到市中心已不太方便了。"大堂副理想挽留住客人。

"从这儿打的到市中心不会花很长时间吧,我们刚联系过,房间都订好了。"客人看来去意很坚决。

"既然这样,我们当然可以为您叫车。"大堂副理彬彬有礼地回答道,她马上叫来行李员小秦,让他快去拦车,并对客人说:"我们酒店位置比较偏,可能两位需要等一下。我们不妨先到大堂吧等一下,好吗?"

"那好吧,谢谢。"客人被小刘的热情打动,然后和她一起来到大堂吧休息处等候。

天已经很黑了,雨夹着雪仍然在不停地下,行李员小秦始终站在路边拦车,但十几分钟过去了,也没有拦到一辆空车。客人等得有些焦急,不时站起身来观望有没有车。大堂副理安慰他们说:"今天天气不好,出租车不太容易叫到,不过我们会尽力的。"然后又对客人说:"您再等一下,如果叫到车,我们会及时通知您的。"

又是15分钟过去了,车还是没拦到。客人走到大堂门外,看到在风雪中站了30多分钟脸已冻得通红的行李员小秦,非常抱歉地说:"我们不去了,你们服务这么好,我们就住这儿吧,对不起。"还有一位客人亲自把小秦拉进了前厅。

💬 点 评

进入酒店,我们看到最多的就是客人,听到最多的也是客人的声音。客人不仅仅是登记册上的一个名字、一项没有趣味的统计资料,他们同我们一样,是有血、有肉、有感情、有需求、有喜好、有嗜好的实实在在的人。酒店开门营业,来的都是客,凡是客人都应该受到酒店全体员工的高度重视。正是因为他们的光顾,才为我们提供了一切的经济来源,所以我们才说客人是我们的衣食父母。我们的一切工作都应该是想顾客之所想,急顾客之所急,做顾客之所需。

案例中的两位顾客,本已打算离开酒店,到市中心去住宿,当见到酒店前厅员工真心实意为他们着想便感动了,最后决定还是住这个酒店。追求物美价廉、质价相称是顾客的普遍心理,但温暖人心的服务更让人回味无穷。

这件小事给我们的启发是:酒店员工应该具有全员营销意识,把握一切商机进行推销。每一位进入酒店大门的客人,都可能成为酒店的潜在客人或对潜在客源有影响的人。

三、前厅部的业务特点

(一)工作内容庞杂

前厅部的工作范围较广、项目多,通常包括销售、寄存、接待、收银、问讯、票务、预订等一系列内容,并且每项工作都有相应的规范与要求,在具体的操作过程中必须严格遵守,才能使宾客满意。

(二)工作涉及面宽

前厅在整个酒店的管理过程中负有协调功能,必然与各个相关部门发生联系,有时不仅需要熟悉本身的业务,还要了解其他部门的情况,才能帮助顾客解决问题。

(三)专业要求高

随着时代的进步,现代科技不断引入各行各业的管理之中,酒店前厅也大都实行了电脑管理,员工必须经过专业培训才能上岗操作。另外,在帮助宾客克服困难、回答其提出的问题时,也需要员工具备相应的能力与业务知识背景,这就对员工的素质、专业技术水平和业务水平提出了较高要求。

任务二 了解前厅部职能和组成

一、前厅部的职能

(一)销售客房

客房的营业收入是酒店的主要经济来源,酒店经常用客房销售量和平均房价来衡量前厅员工的工作业绩,这要求每个前厅员工掌握一定的销售技巧。很多酒店甚至将员工的销售状况同员工工资挂钩。

(二)建立客账,进行账单管理

账单是处理客人账目的基本依据,客人在酒店的所有消费都要汇集到前台并审核统计。前台结账直接影响到酒店的形象和经济效益,故要求员工处理客人账目准确及时,同时随时掌握房价的变动、房价的折让等要素。

(三)控制客房状态

前台必须在任何时候都有正确的房态,来显示客房出售状况和未来的销售能力,给市场营销部提供营销信息。这要求前台人员能够及时将客人的入住和离店、房间续住、房间更换、预订未到、维修客房等信息进行反映。房态显示资料来源有两处:一是客房部送来的楼层房态表,二是前台的房态资料。要对其进行反复核对,以保证房态的正确。

(四)提供相关服务

前厅部的业务范围包括预订、接待,还包括问讯服务、叫醒服务、邮件服务、订票服务、留言服务、礼宾服务、兑换货币、委托代办等多项服务。

（五）协调对客服务

前厅工作涉及酒店的众多部门，所以必须牢牢树立整体服务意识。一方面，将客人的需求信息以及反馈意见及时传递到各个部门并进行协调控制；另一方面，要充当酒店代言人的角色，解决客人在入住中碰到的各种问题，以保证整个酒店的服务质量和效率。

（六）统计与预测报表

前厅部的表格有客房出租率以及平均房价的显示，有上年同比的相关资料，还会有客人在酒店的各种消费状况，这一切都给酒店分析、判断、预测市场和制定营销策略等提供了直接的依据。

（七）建立客史档案

客史档案中记录了客人入住酒店的主要资料，是酒店了解客人需求特点，提供有针对性服务的最重要依据。客史档案能反映一个酒店对客人研究的程度如何。

二、前厅部组织机构设置的形态

前厅部组织机构设置受到酒店类型、规模、等级劳动力成本、管理模式等因素的影响。因而，各酒店前厅部组织机构设置的形态也有所不同，酒店管理人员应通盘考虑。一般来说，酒店按客房数量和接待规模可分成大型（500 间客房以上）、中型（200—500 间）、小型（200 间以下）酒店。根据酒店规模大小的不同，前厅部组织机构设置有很大区别，主要表现在以下三个方面。

第一，大型酒店前厅部管理层次多，而小型酒店层次少。如大型酒店前厅部组织机构中有部门经理级、主管级、领班级、员工级四个层次，而小型酒店可能只有经理级、领班级或主管级、员工级三个层次。

第二，大型酒店前厅部组织机构内容多、范围广，而小型酒店内容少。如大多数大型酒店的前厅部设有商务中心、车队等，而小型酒店则没有。

第三,大型酒店前厅部职能划分精细,有不同的岗位负责,而小型酒店则可能将其合三为一,甚至合四为一,如客房预订、接待、问讯、收银一并归入前厅接待。

另外,在众多大、中型酒店的组织机构中,其前厅部与客房部是各自独立的部门,而有些小型酒店,则将前厅部和客房部合二为一,以减少管理费用,将客房销售与客房管理有效协调起来。不过,在实行总监制的大型现代酒店中,设置有房务系统,该系统由前厅部、客房部、保安部、工程部等几个二级部门组成,并设立房务总监的职位统辖整个房务系统。如图 1-2-1 至 1-2-3 所示。

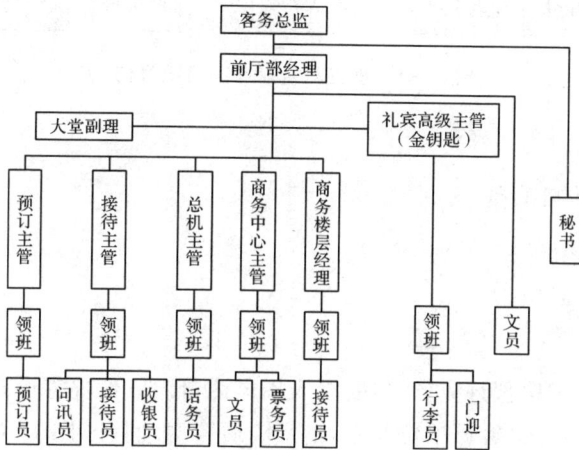

图 1-2-1 大型酒店前厅部组织机构

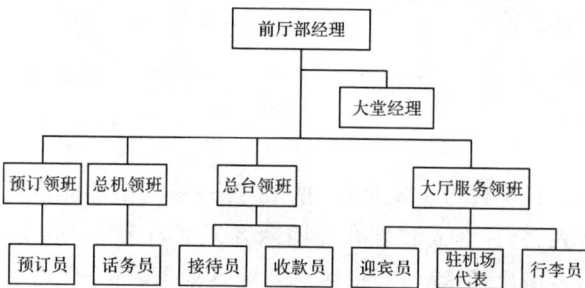

图 1-2-2 中型酒店前厅部组织机构

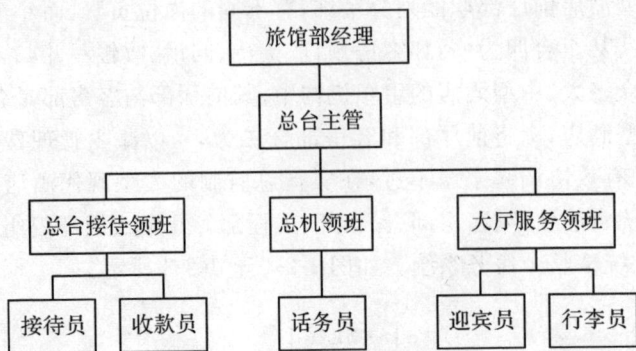

图 1-2-3　小型酒店前厅部组织机构

三、前厅部的组成

(一)预订处

负责酒店的客房预订业务,接受客人用电话、传真、信件等形式进行的房间预订,并积极主动与有关客源单位联系,推销酒店客房;同时向前厅其他相关部门传递相关信息,向上级及时汇报有关情况。另外,预订处还必须制定每月、每周乃至具体到第二天的预订报表,对预订工作进行安排,按酒店的要求定期处理预订信息和保管预订资料。

(二)接待处

接待处,又称"开房处",主要负责:推销客房;接待抵达的住店客人(包括预订客人和非预订客人、常住客人和散客及团队客人等);为客人办理住店手续,分配客房;掌握、控制客房出租状况;制定客房营业日报等表格;负责对内联络、协调对客服务等工作。

(三)问讯处

主要职责是回答客人有关酒店的各种设施、服务及市内游览观光、购物等内容的询问;负责办理客人委托的事项、收发保管客房钥匙,处理客人邮件、留言,接待来访客人。

(四)收银处

收银处的主要职责是办理客人离店时的结账手续,包括收取客人在店一切消费费用、收回客房钥匙、核实客人的信用卡、负责应收账款的转账(必要时要提供外币兑换服务)等工作;帮助客人保管贵重物品;与酒店一切营业部门的收款员联系,催收核实账单;夜间审核全酒店的营业收入及账务情况。

收银处一般由领班、收银员和外币员组成。其业务性质决定了它通常是隶属于酒店财务部,但其工作地点通常在前厅,所以成了前厅的一个重要组成部分。

(五)礼宾处

礼宾服务人员一般由礼宾主管、领班、迎宾员、行李员、委托代办员等组成。其主要职责是:负责迎送宾客;代客行李卸送;陪送客人进房;分送客用报纸、客人信件和留言;代客召唤出租车;协助管理和指挥门厅入口处的车辆停靠,确保畅通无阻;帮助客人办理其他委托事项。

(六)电话总机

电话总机的主要职责是为客人转接电话,为客人提供联络服务、叫醒服务,电话找人,接受电话留言,转播或消除紧急通知和说明,播放背景音乐等。

(七)商务中心

为客人提供打字、翻译、复印、传真、长途电话开通及其他商务服务。另外,还可以根据需要为客人提供秘书服务,其中的服务人员一般由主管和服务员组成。但也有一些小型酒店的商务中心,因为没有必要,就不设主管。

(八)大堂副理

大堂副理是酒店管理机构的代表人之一。其主要职责是:
1.处理宾客的投诉;

2.联络和协调酒店各有关部门对客服务工作;

3.处理意外或突发事件;

4.回答宾客的一切询问,并向宾客提供一切必要的协助和服务;

5.负责检查贵宾房及迎送贵宾的接待服务工作;

6.维护大堂秩序,确保宾客的人身和财产安全,以及酒店员工和财产的安全;

7.负责检查大堂区域的清洁卫生,各项设施设备的完好情况,维护酒店的气氛;

8.征求宾客的意见,沟通酒店与宾客之间的情感,维护酒店的声誉;

9.熟悉前厅部各班组的工作,在其他主管不在场时,协助管理,督导其下属员工的工作;

10.巡视检查员工纪律、着装、仪表仪容及工作状况;

11.出席酒店的有关例会,对加强管理、改进服务、增加创收等提出建议。

(九)宾客关系主任

目前,不少高档酒店前厅部设有宾客关系主任(GRO),也称为"客户关系主任",是酒店树立良好的形象、协助各部门圆满完成各项接待任务、提供个性化服务、处理好宾客关系的高层接待人员和管理人员。其主要职责有以下几个方面:

1.向宾客介绍、宣传酒店的各项服务及设施;

2.关注宾客需求并迅速准确地满足客人需求,提供个性化、快捷的登记入住及结账退房服务,并使宾客满意;

3.参与酒店的重要接待工作,有针对性地设计接待服务流程并进行人员分工调配;

4.与相关部门及时沟通,满足宾客的特殊要求,确保所有 VIP、长住客及常客及时得到个性化的服务;

5.收集、分析宾客反馈意见并向上级汇报,不断改进工作程序;

6.接受并处理宾客投诉,与值班经理和相关部门联系,对所发生的情况进行缓解补救。

知识链接

前厅待客服务的十条黄金准则

一、整洁的仪容仪表

专业的服务从员工的仪表开始,整洁的仪容仪表是重视客人、提供专业化服务的表现。

二、给客人直接的关注

在某种情况下,前厅部员工可能不能立即接待客人,但绝对不要对客人不理不睬,因为这会令其感觉自己不受重视。员工可以通过打招呼、传递眼神或者其他方式让客人知道自己暂时不能接待他(她),这样可以消除客人因为等待而产生的不愉快。

三、良好的精神面貌

不要展示缺乏信心的精神面貌,这不仅会直接影响到其他员工的精神面貌,也会令客人感觉自己不受尊敬。所以,良好的精神面貌是待客服务的黄金准则之一。

四、给客人微笑和真挚问候

向客人问候时,有动作但却一言不发,会令客人感到不自在或者认为服务人员根本不重视他;若无面部表情,则更可能会令客人感到自己不受欢迎。若能给客人微笑和真挚的问候,可以让其感觉到温馨。

五、仔细聆听

在和客人交谈的过程中,仔细聆听不但可以准确地明白客人的意思,更能够了解客人的心情,从而提供更加优质的服务。

六、保持眼神接触

在和客人交谈的过程中,保持和客人的眼神接触。这不但有助于沟通,更能够使客人感觉到服务人员的真诚,这样即使最后无法满足客人要求,他(她)也不会太在意。

七、使用客人姓氏

通过各种方式知道客人的姓名后,在称呼时,可以在"先生"或"女士"前加上客人的姓氏,这样会让客人感觉自己受到关注。

八、保护客人隐私

应谨慎地谈及客人的各种信息。在未得到客人允许的情况下,绝对不能透露其信息。否则,可能会给客人带来各种各样的麻烦,甚至间接或直接导致客人受损失。

九、总是提供额外帮助

在满足客人的需求后,应询问其是否还需要其他帮助,以提高客人对酒店服务的满意度。

十、总是设法满足客人要求

当客人提出酒店无法满足的要求(在不触犯法律或涉及各种道德问题的前提下)时,不要直接拒绝客人,应先尽可能地帮助客人。这样,即使最终(因为某种原因)无法满足客人,也可让其感受到酒店已在尽力帮助他(她)了。

四、前厅部的主要设备及其功能

(一)柜台设备

传统酒店中前厅部的设备通常有:客房状况显示架、住客资料查询架、钥匙及信件放置架、打时机、备用钥匙架、客史档案柜、登账机、账卡架、安全保险箱以及信用卡刷卡机、传真机和复印机等。随着计算机的应用和其功能不断开发和完善,计算机逐渐取代了越来越多的前厅部设备,例如取代了用来控制房态的客房状况显示架,以及住客资料查询架等。

目前,现代酒店前厅部的主要柜台设备包括:

1.电脑:前厅柜台内应设电脑,100间客房左右的酒店至少应设2台电脑,500间以内的每增加100间客房应加设1台电脑;

2.打印机:打印机的出纸速度要快些,分辨率要适当,选择便于维修保养和使用的品牌机型;

3.扫描仪:柜台应配备扫描仪用于扫描宾客身份证等证件;

4.信用卡刷卡机:柜台内应准备POS机,方便使用信用卡结账的宾客;

5.文件架:用于放置宾客信件、账单、常用表格等文件;

6.验钞机:用于识别现金纸币的真伪;

7.客房钥匙刷卡器:用于制作新型磁卡式客房钥匙。

(二)行李组设备

1.行李车。行李车有大小两种:大的通常用于装载团体行李,小的通常用于装载散客行李。

2.行李寄存架。行李寄存架置于行李房中,用于存放宾客寄存的行李。

3.伞架。置于酒店大堂出入口,以便雨天为宾客提供雨伞服务或方便宾客存放雨伞。

4.轮椅。供老、弱、病、残等行动不便的宾客进出酒店使用。

此外,行李组还应备有婴儿车及包装行李使用的绳子、胶带、纸箱或纸张、剪刀等物品,以方便宾客使用。

(三)总机设备

总机房设备主要有电话交换机、长途电话自动计费器、呼唤机总台及自动叫醒控制系统等。

(四)常用办公文具

1.铅字笔、铅笔及削铅笔刀。

2.多层文件架及文件夹。

3.小图章架。

4.多用途订书机及拔钉器。

5.纸张穿孔器。

6. 涂改液。

7. 荧光笔。

8. 计算器。

9. 档案小车。

10. 胶水、胶带、湿海绵、废纸篓、碎纸机。

11. 其他物品。

任务三　理解前厅人员的素质要求和职责

一、前厅员工素质要求

一个合格的前厅部人员,应该具备以下素质。

(一)优良端正的品行,作风正派

前厅部的工作政策性很强,经常涉及现金、价格优惠及酒店经营策略方面的机密等。前厅部服务人员必须有较高的品行修养,坦诚、遵纪守法、原则性强,绝不能以工作之便牟取私利。

(二)良好的仪表、仪容

良好的仪表仪容代表了前厅部工作人员对酒店和工作的热爱、对宾客的尊重,反映了酒店高品质的服务水准和追求卓越的企业精神。前厅是宾客汇集或经过的地方,前厅部服务人员则代表整个酒店接待每位宾客。因而,前厅部服务人员的仪表、仪容、礼貌礼节都直接影响着酒店的形象,关系到整个酒店的服务质量。前厅部服务人员要养成良好的行为举止习惯,着装整洁。在言谈举止上,应做到用语规范,声调柔和,语气亲切,表达得体;站立挺直、不倚不靠,动作自然优美、符合规范。在工作作风上,应做到端庄朴实、谦虚谨慎、勤奋好学。在服务态度上,应做到一视同仁,不卑不亢,待人热情,分寸适度,表情自然诚恳,精力充沛。容貌端庄、服装整洁、举止大方有礼的前厅部工作人员给人以热情友好、训练有素、可以信赖的感觉。前厅员工仪容仪表具体规范如表 1-3-1 所示。

表 1-3-1　前厅员工仪容仪表规范

部　位	男员工	女员工
整　体	自然大方得体,符合工作需要及安全规则,精神饱满,充满活力,整齐整洁。	
头发状况	勤洗发,理发;梳理整齐,无头皮屑、无杂物,不染发、不烫发、不留怪异发型。	
发　型	前不遮眼,侧不扣耳,后不过领。	前面刘海不过眉毛,后不过肩,不留披肩发。
发　饰	发饰颜色为黑色或与头发本色近似。	
面　容	脸颈及耳朵绝对干净,不留胡须,鼻毛不露出鼻孔,口齿无异味。	脸颈及耳朵绝对干净,上岗之前化淡妆(淡雅自然),不浓妆艳抹,口齿无异味。
身　体	上班前不吃异味食品和不喝含酒精的饮料,勤洗澡、无体味。	
装饰物	不能佩戴首饰(项链、耳环、手镯及夸张的头饰),只允许佩戴手表、铭牌、婚戒,特别是不能佩戴豪华昂贵的首饰显得比客人更富有,以免伤害客人自尊。	
着　装	着统一的岗位工作服,佩戴相应的领带、领结、领花或者丝带;工作服要干净、平整、无尘垢、无脱线、纽扣齐全扣好,不可衣冠不整,工号牌要佩戴在左胸前,不得歪斜;不要将衣袖、裤子卷起;衣袋里不能装任何物品,特别是上衣口袋领子、袖口要干净;内衣不能外露。	
手　部	指甲要修好,不留长指甲,保持干净、勤洗手。	女员工不能涂有色指甲油,不留长指甲,保持干净、勤洗手。
鞋　袜	着黑色皮鞋,表面锃亮、无灰尘、无破损、着黑色袜子。	着黑色皮鞋或布鞋,表面干净、着肉色连裤袜,不挂边、不破损、不滑丝。
整理场所	公共场所需整理仪表时,要到卫生间或工作间等客人看不到的地方,不要当着客人的面或在公共场所整理。	

(三)机智灵活,有较强的应变能力

前厅部是酒店的业务中心,各项工作十分繁杂。每天会接触到各种各样的人和事,甚至会碰到许多意外的事,都必须予以妥善处理。因此,要求前厅部工作人

员必须具有机智灵活的处理能力,有较强的应变能力,有针对性地提供服务,处理好特殊事件。

(四)有较强的处理人际关系能力

酒店属于服务业,离不开与人打交道,尤其是作为前厅部人员,几乎每日每时都要与各种各样的来自不同国家或地区的、不同文化背景、不同生活习惯的宾客打交道。因此,前厅部人员必须喜欢并善于与人相处。同时,前厅部员工还要处理好与同事、上下级之间的关系,互相理解、互相合作,以便顺利地完成工作。

(五)较高的语言表达水平

前厅部人员应具有较强的语言表达能力,具体表现在两个方面。

一方面,能够用宾客使用的语言与宾客交流,应具有良好的汉语表达能力和理解能力;普通话发音准确、嗓音甜美动听。由于酒店的宾客来自世界各地,前厅部人员必须熟练地掌握一门以上的外语,特别是口语方面要达到相当的水平。在沿海地区的一些酒店,由于要接待许多港澳同胞和海外华侨,前厅部人员还必须会讲广东话、闽南话等方言。前厅部人员是否能够用宾客使用的语言接待宾客,不仅影响服务质量,还会影响酒店的客源。

另一方面,讲究语言的艺术性。语言是人际关系的润滑剂,前厅部员工在接待宾客的过程中,与宾客进行语言交流的机会很多,如果不掌握语言艺术,会不知不觉就得罪宾客,甚至"刺伤"宾客,更谈不上使宾客满意。因而,前厅部服务人员应掌握语言表达技巧,具有幽默感,具有说服别人、打破僵局的语言能力。

(六)精明强干,善于推销

在前厅部工作的人员,销售酒店产品是首要的工作任务。因此,必须具备推销员的素质,积极主动地工作,掌握销售技巧。

(七)勤奋好学,有较宽的知识面

前厅部接待的宾客来自不同的国家和地区、不同的社会阶层,具有不同的职业、身份、文化背景和风俗习惯。因此,要为宾客提供优良的服务,就必须懂得心理学、社会学、民俗学、销售学、管理学、旅游学等知识。

(八)善解人意,有较强的理解宾客的能力

前厅部接待的宾客形形色色,性格各异。前厅部人员应能迅速、准确地领会宾客的需求,快速准确地处理问题。前厅部工作人员必须深刻理解宾客在旅途中的困难和不便,理解本身职业的责任和荣誉,有发自内心的、心甘情愿的服务意识,在工作中永远保持充沛的精力和热情的微笑。

(九)一丝不苟,有认真的工作态度

前厅部人员必须具有高度的责任感、强烈的事业心和一丝不苟的工作态度。前厅部工作任务重、业务复杂、脑力劳动强度大,必须有认真的工作态度,才能把工作做好。

(十)谈吐优雅,善于控制自己的情绪

前厅部员工所接触宾客的多样性导致了其服务的复杂性。前厅部员工为了做好工作,必须要有涵养、有耐心,善于控制自己的情绪,不卑不亢,不能被宾客的情绪所左右,任何时候都不与宾客争辩。

知识链接

前厅部员工"应做"与"不应做"

一、应做

1.熟悉客房情况(位置、特点、设备等)。
2.待客尽可能友善,但也不可过于热情。
3.处事冷静且有人情味。
4.努力为酒店争取新的客人,同时留住现有客人。
5.记住常客的名字并了解他们的爱好。

6.了解不同国家、不同民族的人文风俗,尽量顺应客人的习惯。

7.前厅是一个工作集体,要将同事视为朋友,互相尊重,以礼相待。

8.尽量向客人推销酒店设施。这样既可让客人满意酒店的服务,也可增加酒店收益。

9.把酒店当作自己的家,并引以为豪。

10.保持与客房、餐饮等相关部门的良好沟通与合作。

11.与旅行社等其他业内单位保持良好的关系。

12.善于预见客人的需要——感到客人有帮忙的需要时要主动上前询问。

二、不应做

1.不应对客人傲慢无礼,冷静不等于傲慢。

2.不应对工作草率行事,否则,只会影响酒店的声誉。

3.不应在客人面前与同事用自己的方言交谈,应尽量使用客人能懂的语言。

4.不应在客人面前表露出身体不适的样子。

5.不应在客人面前流露出疲惫神情。

6.不应在未征得住客同意前,将探访客人领进房间。

7.不应与同事聊天而让客人等候。

8.不应简单地因客人说出房间号码就将钥匙交给对方(特别是散客房间)。

9.不应将酒店服务设施硬性推销给客人。

10.不应在与客人招呼或交谈时显得拘谨或保持缄默。

二、前厅部经理工作职责

(一)前厅部经理职责

部门经理是部门运转的指挥者,全面负责本部门的工作。所以,前厅部经理是前厅部的最主要岗位成员,他(她)向总经理或分管的副总经理负责。

1. 前厅部经理管理层级关系

直接对分管副总或房务总监负责,直接下属为前厅部副经理、秘书及前厅部各下属主管。

2. 主要工作职责

前厅部经理是前厅部最高管理者,全面负责前厅部各项工作;负责计划、组织、培训、督导、考核、控制、预算;保证与酒店其他部门间的沟通协调;确保酒店前厅服务质量和员工工作效率;努力争取客房销售的最大利益。

3. 主要工作内容

(1)负责制订前厅部年度/季度/月工作计划。

(2)负责制订前厅部部门培训计划,并分解下达各下属分部门。

(3)负责考核直接下属业绩。

(4)参加酒店各项定期例会及临时会议,保持与酒店其他部门的有效沟通。

(5)主持召开部门各项定期例会及临时会议,组织部门工作。

(6)检查、督导前厅部日常各项工作。

(7)查看前厅部每日各种报表,准确掌握客房预订、出租情况,灵活掌握房价折扣。

(8)参与前厅各项接待服务。

(9)参与接待酒店 VIP 宾客。

(10)听取宾客意见,处理宾客投诉。

(11)向分管副总或房务总监汇报工作。

4. 任职资格

(1)具有大专以上或同等文化程度。

(2)具有相关酒店管理知识和业务能力。

(3)具有五年以上酒店前厅工作经历及两年以上主管工作经验。

(4)具备较强的计划、组织、决策、沟通、协调能力。

(5)熟练掌握一门以上外语。

酒店管理要实现现代化首先要有现代化的管理意识和观念,所以前厅经理作为管理者之一,要不断地给自己充电,让自己的知识与时俱进。对知识的要求主要体现在以下几点:掌握现代酒店经营管理知识,熟悉旅游经济、旅游地理、公共关系、经济合同等知识。掌握酒店财务管理知识,懂得经营统计分析。了解我国及主要客源国旅游法规,例如在接待客人时,要了解他们大体的生活习惯,忌讳吃什么、忌讳使用什么颜色等。同时,要具有较强的电脑管理知识,因为现在的酒店大都使用电脑系统进行登记、建立客史档案、结账等。

(二)前厅部副经理

1. 管理层级关系

直接对前厅部经理负责,直接下属为前厅部秘书及前厅部各部门主管。

2. 主要工作职责

协助前厅部经理管理前厅部日常工作;当前厅部经理不在时代行其职,确保前厅部的正常运转。

3. 主要工作内容

(1)前厅部经理不在时,代为参加酒店各项定期例会及临时会议,及时为酒店决策层提供准确业务数据,保持与酒店其他部门的有效沟通。

(2)参加前厅部经理主持的前厅部各项定期例会及临时会议。

(3)检查、督导前厅部日常各项工作。

(4)查看前厅部每日各种报表,准确掌握客房预订、出租情况,灵活掌握房价折扣。

(5)参与前厅部各项对客服务。

(6)听取宾客意见,处理宾客投诉。

(7)完成上级交办的其他工作。

4. 任职资格

(1)具有大专以上或同等文化程度。

(2)具有相关酒店管理知识和业务能力。

(3)具有五年以上酒店前厅工作经历及两年以上主管工作经验。

(4)熟练掌握一门以上外语。

知识链接

前厅员工应注意的事项

1.注意使用礼貌用语,如"请""您""对不起""先生""女士"等。

2.时刻提醒自己要面带微笑。微笑是一种表达情感的最自然、最直接的方式,同时也能将一切误会与不愉快驱散,创建愉快和谐的氛围。

3.要善于在工作中控制自己的情绪。一旦遇到专横无理的客人,要耐心说服劝导,不能跟着客人的情绪走,要坚决避免与客人发生争吵与冲突。

4.学会艺术地拒绝。在前厅工作,经常会碰到这样一些情况:如客人提出不符合酒店有关规定或者难以帮助其实现的要求,那么员工该如何处理呢?违反规定去满足客人要求当然是不可能的,敷衍了事地答应客人,而后又不真正兑现承诺就更不应该。所以,员工不能轻易答应客人,同样也不能直接生硬地拒绝客人,正确的做法是向客人耐心地说明有关情况,委婉地表明自己爱莫能助,请客人原谅。在一般情况下,客人都是通情达理、能给予理解的,这样就能妥善处理难题,避免误会冲突。

任务四　分辨前厅功能分区和环境要求

一、前厅功能分区

(一)正门入口处及人流线路

正门入口处是人来车往的重要"交通枢纽"。其基本功能是要保证酒店进出的交通畅通。客人下车时避风遮雨,厅门外有车道和雨塔,正门前台阶旁还应该有专供残疾客人轮椅出入店的坡道,以方便残疾客人出入店。大门有玻璃拉门、专门或自动门。门以双层为佳,以保持前厅空调温度的稳定,节约能源,并可减少尘土刮入,保持大厅清洁。

从入口到酒店各个目的地,便形成了人流线路。各条人流线路要经过装修或铺设条形地毯,加上适当的装点,以形成明确的人流方向,使具有动感的走线与相对平静的休息区、服务区互不影响。

(二)服务区

总台是位于前厅大堂内的酒店总服务台的简称,是为客人提供入住登记、问讯、兑换外币、结账等前厅综合服务的场所。其设计是否合理,将直接影响到总台对客服务的质量。为了方便客人,总台一般均位于酒店一楼大堂,且各项总台业务应相对集中(如预订、接待、问讯和总台收银等)。根据大堂设计布局,总台最好能正对大堂入口处。这样,总台人员不仅能观察到整个前厅、出入口、电梯等活动场所的情况,也能清楚地观察到正门外客人车辆的到达情况,从而做好接待准备工作。同时,也有利于及时发现各种可疑情况,以消除隐患、确保安全。另外,以团队客为主要客源的酒店,可在总台外另设团队接待处。

总台设计通常应考虑三个因素:

1. 总台的外观

总台的形状可根据大堂的建筑结构有所区别,采用曲直相结合的办法。有的为直线形,有的为半圆形,有的则设计成 L 形。在材料选择上,为了经久耐用、易于清洗和显示高雅脱俗,主要采用大理石、磨光花岗岩和硬木等。在布置上,各种标牌,以及国际时钟、日历、天气预报和外币汇率等的外观选择与设计上也应注意与整体大堂风格和谐一致。

总台的高度应以方便客人住宿登记和总台人员的接待服务工作为原则,其理想高度为 110—125 厘米。柜台内侧设有工作台,供总台人员使用,其台高一般为85 厘米,宽为 30 厘米。工作台面最好设计成倾斜式,有一定的坡度,以方便员工使用,且不影响其服务仪态(如站姿等)。

2. 总台的大小

总台的大小是由酒店接待人数、总台服务项目等因素决定的。酒店的规模越大,接待人数和服务项目越多,则总台的面积越大;反之,则越小。但从酒店发展的趋势来看,随着科技的进步和计算机在酒店的普及,总台将日益小型化。

另外,总服务台的柜台和台内面积视酒店的规模、等级而定。如喜来登集团的服务台指标是:每 200 客房,柜台长 8 米,台内面积 23 平方米;每 400 客房,柜台长 10 米,台内面积 31 平方米;每 600 客房,柜台长 15 米,台内面积 45 平方米。

3. 总台的布局

总台的布局应紧凑合理,并以岗位职能划分区域,既要方便客人,又要便于前厅对客服务,提高服务效率。此外,一些酒店为寻求服务差异与特色,针对酒店商务客源的特点,一改常规的总台站式服务,在富丽的大堂分开放置多张商务办公桌,配以舒适的靠椅,桌上放置清新艳丽的鲜花,并配置高效运作的笔记本电脑,由训练有素的员工向抵店客人提供面对面的坐式入住登记服务。这种具有高雅文化品位的服务过程,创造出酒店前厅个性化服务的特色,给客人留下了美好的印象,同时也充分显示出酒店的竞争优势。

大堂副理的办公地点,应设在离总台或大门不远的某一视野开阔的安静之处。通常放置一个办公桌、一两张座椅,供办公和接待客人。

行李处一般设在大门内侧,行李员可尽早看到汽车驶进通道,及时上前迎接。柜台后设行李房,小型酒店行李处不单设,与总台合一。

另外,前厅部办公室、总机室、账务室等机构,与前厅接待服务密切相关,但又不必直接与客人打交道,一般应设在总台后面联络方便但较为隐秘之处。

(三)休息区

大厅休息区是宾客来往酒店时等候、休息或约见亲友的场所,它要求相对安静和不受干扰。休息区的主要家具是供客人休息的沙发座椅和配套茶几。沙发可根据需要围成几组方形,也可围着柱子设置,在人流进出频繁、充满动感的大厅空间中,构筑一个宁静舒适的小环境。

(四)公共卫生间

酒店大厅或附近通常都设有供男女客人使用的公共卫生间。公共卫生间的设施主要有便器和洗脸盆,还要有烘手器、手纸、面巾纸、小毛巾、香皂等器具和用品。公共卫生间要宽敞干净,设施要完好,用品要齐全。

从一定意义上讲,公共卫生间可以反映出酒店的档次和服务水准,是酒店的"名片"。所以,公共卫生间的装饰材料选择与大堂其他部分在规格和质地上要相一致,如现代酒店的大堂一般用大理石装修,其公共卫生间也应用同样材料装修。大堂有众多的进出人流,要考虑公共卫生间的位置,既方便客人又能避开外人的直视,标志要明显。

前厅是酒店建筑的重要部分,每一位客人抵达酒店都必须经由这里,它是客人对酒店产生第一印象的重要空间。另外,人们选择宾馆时不一定是便宜就去,在相同星级的几个宾馆中,除了在价格方面进行考量外,还要看环境,舒适、雅致、美观的环境也是消费者考虑的重要因素之一,所以酒店一般都会根据自己酒店的情况设计出符合本酒店风格的大堂。

二、前厅环境要求

(一)酒店入口设计装饰的类型

1.花园式

这类酒店入口占地面积较大,通常有流畅的回车线环绕其间,有由绿树与花草组成的各种颇具创意的图案、标志,再辅以雕塑、园林灯柱、精致栏杆的适当点缀,并与门旁的花草盆景相呼应,使整个酒店门前洋溢着浓郁的自然气息。

2.支架式

支架式,亦称棚架式入口,一般采用玻璃钢、金属材料与透明塑料等构成斜坡式、半球式、帐篷式和尖顶式等形态各异的棚架造型,并采用富有立体感、光亮度强与特殊质地的新材料和新工艺,再配上流动感强的现代灯光,足以引起宾客的浓厚兴趣。这类酒店入口处造型新颖、美观且富有现代特色。但设计时,应考虑到与酒店主体建筑相协调,棚架须安全可靠。

3.门面式

其特点是将门面设计装饰与广告促销进行有效组合,以吸引更多的客人。如有些酒店利用玻璃门与落地窗张贴巨大的广告艺术画,安装立面霓虹灯,以展示酒店的特色风貌。

酒店入口门的造型也是设计的关键,通常使用旋转门、自动感应门和推拉门等。尽管酒店入口设计装饰类型有所不同,但在总体设计上,均应关注下列问题:

(1)酒店入口处的行车路线安排应考虑右行线。我国实行的是右线行驶,且汽车的方向盘在左侧,为使车右侧靠近酒店大门入口处,以便前厅迎宾员为客人提供拉门服务,酒店的入口处、地下车库的坡道出入口位置及门前广场的行车路线安排,均应考虑右行车线;

(2)酒店入口处的车流和人流线路应互不干扰。酒店门前的交通路线应清晰,尤其是内部车流不应对城市道路造成太大的干扰,否则,极易导致客人出入时行走不便、车行线路不畅;

(3)酒店入口处应宽阔,确保人流、车流顺畅通行。酒店门前的停车道宽度,至少应能平行停放两辆车,最好为三辆车的宽度,以便在出入店高峰时迅速接待乘车客人。切忌因追求气派而设计成高台阶、大坡道;

(4)酒店门前应考虑设置足够数量的停车位。通常,酒店解决停车问题往往是从地下找出路,但为方便客人,也应考虑设计地面车位。100间客房的酒店一般应设置车位 25—45 个,其中,1/4 至 1/3 应设置在地面上,以解决酒店门前的停车问题。

(二)酒店大堂设计装饰的类型

1.古典式

这是一种具有浓厚传统色彩的设计装饰类型,大堂内古董般的吊灯、精美的古典绘画以及造型独特的楼梯栏杆,让客人感受到大堂的古朴典雅。随着各种新材料如亚光漆、彩色金属板和亚纹定型板等的应用,酒店大堂古典式设计装饰有了新的生机。

2.庭园式

其设计装饰引入山水景点与花木盆景,犹如"庭中花园"。如在大堂内利用假山、叠石让水自高处泻下,其落差和水声使大堂变得有声有色;或者在大堂的一角,种植大量的热带植物,设置小巧的凉亭与瀑布,使大堂空间更富自然山水的意境。在设计装饰庭园式大堂时,应注意确保整体空间的协调,花木搭配与季节、植物习性等自然规律相符,假山体量、溪涧宽窄应与空间大小相称等。

3.重技式

其设计显露出严谨的结构、粗实的支柱。如美国希尔顿酒店的大堂,设置了用几十根金属管组成的高大雕塑,并以金黄色喷漆涂其表面,使整个大堂空间充满了生机和活力,营造出迎候八方来客的浓郁氛围。

4.现代式

这类大堂设计装饰追求整洁、敞亮、线条流畅。如大堂顶面球面型和地面圆形图案互相呼应,再配以曲面形墙壁与淡雅的色彩,大堂顶面设计有犹如星星闪烁的灯光,让客人如身临太空,情趣无穷;若再辅以玻璃、不锈钢和磨光花岗岩等反光性强的材料装饰的通道,则大堂更显得玲珑剔透,充满现代感。

(三)酒店大堂设计依据

1.酒店的形象定位

酒店大堂设计越来越注重突出酒店的整体形象,而酒店的形象定位本身已随着市场的竞争出现了巨大的变化。从 20 世纪 70 年代开始,以塑造和传播酒店形象为宗旨的 CI(Corporate Identity)定位盛行于酒店业;20 世纪 90 年代后,以宾客满意为宗旨的 CS(Customer Satisfaction)定位更是受到酒店业的格外关注。但仅靠塑造酒店形象以及仅让宾客满意,远远不能确保酒店在竞争中永远立于不败之地。酒店必须培养一批忠诚的客人,并以此为酒店的基本消费群,来维系与保持酒店基本营业销售额,进而通过建立起的忠诚客户群去影响、带动更多的潜在客人来光顾酒店。于是最新的 CL(Customer Loyalty)以建立宾客忠诚为战略的定位便应运而生,并日益受到酒店业的青睐。例如,香港半岛酒店的开放式大堂服务设计,使酒店的大堂从酒店开业起就成为许多航空公司和旅行社的服务基地,也曾作为机场出港登记处。现在,其大堂已成为商人洽谈生意、新闻界收集信息,社会名流聚会、闲坐、聊天消磨时光的好场所。酒店大堂就如一块磁石,将天涯海角的宾客源源不断吸引进来,酒店一年的总营业收入中几乎有 25% 来自经常光顾的忠实客人。由此可见,大堂设计的独特品位与其特有的经营理念、精美的饮食、细致高雅的服务等,是其赢得大批海内外忠诚客人的秘诀所在。

2. 酒店的投资规模

酒店的投资规模一般用所拥有的客房总间数来衡量。按照惯例,1000 间以上往往被视为特大型酒店,500—1000 间可视为大型酒店,200—500 间可视为中型酒店,200 间以下为小型酒店。在确定酒店大堂设计方案时,应考虑大堂的面积和空间。大堂的建筑面积与酒店客房间数有一定的比例关系,约为 0.4—0.8平方米/间,即每间客房应占有 0.4—0.8平方米的大堂面积。酒店每个标准客房的平均建筑面积应由其所属星级而定,并视其形象定位、经营特色、规模标准等因素加以调整。

3. 酒店的建筑面积

酒店的建筑结构是酒店大堂设计时依据的主要因素,它不仅关系到大堂空间的适度、各功能设施的布局、内外景观的再现等,还关系到酒店大堂的能源消耗、消防安全以及人流路线的顺畅和大堂特色氛围的营造等。酒店的建筑结构一般由塔式、板式与内天井式三种。其中,内天井式结构提供了在室外才能体验到的仰视、俯视观景条件,亦给酒店带来了特有的气魄。随着环境科学和行为科学的发展,酒店大堂设计在解决使用功能的同时,还应满足客人的精神需求。

4.酒店的经营特色

酒店的大堂设计也应以酒店的经营特色为依据,设计效果应能充分显示和烘托酒店的特色。唯有特色,才是酒店的核心竞争优势。千万不可盲目仿效其他酒店,"似曾相识"的设计效果应加以避免。

更多精彩:酒店大堂的设计依据

(四)前厅装饰美化

前厅作为整个酒店的中心,其环境、氛围是非常重要的。前厅必须要有热情迎接客人的气氛,使客人一进大堂就有一种"宾至如归"的感受,有一种享受高级消费、受人尊重的感觉,形成美好的第一印象。同时,还要为前厅服务人员创造一种愉快的工作环境,使前厅的对客服务工作卓有成效。为了创造好的气氛和环境,必须重视前厅的装饰美化。前厅是现代酒店建筑中必须进行重点装饰美化的空间。要精心设计,努力把满足功能需求与创造环境氛围的艺术效果结合起来,把体现民族风格、地方特色与适应国际环境艺术新潮流结合起来,并与大自然紧密联系,与酒店规模、目标市场相适应,与酒店整体建筑相和谐,从而形成本酒店自己的格调、气势和氛围,这是现代酒店对客人产生形象吸引、提高竞争能力的一种独特资本。

酒店前厅的装饰类型、大堂的建筑风格随规模、酒店形象定位而不同。但是,不管什么风格的酒店,在大堂的灯光、色彩、绿化、气候与定量卫生上要做到与酒店整体建筑相和谐。

1.采光

光是大堂活力的主要来源。采光设计的首要任务是适度照亮大堂的空间,方便对客服务。特定的采光可选用不同发光体的组合来实现。选用何种发光体、如何布置、光源的视觉效果(点状的、线状的、平面的或立体的)以及布置图案等,均应视采光空间的性质及所要达到的效果而设计。

大堂采光通常分为自然采光和人工采光,两者有着不同的物理性和视觉效果。不同的采光方式导致不同的采光效果与光照质量。在大堂采光照明设计中，自然采光受大堂墙面形式及其位置的制约;而人工照明则受电气系统及灯具配光形式的制约。由于光影的虚幻、形状、色彩和光线的强弱、明暗对大堂环境气氛的创造起着举足轻重的作用。因此,大堂发光体的布局及其光照图形应与大堂各功能区域的使用要求相吻合,尤其应考虑突出大堂的关键部位。

通常,照亮一个空间可选择三种方法:均匀的、局部的和重点的。其中,均匀式照明是以一种普遍均匀的方式照亮空间,其照明的分散性可有效降低空间环境表面间的对比度,以减弱阴影,使空间转角处显得自然柔和。局部照明则是为了某种需求而去照亮特定区域,光源常被置放在区域的上方、侧面或附近。有时,常将均匀与局部两种照明方式组合起来使用,使空间整体中有变化,虚实相间,且富有层次感。而重点照明实际上是局部照明的一种特定形式,它产生出各种聚焦点及明暗间的韵律图形,以替代那种单纯为了照明的原始功效,往往用来缓解普通照明的平淡与单调,突出空间特色与审美情趣。例如:某酒店大堂总台接待处,其灯光设计得格外明亮,形成良好的导向性,既具实用性,又对大堂空间的艺术氛围起到调节作用。

2. 质感

所谓质感,是指材料表面组织构造所形成的视觉感受,以形容实体表面的相对粗糙或平滑程度,亦可形容实体表面的特殊品质,如大堂石材的粗糙面、木材的纹理等。不同的质感,给人以不同的触觉和视觉,如光洁的花岗岩表面,常令人感到生硬而无人情味;金属材料常令人感到有现代感、坚固而不笨重;地板则是温暖舒适的。所有材料在一定程度上都具有一种质感,但大堂设计选用材料时,有些位置不必非选用高档、豪华材料不可。相反,一些适宜而又普通的材料反而显得恰如其分,相得益彰,并可将局部的高档材料衬托出来。在设计时,除考虑材料本身的特殊性外,亦要考虑组合效果,以及施工等实际问题,做到统筹兼顾。

3. 色彩

色彩,来源于光,它是美化环境的最基本构成要素之一。色彩经人的心理和生理反应会产生不同的感觉。色彩具有感情象征,例如红色有迫近感、扩张感,使人兴奋,可以造成热情、温暖、喜庆的气氛;黄色给人以明朗、欢乐、华贵的感觉;而绿色则意味着自然和生长,使人平静而稳定等。

4.绿化

人们本能地喜欢自己赖以生存的阳光、空气和水,喜爱充满着生命力的自然界。在高度文明的现代社会,城市中大批的高层建筑拔地而起,人工造成"钢筋水泥的丛林",阳光被阻挡,加之空气和水被污染,人与自然越来越远了,要求回归大自然的呼声越来越高。现代酒店设计中应尽可能在大厅内布置绿化,尤其是大城市中心的现代酒店,其周围不一定有优美的花园风景,更加需要在大厅内设计花卉、树木、山石、流水等景观,使厅内洒满阳光。绿茵丛丛,流水潺潺,一派生机,给人以亲切、爽适的自然美感。绿化还有调节大厅气温、湿度,减少噪音,净化空气的作用,还可以消除人们由于长时间户外活动而产生的疲劳。

广州花园酒店的大堂,是全国乃至整个东南亚最大的,总面积有3800平方米。整个建筑设计独具匠心地糅合了东西方文化艺术的特色,酒店大堂是最精彩的代表作。这里有贴金的壁画、仿古庄廊、雕龙藻井,也有古典西式的旋木梯、雕花环栏、欧式吊灯。从大堂的落地大窗望出去,可以看到酒店庭院:人工辟出的巨岩上亭台楼阁精巧别致,瀑布凌空而下,小桥流水潺潺,花草树木充满生机,是个名副其实的花园。

5.大厅微小气候与定量卫生

为保持大厅舒适的环境和气氛,使温度、湿度、通风、噪音控制、自然采光照度及空气卫生状态正常,现代酒店需要建立大厅等公共场所环境质量标准体系,运用现代科学技术的手段,通过定量监测与控制,确保大厅环境的质量水平。

(1)温度、湿度与通风

大厅适宜温度夏季为22℃—24℃,冬季为20℃—24℃。现代酒店普遍使用了冷气装置或中央空调,使温度得以有效控制。

湿度是与温度密切相关的一种环境条件,适宜的相对湿度应控制在40%—60%的范围内。湿度越大,人们的烦躁感越大,客人和员工都会感到不快,容易产生摩擦和发生事故。

通风是为了保持室内空气新鲜。新鲜空气中约含有21%的氧气,如果室内氧气含量降到14%,就会给人体带来危害。大厅内新风量一般不低于200平方米/人·小时。

(2)环境噪声控制

一切听起来不和谐不悦耳的声音,均为噪声。噪声对环境是一种污染,影响人们休息,降低工作效率。酒店的大厅客人来往频繁,谈笑不断,为了创造良好的环境和气氛,必须采取措施,防止噪声。大厅内的噪声一般不得超过 50 分贝。为有效地控制噪声,大厅的天花板、墙面需使用隔声及吸声性材料;大厅内设施设备的选用和装饰美化(如瀑布、喷泉等)的设计都应注意防止噪声;对大批客人如团队或有会议等要尽快安置,尽快把人群从大厅疏散;员工要养成轻声说话的习惯,大厅内禁止大声喧哗。另外,播放背景音乐也是防止噪声及工作单调感的有效措施,悦耳的、分贝值低的背景音乐可以掩盖嘈杂的、分贝值高的噪声,从而降低噪声所带来的不良影响,稳定人们的情绪,又可减少员工因重复性的单调工作而带来的疲劳感。背景音乐要保持在令人轻松愉快的程度,不影响宁静宜人的气氛,一般以 5—7 分贝为宜。

(3)空气卫生

大厅内的空气中含有一氧化碳、二氧化碳、可吸收颗粒、细菌等空气污染物,有害人体健康,必须予以控制。

思考与训练

◇阅读思考

1.为什么说酒店前厅部的首要任务是销售客房？

2.如何理解前厅部是整个酒店的神经中枢？

3.试比较大、中、小型酒店前厅部组织机构的区别。

4.怎样成为一名优秀的酒店前厅管理者？

◇ 能力训练

名称：了解星级酒店前厅部。

目的：了解前厅部组织机构设置，熟悉前厅的工作环境与人员职业素养要求。

内容：1.分小组参观一家星级酒店前厅部，了解其组织机构、人员配置、岗位职责，并提交一份报告；

2.互动讨论前厅组织结构设置在酒店实际工作中的利与弊；

3.讨论前厅从业人员的职业素养要求有哪些，以及如何做到。

◇ 案例分析

现代酒店前厅部在经营中存在的问题

一、前台的组织结构流程冗繁

现代酒店前厅部组织结构大多是分级分层管理，从经理、大堂、主管、领班到员工，在信息传递上存在偏差和误解，耗时也较多。这样的分级管理流程在节奏日益加快的当今社会却显得冗繁。减少组织层次，实现组织结构扁平化是现代酒店管理的发展趋势，这样做可以使信息传递更加通畅。如果接待员在请示过程中把客人等待的耐心渐渐耗尽，很容易造成投诉。这是在前台工作中普遍存在的问题。

二、前厅部人员销售客房的技巧尚需进一步提高

前厅部的主要任务之一是销售客房,与前台紧密相关的客房销售工作主要有以下几种情形:预订销售、接待销售、合理排房与价格控制。

1. 在预订销售时,客人常常采取致电或直接走到前台来预订。在这个过程中单有主动的推销意识是远远不够的,订房是否成功还受到接待员推销技巧、熟练程度、对酒店产品的熟悉程度等主观方面的影响。

2. 在接待销售时,对于已经预订了客房的客人来说,接待员要表现出强烈的服务意识,但也要注重对酒店其他服务设施的推销,而在实际操作中这个环节很薄弱。

3. 接待员由于本身的知识欠缺和对房价变通的不熟悉,往往表现得不够灵活,只限于根据预订实际情况办理入住,报当日房价,没有灵活地结合酒店价格政策、优惠政策来积极促销。

三、前台人员流动量大,人才流失严重

据资料显示,北京、上海、广东等城市的酒店员工平均流动率在30%左右,有些酒店甚至高达45%,而在酒店各部门中,前厅部人员流动量占到整个酒店的80%以上,一名员工至少需要3—6个月的培训和工作实践,方能达到前厅部岗位要求。酒店大量的资讯和对前台员工的特殊要求,使前厅员工的流失成本远远高于其他部门。员工流失既会影响酒店的服务质量,又会给酒店增加培训成本;员工流失还会对在酒店工作的其他员工的工作情绪产生不利影响,在一定程度上影响其他员工的情绪和工作士气。

四、前厅部与其他各部门沟通有待进一步加强

前厅部在酒店的正常高效运作中占有很重要的地位,但酒店服务工作是各个部门各个岗位共同努力的结果,也需要与其他部门紧密合作,才能更好地开展对客服务,保证酒店各部门各环节的高效运作。而在现代酒店实际运作中,造成客人投诉的一大部分原因是各部门之间缺乏沟通。比如:已经预订好房间的客人在

办理好入住手续后常常被接待员告知要等候入住,原因是服务员在打扫客房,这时客人肯定会产生不满情绪。究其原因,是因为前厅部与客房部没有做好房间信息核对沟通工作。

问题:根据上述材料,请你对加强现代酒店前厅部建设提出一些思路。

模块二　客房预订

┌─ 学习目标 ─────────────────────────────┐

知识目标

　　■ 了解客房预订的常见方式和类型

　　■ 掌握客房预订业务的操作程序

　　■ 了解国际通行的几种酒店收费方式

能力目标

　　◎ 能通过电话、信函、传真、网络等进行预订业务

　　◎ 能正确处理超额预订

　　◎ 能灵活运用预订业务中的沟通技巧

└──────────────────────────────────────┘

案例导读

　　某天，南京金陵酒店前厅部的客房预订员小王接到一位美国客人从上海打来的长途电话。客人想预订两间每天收费在 120 美元左右的标准双人客房，三天以后开始住店。

　　小王马上翻阅了一下订房记录表，回答客人说由于三天以后酒店要接待一个大型国际会议的多名代表，标准间客房已经全部订满了。小王讲到这里并未就此把电话挂断，而是继续用关心的口吻说："您是否可以推迟两天来，要不然请您直接打电话与南京××酒店去联系询问？"

　　美国客人说："南京对我们来说是人地生疏，你们酒店比较有名气，还是希望你给想想办法。"

　　小王暗自思量以后，感到应该尽量勿使客人失望，于是接着用商量的口气说："感谢您对我们酒店的信任，我们非常希望能够接待像您这样尊敬的客人，请不要着急，我很乐意为您效劳。我建议您和朋友准时前来南京，先住两天我们酒店内的豪华套房，每套每天收费也不过 280 美元，在套房内可以眺望紫金山的优美景色，室内有红木家具和古玩摆饰，提供的服务也是上乘的，相信您住了以后会满意的。"小王讲到这里故意停顿一下，以便等等客人的回话，对方沉默了一些时间，似乎在犹豫不决，小王于是开口说："我料想您并不会单纯计较房价的高低，而是在考虑这种套房是否物有所值。请问您什么时候乘哪班火车来南京？我们可以派车到车站去接，到店以后我一定陪您和您的朋友一行亲自去参观一下套房，到时再决定不迟。"

　　美国客人听小王这么讲，倒感到有些情面难却了，最后终于在答应先预订两天豪华套房后挂上了电话。

思　考

1.受理客人预订前要做好哪些准备工作?

2.决定是否受理一项订房要求,需要考虑哪些方面的因素?

任务一 认知客房预订

宾客为了有效地计划自己的行程,免遭酒店客满的风险,通常会在未抵达前就向酒店预先提出用房的具体要求,此举即称为"预订"。酒店的预订处是前厅的一部分,是调节和控制整个酒店房间预订、销售的中心,是服务于酒店客人的超前部门。宾客可以通过电话、电传、书信等各种方式与酒店联系预订客房,酒店则根据客房的可供状况,决定是否满足宾客的订房要求。预订一经酒店确认,那么酒店与宾客之间便达成了一种具有法律效力的预期使用客房的协议。因此,客房预订对宾客和酒店来说都具有非常重要的意义。

在预订处的每一位员工必须知道,虽然多数情况下不是面对面地为客人服务,但他们却是客人接触的第一个人。当好这个角色,就要在电话声音中给客人送上热情的服务,更要求每个员工都熟悉酒店的产品和服务。

一、客房预订工作的重要性

酒店客房的销售,并不只是销售部或客房部的事,作为直接接受客人预订工作的前厅部,在整个客房销售的过程中起着承前启后的作用,主要体现在以下两个方面。

(一)预订是销售和服务运作的连接载体

如果把整个销售过程看成一场战役,那销售部就是先头部队,组织客源;前厅就是后防阵地,负责接待客源;而预订处就是居两者之间的支援军,既联系前方,做好客源的预订,又配合好后方对客源的特殊要求加以提示,如按要求安排无烟楼层等。简单来说就是:销售部组织客户,预订处按销售部组织回来的客人的要求订房,前厅部根据记录给客人安排房间。

（二）预订处是客人信息集散中心

预订处在整个酒店处于枢纽地位，因为预订是整个接待过程中的重要信息窗口。客人的所有信息都是通过它传达给各个部门：安排房间联系前厅，客人用餐联系餐饮部，付费要求要联系财务部确认现付还是转账。各部门都是按照预订处开的单子提供服务。

二、预订服务的工作范围

1. 办理团体及散客的订房事宜。
2. 做好预订存档工作。
3. 对没有按时抵店的保证付款类订房客人提供保留权。
4. 收集有关信息资料，准确处理客人的预订变更要求。
5. 每天为酒店各部门提供详尽的入住客人资料，做好接待准备。
6. 定期为酒店高层决策部门提供信息反馈及客源动态资料。

三、预订处岗位职责

（一）预订处主管岗位职责

1. 负责客房预订的业务工作；适时了解市场信息和酒店房态，争取最高客房销售率和营业收入。
2. 审阅所有确认的订房单，与电脑资料核对无误后，送到接待处核对团体订房和散客订房的变更和取消的房间数字，填写"预计到达宾客名单"，并报送相关人员。
3. 掌握即将入住宾客的情况，通知有关部门做好宾客抵达前的准备工作，包括预订房间、VIP宾客预计抵达时间和礼品、向多次入住酒店的宾客赠送贵宾卡、为正逢生日的宾客预订生日礼品等，给即将入住的宾客提供周全细致的服务。
4. 审阅收到和拟发的电报、传真、信件、通知、报表等，并分别交代下属办理。
5. 统计和分析酒店以往的预订情况，预测客房预售情况。每月底做房间销售分析表,为上级决策提供有关数据;编制"三天预测表"报前厅部经理;若遇到客满情况,要提前报告前厅部经理。

6.掌握各个销售渠道的合同和信用情况,熟悉各有关单位的情况及联系人姓名、电话,与他们保持联系和沟通。

7.安排本部门员工每月的值班和休息,每天分配领班和预订员的工作并加以督导。

8.必要时应从事领班或预订员的一切工作。

9.每月对下属进行考评;负责对下属进行培训,提高其工作能力和综合素质。

10.主持本部门的工作例会。

11.每月安排本组的备用品使用;监督下属严格执行酒店设施设备维修保养规范,确保电脑系统及其他设施设备正常运作。

12.负责做好各项档案和宾客资料工作。

13.负责解决工作中的疑难问题。

14.遇到非常情况或超越权限的问题随时请示前厅部经理。

(二)预订处领班岗位职责

1.分派和督导预订员工作。

2.需要时直接承担预订员的一切工作。

3.对散客函电预订的回复要重点负责。

4.及时通知和落实宾客的一些特别要求。

5.负责检查次日抵达宾客的订房单并与电脑核对,确保无误。

(三)预订员岗位职责

1.服从预订处主管和领班的安排。

2.接受和处理电话、电传和文件,处理散客和团体订房,如有变更,及时按规定进行相应的更改,将订房单按日期顺序排列好。

3.准备次日 VIP 宾客的接待工作,并备好熟客登记卡、团体资料。

4.处理由前厅部送来的团体订房单或变更单。

5.完成主管或领班临时委派的其他任务。

四、预订服务的工作规范

1. 要精神饱满地上岗,注意个人仪表和卫生状况。

2. 做好交接班工作。

3. 熟悉酒店有关政策,如房价优惠等。

4. 接到客人订房申请后,能较快地了解订房人或预订代理人的基本情况和订房要求,根据客人的订房方式受理预订。

5. 填写预订单时,要认真逐栏逐项填写清楚。

6. 客人要求更改预订时,应尽可能满足客人需要,订房更改单要填写准确,及时调整更改信息。

7. 客人要求取消订房时,要迅速按酒店的规定取消预订。

8. 当不能满足客人订房时,要迅速按酒店的规定取消预订。

9. 接听电话订房时,必须有礼貌地问清并回答对方提出的问题,要做到语气柔和、语言得体、口齿清楚。

10. 要与接待部门密切配合,保证接待工作的顺利进行。

案例评析

一天下午 6 点前,一位自称史密斯的客人十分生气地找到端坐在大厅一侧的值班经理。原来,这位客人三天前给酒店客房预订部打过电话,要求预订一间高层向阳的标准间,当时预订部人员按客人要求为其办理了预订手续,但当客人到店办理入住手续时,接待人员却告诉他向阳的标准间已经全部出租了,问客人是否可以更换一间别的房间。客人当即表示:既然在三天前做了预订,就不应该出现此类情况。客人进行投诉。值班经理很快查明原因,原来,当日上午一位未办理预订手续的客人也提出要订高层向阳的房间,接待人员未见史密斯先生到店,以为他不会来了,便将此客房安排给了另一位客人。

点 评

客人的订房需求已被酒店接受,而且酒店以口头或书面形式予以确定,即使客人没有付订金,酒店依然应当在规定时间内为客人保留客房。此例为非保证类预订的确认类预订。

可采取的对策:

1.态度诚恳地向客人道歉并说明情况,请求史密斯先生的原谅;

2.立即给客人安排住处;

3.由于客人的要求酒店没能满足,是酒店的失误,应当尽可能满足客人的需求,如果不能全部满足,至少也要满足部分。没有了高层向阳标间,可以看看高层向阳豪华间是否有空房,可以按标准间的价格给以史密斯先生入住豪华间的优惠,等到第二天如果有符合预订条件的空房再安排行李员协助客人换房;

4.问责预订处与接待处。

五、预订与市场营销

酒店的预订处与市场营销部都会涉及客房的预订,两者的区别和联系主要表现在以下几个方面:

1.预订处服务人员只在酒店内对客人进行服务,不能走出酒店,而市场营销部的人员则可以走出酒店进行业务联系;

2.预订处只对酒店客房进行销售,而酒店其他产品的销售及酒店整体形象的宣传和促销,则是由市场营销部门完成的;

3.预订处所面对的大多数是散客,而由于团队客人的销售和服务都有很多的不同,因此预订部人员很难做到专人跟办,所以团队客人的销售和服务大部分是由市场营销部门进行的;

4.对于酒店整体利益有利但是可能会对客房销售不利的一些活动或项目,容易遭到前厅部门的抵制,从而给酒店整体利益带来损失,这时一般交给市场营销部门来完成。

因此,在进行具体操作时,前厅部与市场营销部要分工协作,且注意以下各方面:

1. 有关酒店整体形象的塑造、宣传和市场促销工作，由营销部门负责；

2. 客房及其产品的配套销售政策，由营销部制定，其他相关部门配合执行；

3. 前厅预订处负责销售计划中客房直销这一部分；

4. 前厅部遇到团队预订或非客房预订，要直接转给营销部门进行处理。

任务二　了解预订的方式与类型

宾客事先进行客房预订是为了免遭酒店客满的风险，希望在抵店时所需客房已由酒店准备妥当；而酒店之所以拥有预订系统来受理宾客的客房预订，是想尽力为宾客提供满意的客房，为酒店争取较高的住房率。

一、客房预订的操作形式

目前，酒店业中常见的客房预订操作形式有三类：手工操作预订系统、半自动操作预订系统和全计算机操作预订系统。

（一）手工操作预订系统

在酒店规模小、预订量少的前厅部，常借助手工制作的客房预订汇总表及客房预订显示架等表格和设备来建立、更改和保存预订资料。其操作过程包括：填写客房预订单→标注客房预订汇总表→制作并存放预订卡条→填写预订记录簿→填写预订登记本。

（二）半自动操作预订系统

半自动预订系统能根据宾客预订要求自动建立预订记录和预订卡。在半自动预订系统里，预订登记表可根据收到的预订资料制作，也可由预订中心制作，再传送给酒店前厅部。无论何种情况，预订记录都应根据宾客的原始预订要求而产生，以便为宾客办理有效的入住登记手续。

（三）全计算机操作预订系统

全计算机预订系统能与各酒店、旅行社、航空公司、海外旅游公司等机构的计算机联网，旨在加快预订速度，延长预订期限，互通宾客"个性化"要求和有效保存预订资料。其预订的特点是:宾客的预订要求能否满足,可根据计算机界面显示出的可售房情况立即做出决定。

二、预订的渠道

(一)自订房

自订房指散客自己通过各种各样的方式直接与酒店联系预订房间。

(二)旅行社

旅行社是与酒店业务关系最为密切的客源输送单位,通常两者之间都会签订长期合同,保证酒店的稳定客源。而酒店也会根据旅行社提供的客源量等给予旅行社一定比例的优惠。

(三)公司

酒店与一些大型公司签订协议,该公司的员工来到酒店,能享受到优惠的价格。

(四)网络订房中心

订房中心是独立于任何酒店集团的,是针对酒店集团竞争而联合起来的机构,负责为各酒店推荐客源,很多客人也是通过这一渠道进行客房预订。

上述宾客预订渠道被视为酒店的客源销售渠道。对酒店来说,总是设法将自己的产品直接售给宾客,但往往因人力、财力有限而无法仅通过直接销售渠道来吸引客源。因此,酒店常借助中间商,并利用他们的网络、专业特长及规模等优势,将酒店的产品及时、有效、顺畅地推销给宾客,以扩大客源,增加销售量。

目前,不论对单体酒店,还是连锁酒店或酒店联号,预订网络、航空运输部门所带来的客房预订数量在酒店客源中都占较大比重。如全球分销系统和中心预订系统,将全球各主要航空公司、旅行代理商及连锁酒店、酒店联号的资源进行统一整合和调配,网络成员定期交纳一定数量的年费或按预订数量向网络支付佣金,以获得资源共享。

三、预订的方式

宾客采用何种方式进行预订,受其预订的紧急程度和宾客预订设备条件的制约。因此,客房预订的方式多种多样,各有其不同的特点。通常,宾客采用的预订方式主要有下列几种。

(一)电话预订

宾客或其委托人使用电话进行预订。该方式较为普遍,其特点是迅速、简便,易于宾客、预订员之间的直接沟通,可使宾客根据酒店客房的实际情况,及时调整预订要求,订到满意的客房。电话订房有利于预订员详细了解宾客对房间种类、用房数量、房价、付款方式、抵离店时间及特殊服务等要求,并适时进行电话促销。

电话预订应注意以下几点:

1.接听电话要迅速,应在铃响三次以内接听;

2.接听电话应使用中英文自报家门,中文应使用普通话;

3.接听电话应使用礼貌用语,语音、语调婉转优美,语速适当;

4.要详细记录客人要求,进行复述以示确认。

客房没有空缺或无法满足客人需求的时候,不要生硬地回绝客人,应给客人更多选择,进行后续服务。

在受理电话预订时,预订员应及时受理,绝不可让对方久等。电话铃一振响,应立即用左手拿起听筒,主动、热情地向宾客问好,说"您好,预订部";若铃声响过三次以上,则应向宾客致歉,说"让您久等了,对不起";若对宾客所提预订要求不能及时进行答复,则应请对方留下电话号码,并确定再次通话的时间;若对宾客所提预订要求能够予以受理确认,则应做好及时完整的记录,并在通话结束前,重复其主要预订内容,以免出现差错,如说"李先生,请允许重复您的预订要求。您订的是从 10 月 6 日到 10 月 9 日的一间商务套间,感谢您的来电,恭候您的光临";若遇有外宾的姓名,则应请对方拼写姓名,复述时亦如此。由于受电话的清晰度以及受话人听力水平等的影响,电话预订容易出错,故应事先健全受理电话预订的程序及其相关标准,以确保预订的有效性。

(二)面谈

宾客或其委托人直接来到酒店,与预订员面对面洽谈预订事宜。其特点是预订员有机会更详尽了解宾客的需求,并可当面回答宾客提出的任何问题,同时还能视宾客的神态、表情等,洞察其心理活动,有针对性地采取相应的推销技巧进行适时销售。受理此方式时,应注意避免向宾客做具体房号的承诺,否则,因情况变化而失信于宾客,会影响服务信誉。

若宾客不能确定逗留的具体天数,也应设法说出最多和最少天数,以利于前厅排房;若宾客不能确定具体抵达时间,在用房紧张时期,可明确提醒宾客"预订的客房保留到抵店当天的 18 点"。

这种方式是最能够推销酒店客房、获得最大经济效益的,因为面对面与客人进行交流,可以在第一时间掌握客人的情绪变化以及其最深刻的需求,进行有针对性的推销。需要特别注意几点:

1.要注意自己的仪态仪表,语言、语调要恰当、婉转,语速适当;

2.注意倾听,深入正确了解客人的真正需求;

3.做好记录,尽可能满足客人需求;

4.不要胡乱答应客人,应实事求是,对自己力所能及以外的事情,应及时请示上级。

(三)传真预订

传真预订是当今酒店与宾客进行预订联系的理想的通信手段之一。其特点是传递迅速,即发即收,内容详尽,并可传递宾客的真迹,如签名、印鉴等。此方式可将宾客的预订资料原封不动地保存,不易出现预订纠纷。传真订房应注意以下几点:

1.应派专人负责传真工作,随时关注是否有新的传真;

2.在收到传真后,要立即打上时间印迹;

3.传真的原始资料要予以保留;

4.在接收到传真订房后,应及时进行处理。

(四)信函预订

信函预订是宾客或其委托人在离预期抵店日期尚有较多时间的情况下采取

的一种古老而正式的预订方式。此方式较正规,如同一份合约,对宾客和酒店起到一定的约束作用。在受理此方式预订时,应注意做到以下几点:

1. 及时复信。越早让宾客收到回信,越能赢得宾客好感,对宾客的住宿选择影响也最大。多数酒店规定了 24 小时内须寄出复信,并使用打时机或时间戳来控制回信速度;

2. 避免给宾客留下公函式信件的印象。复信应使收件人感到信件是专门为其客所写的,是一封私人信函。如预订员不能用"Dear Sir"做信头称谓,而应正确使用宾客的头衔与称呼,并准确拼写其姓名;

3. 复信的格式必须正确,注意中英文书信格式的差异;

4. 复信的内容明确,简洁且有条理。对宾客来信中所提要求,一定要给予具体的答复,即使是不能应允或不能满足的要求,也须婉转地表示歉意,做到谦恭有礼,避免含糊不清,最好使用书面语;

5. 复信的地址、日期要书写完整、准确;

6. 注意信纸、信封的质量,邮票的选择及复信者的亲笔签名。

(五)互联网预订

通过"Internet"进行预订是目前最先进的预订方式。该方式不仅方便预订宾客,而且可提高预订工作效率,能广泛争取客源,同时,能及时处理和更新预订信息。随着互联网的推广使用,越来越多的宾客开始采用这种方便、快捷、先进而又廉价的方式进行预订。酒店也越来越注重其网站主页的设计(如图 2-2-1 所示),以增强吸引力。互联网预订需注意两点:

1. 注意网上消息的更新速度,保证信息的及时性;

2. 随时注意对网站的维护。

图 2-2-1　网络预订界面　　　　　　　　　　更多精彩:预订的方式

四、预订的种类

(一)临时性预订

临时性预订是指宾客在即将抵达酒店前很短的时间内或在到达的当天联系预订。酒店一般没有足够的时间给宾客以书面确认,均予以口头确认,如"李先生,确认您 10 月 6 日至 10 月 9 日的一间商务套间,恭候您的光临"。当天的临时性预订通常由前厅接待员受理。受理时,应注意弄清宾客的抵店时间或所乘航班、车次,并提醒宾客,所订客房将保留至 18:00(取消预订时限),以免在用房紧张时引起不必要的纠纷。

(二)确认性预订

确认性预订是指酒店答应为预订的宾客保留房间至某一事先声明的规定时间,如到了这一规定时间,宾客仍未抵店,也无任何声明,则在用房紧张时期,酒店可将所保留的客房出租给 Waiting-List(等候名单)宾客或其他有需要的宾客。通常,确认性预订的方式有两种:口头确认和书面确认。两者相比,书面确认有下列特点:

1.再次给予宾客机会,证实其预订要求已被酒店接受;

2.以书面形式约束了双方的关系;

3.有关宾客的个人资料(如姓名、地址等)得到了证实,故向他们收取欠款的风险比较小。绝大多数酒店给持有确认书的宾客以较高的信用限额和一次性结账服务。

(三)保证性预订

保证性预订是指宾客保证前来住宿,否则将承担经济责任,酒店则必须在任何情况下都保证落实的预订——保留客房至抵店日期的次日退房结账时间。此类预订不仅保护了宾客,使其免受超额预订的影响,而且也确保了酒店在预订宾客不抵店入住的情况下仍有客房收益。保证性预订又可细分以下三种。

1. 预付款担保

预付款担保是指宾客通过交纳预付款(一般为所订客房的一夜房费)而获得酒店的预订保证。若宾客预付了一天以上的房租,但届时未取消预订而又不抵店入住,则酒店仍只收取一天房租,将余款退还宾客,同时取消后几天的预订;若宾客在临近抵店日期时预订,酒店没有足够时间收取预付款,则可让宾客使用信用卡做担保,进行预订。

2. 信用卡担保

信用卡担保是指宾客使用信用卡来担保所预订的酒店客房。即使宾客届时既未取消预订,又不登记入住,酒店仍可通过发卡公司收取宾客一夜的房租,以弥补酒店的损失。例如,根据美国运通公司的预订担保计划,运通卡的持有者若要预订,则可打电话向酒店提出预订要求,并告诉酒店自己的姓名和信用卡号码,说明由美国运通卡担保预订即可。为此,酒店须为宾客保留所订客房至次日的退房结账时间,如宾客届时未到,又未通知取消预订,则酒店可依据宾客签寄的信用卡号码、姓名以及酒店的担保预订——预订但未入住记录,向美国运通公司收取一夜房费。

3. 合同担保

合同担保是指酒店同经常使用设施的客户单位签订合同以担保预订。合同内容主要包括签约单位的账号、地址以及同意为因失约而未使用的订房承担付款责任的说明。同时,合同还应规定通知酒店取消的最后期限,如签约单位未能在规定的期限通知取消,酒店则可以向对方收取房租等。

对于保证性预订,酒店无论如何都应保证只要宾客一到就为其提供所订房间或代找一间条件相仿的房间。若属后一种情况,酒店则应代付第一夜房费及交通费等其他附带费用,这就是酒店业中所谓"第一夜免费制度"。

(四)等候预订

其实质并不是一种真正的预订方式,而是一种对客人认真负责的态度。在旅游旺季,酒店的房间可能会吃紧,在这种情况下,客人的预订可能会落空。为了能够更好地为客人服务,酒店预订部人员就会记录下客人的联系方式,当酒店一有空房的时候就及时通知客人。此时,等候预订一般可转为保证预订。

任务三 预订受理

一、接受预订

订房员接受客人预计时,首先要查阅预订控制簿或电脑,如有空房,则立即填写预订单。该预订单上通常印有客人姓名、抵离店日期及时间、房间类型、价格、结算方式以及餐食标准、种类等内容。

表 2-3-1 受理电话预订的程序与标准

程 序	标 准
1.接电话	三声以内接听
2.问候客人	1.问候语:早上好,下午好,晚上好 2.报部门:预订部
3.聆听客人预订要求	1.确认客人预订日期 2.查看计算机及客房预订显示架
4.询问客人姓名	1.询问客人姓名及英文拼写 2.复述确认
5.推销房间	1.介绍房间种类和房价,从高价房到低价房 2.询问客人公司名称 3.查询计算机,确认是否属于合同单位,便于确定优惠价
6.询问付款方式	1.询问客人付款方式,在预订单上注明 2.公司或者旅行社承担费用者,要求在客人抵达前电传书面信函,做付款担保
7.询问客人抵达情况	1.询问抵达航班及时间 2.向客人说明,无明确抵达时间和航班,酒店将保留房间到入住当天 18 点 3.如果客人预订的抵达时间超过 18 点,要求客人告知信用卡号码做担保预订
8.询问特殊要求	1.询问客人特殊要求,是否需要接机服务等 2.对有特殊要求者,详细记录并复述
9.询问预订代理人情况	1.预订代理人姓名、单位、电话号码 2.对上述情况做好记录

续 表

程 序	标 准
10. 复述预订内容	1. 日期、航班 2. 房间种类、房价 3. 客人姓名 4. 特殊要求 5. 付款方式 6. 代理人情况
11. 完成预订	向客人致谢

表 2-3-2　散客预订单

□New			□Amendment		□Cancellation	
入住日期 In：		抵达航班 FLT/ETA：		车辆服务 Transfer：		机场 Airport：
离店日期 Out：		离开航班 FLT/ETD：		车辆服务 Transfer：		机场 Airport：
旅行目的 POV：				会员号码 Rewards Member No.		会员等级 RM Level：
确认号码 Conf. No.	客人姓名（姓／名） Guest Name（Last name/ First name）	房型 & 房数 Room Type & No. of Rm	人数 Pax	房价（是 否含早餐） Room Rate （incl. BF or not）	公司/部门 & 头衔 Co. /Dept & Title	

订房类型 Room for usage	折扣价 □Discount Rate /Special Rate
折扣价用房理由 Reason for Discount rate	

续　表

□New	□Amendment	□Cancellation

备注 Remark		
付费方式 Payment Method	客人自付　　　房费挂旅行社/公司　　房费＋早餐挂旅行社/公司 其他： □Personal account　□Room to Agent/Co.　□Room＋ABF to Agent/Co. □Others：	
担保方式 Guarantee By	□AX　　　　□VS　　　　□MC　　　　□DC　　　　□JCB □Others 有效期　　　　　　　　　　　　　持卡人 Expiry Date：　　　　　　　　　Card Holder： 信用卡号码 Credit Card No.：	
联系人 Contact person		公司名 Co. Name
填单人 Request By		电话/传真 Tel/Fax

折扣价 用房批准人 Discount Rate Authorized by		输入 系统 Input By	

表 2-3-3　团队预订单

预订号：_____

团 队 号		团队名称	
国　　籍		城　　市	
人　　数		陪同人数	
到店日期		离店日期	
1.预订房型/间数	/	房　　租	元/间·晚
2.预订房型/间数	/	房　　租	元/间·晚
3.预订房型/间数	/	房　　租	元/间·晚
陪同房型/间数	/	房　　租	元/间·晚

续 表

用餐标准					
早餐	餐费： 元/人	用餐时间		用餐人数	用餐地点
午餐	餐费： 元/人	用餐时间		用餐人数	用餐地点
晚餐	餐费： 元/人	用餐时间		用餐人数	用餐地点
其他					
付款方式	1.公付房费、早餐,其他自理。2.房费、早餐由旅行社离店前现付。3.自付。 4.其他				
备 注	1.房费含早餐。2.早餐转账。3.全天餐： 元/人·天标准				

接待单位：＿＿＿＿＿＿＿＿＿＿＿ 订房人：＿＿＿＿＿＿＿＿＿＿＿

电 话：＿＿＿＿＿＿＿＿＿＿＿ 预订员姓名：＿＿＿＿＿＿＿＿＿

宾馆负责人确认：＿＿＿＿＿＿＿＿＿＿＿＿＿＿＿＿＿＿＿＿＿＿

电脑输入员：＿＿＿＿＿＿＿＿＿＿＿ 日 期：＿＿＿＿＿＿＿＿＿＿

二、确认预订

预订员在接到客人的预订要求后,要立即将客人的预订要求与酒店未来的客房利用情况进行对照,决定是否能够接受客人的预订;如果可以接受,就要对客人的预订加以确认。

确认预订的方式通常有两种,即口头确认(包括电话确认)和书面确认。

表 2-3-4 预订确认书

＿＿＿＿＿＿酒店 地址：＿＿＿＿＿＿ 电话：＿＿＿＿＿＿ 您对：＿＿＿＿＿＿ 的预订已确认	客房类型：＿＿＿ 数量：＿＿＿ 房价：＿＿＿ 预订日期：＿＿＿ 抵达日期：＿＿＿ 抵达时间：＿＿＿ 逗留天数：＿＿＿ 离店日期：＿＿＿ 结账方式：＿＿＿ 订金：＿＿＿ 客户地址：＿＿＿＿＿＿＿＿＿＿＿ 客户姓名：＿＿＿＿＿ 电话：＿＿＿＿＿

续　表

本饭店愉快地确认了您的订房，由于客人离店后，需要有一定时间整理房间。因此，下午3点以前恐不能安排入住，请谅。另外，未付订金或无担保的订房只保留到下午6时。

预订员：_____

年　　月　　日

三、拒绝预订

如果酒店无法接受客人的预订，就要对预订加以婉拒。婉拒预订时，不能因为未能符合客人的最初要求而终止服务，而应该主动提出一系列可供客人选择的建议。如：建议客人重新选择来店日期、建议客人改变住房类型、建议客人改变对房价的要求、征询客人的意见是否愿意接受等待类订房、征询客人的意见是否愿意接受为客人代订其他饭店的客房。

总之，用建议代替简单的拒绝是很重要的，它不但可以促进酒店客房的销售，而且可以在顾客中树立酒店良好的形象。

表 2-3-5　婉拒致歉信

_____小姐/女士/先生：

由于本店_____年_____月_____日的客房已经订满，我们无法接受您的订房要求，深表歉意。

感谢您对本店的关照，希望以后有机会为您服务。

××酒店预订处

___年 ___月 ___日

四、核对预订

为了提高预订的准确性和酒店客房的出租率,并做好接待准备,在客人到店前(尤其是在旅游旺季),预订人员要通过书信或电话等方式与客人进行多次核对,问清客人是否能够如期抵店,住宿人数、时间和要求等是否有变化。

核对工作通常要进行三次,第一次是在客人预订抵店前一个月进行,具体操作是由预订部文员每天核对下月同一天到店的客人或订房;第二次是在客人抵达的前一周进行;第三次则是在客人抵店的前一天进行。在核对过程中,如若发现客人取消或更改了订房计划,要及时修改预订记录,并迅速做好取消或更改后客房的补充预订;万一客人在抵达的前一天取消了或是变更预订,进行补充预订已来不及,则应立即通知前台接待处,让其及时将房间出租给其他未提前预订而抵店的散客。

五、预订的取消

由于各种缘故,客人可能在预订抵店之前取消订房。接受订房的取消时,不能在电话里表露出不愉快,而应使客人明白,他(她)今后随时都可光临本酒店,并受到欢迎。正确处理订房的取消,对于酒店巩固自己的客源市场具有重要意义。在国外,取消订房的客人中有90%以后还会来预订。

取消预订的程序如下:

1. 了解客人预订取消要求;

2. 对照预订资料进行确认,如果是担保型预订要根据担保协议来处理;

3. 在预订单上记录好并同时谢谢客人通知;

4. 及时将电脑预订取消,向各相关部门收回并取消订单。

六、预订的变更

预订的变更是指客人在抵达之前临时改变预计的日期、人数、要求、期限、姓名和交通工具等。在接到客人要求变更预订的申请后,预订员应先查看有关预订记录,确定是否能够满足客人的变更要求。如果可以,则予以确认,并填写更改表,修改有关记录。若在此之前已将客人的有关资料通知给有关部门,则还应把变更的信息再传达给这些部门。如果不能满足客人的变更要求,预订员应将酒店的情况如实告知客人,并与之协商解决。

预订变更的操作程序如下:

1.了解客人预订变更要求;

2.看房态(如果房态不允许,客人同意就列入 Waiting-List;如果是担保型预订要根据担保协议来处理);

3.在预订单上记录好并同时向客人复述核对订房变更细节;

4.及时更新电脑预订资料,向各相关部门发出更改信息。

表 2-3-6　预订变更单

姓名:　　　　　　　　　预订编号:

地址:　　　　　　　　　电话:

公司:　　　　　　　　　联系人:

更改日期:

到达日期:　　　　　　　过夜数:　　　　　　　　　离开日期:

人数:　　　　　　　　　预订客房类型及数量:

每夜房费:　　　　　　　须付定金:

应付日期:　　　　　　　收到日期:

结账方式:

备注:

原预订编号:　　　　　　原抵达日期:　　　　　　　原房价:

知识链接

预订受理中常见问题的处理

(一)如何处理 VIP 客人的预订申请?

1.VIP 预订单的申请:预订员须获知客人的身份、职位。若符合酒店所规定的 VIP 接待条件,应及时告知前厅部经理,经部门经理同意后,填写 VIP 申请单。

2.VIP 申请单的填写:主要填写姓名、职位、公司名称、客人抵达和离店的时间(航班)、拟住天数、接待标准、接待单位、特殊要求、费用付款方式、经办人、日期。

3.从酒店所规定 VIP 的不同待遇中做选择,并附上总经理名片。

4.依据酒店的审批进行审核与批准。

(二)客人订房时无房怎么办?

1.首先向客人表示歉意,并说明原因。

2.预订员应用商量的口气询问客人是否有变动的可能。

3.如果客人表示否定,则预订员应询问客人是否愿意将其列入候补预订客人名单内,即将客人的姓名、电话号码或地址、订房要求等资料一次列入候补名单,并向客人说明酒店会按客人留下的电话号码及候补名单序号顺序通知客人前来办理预订手续。

4.如果此时客人表示不愿意,则酒店预订员可以婉拒客人或向客人提供其他信息,并建议客人预订其他酒店。

(三)客人指定房型、楼层、房号时如何处理?

一般酒店不接受指定房号的订房,但会答应尽量按客人要求的房号安排,如果遇到 VIP 客人或常客强烈要求的情况,预订员应视情况而定。

1.预订员应根据客人的预订日期查看电脑预订情况而判断是否接受客人的指定性预订。

2.若有空房,则应立即办理预订手续,并把需要的房号预留起来输入电脑。

3.若没有空房,则应向客人说明情况后推销其他房间,或建议其他的入住方案(如先入住其他房型后更换等)。

4.最后向客人说明,如果出现万一,则请客人谅解并做换房处理。

(四)客人在预订房间时嫌房价太贵如何处理?

1.预订员应妥善地运用推销语言技巧,如先肯定房价高,后向客人详细地介绍本酒店的客房结构及配套设施设备等。

2.若客人还是未下结论,则不妨采用对比法,将客人所预订的房间与其他酒店的进行对比。

3.先建议客人入住尝试,为客人办理预订手续。

4.允许客人再三考虑,同时也向客人表明我们一定能使客人感到物有所值,请客人放心。

七、预订员注意事项

在受理客人预订时,预订员必须注意以下事项:

1.接听电话时,必须使用礼貌用语,口齿清晰,应酬得体;

2.接到预订函电后,应立即处理,不能让客人久等;

3.填写预订单时,必须认真、仔细,逐栏、逐项填写清楚。否则,稍有差错,将会给接待工作带来困难,影响服务质量和酒店的经济效益;

4.遇有大团或特别订房时,订房确认书要经前厅部经理或总经理签署后发出。这时如确实无法满足其预订要求,要另发函电,表示歉意,并同样经前厅部经理或总经理签署后发出。

任务四　超额预订处理

一、超额预订的含义

超额预订是指酒店在预订已满的情况下,再适度增加预订的数量,以弥补少数宾客临时取消预订而出现的客房闲置。前厅部管理人员应随时核对所输入计算机的预订信息以及客情预报信息,力求预订准确。但并非所有的预订宾客都能按约如期抵店,总会有一小部分预订宾客因各种原因不能按期抵达或临时取消,使酒店出现空房,延误出租而造成一定损失。酒店为追求理想的客房经济效益,有可能或有必要实施有效的超额预订。

做好超额预订的关键在于掌握有效的超额预订数量和幅度,避免或最大限度地降低因失误而造成的麻烦。按国际酒店的管理经验,超额预订的百分比可控制在 5%—20%,超额预订的决策不仅依据管理者的个人经验,而且应来自对市场的预测以及对客情的正确分析。

二、超额预订量的影响因素

通常,实施超额预订时应考虑下列因素。

(一)团体预订与散客预订的比例

团体预订是指由国内外旅行社、会议组织机构、商业机构、航空公司等事先计划和组织的、并与酒店签订的预订合同。这类合同双方都愿意共同履行,可信度较高。在这种情况下,预订不到或临时取消的可能性很小,即使有变化也会按合同条款提前通知酒店。而散客预订,一般支付定金不多或根本无定金,其随意性大。因此,若在某段时间团队预订多,散客预订少,则超额预订的比例不可过大;若散客预订多,团体预订少,则超额比例不宜过小。

(二)预订类别的比例

酒店往往将确认性预订和保证性预订视为"预订契约",故应确保宾客的住宿要求得到满足。应将其他的预订视为"意向性预订",若发生失约,酒店不向宾客承担经济责任;若宾客未按时抵店,酒店也不向其要求赔偿。因此,在某段时间内,若契约性预订多而意向性预订少,则酒店超额预订的比例不宜过大;反之,意向性预订多而契约性预订少,则酒店超额预订的比例不宜过小。

(三)不同宾客数量所占的比例

酒店应有针对性地统计出下列不同宾客数量所占的比例,并结合过去同期、近期及将来的情况,进行综合分析,以恰当把握超额预订的"度"。按抵店类型分,宾客可分以下几种:

1. 预计未到者;

2. 临时取消者;

3. 提前离店者;

4. 延期住店者;

5. 提前抵店者。

通常,为合理掌握超额预订的数量及比例,可采用下列计算公式:

假设,X＝超额预订房数;A＝酒店客房数;C＝续住房数;r_1＝预订取消率;r_2＝预订而未到率;D＝预期离店房数;f_1＝提前退房率;f_2＝延期住店率,则

$$X=(A-C+X) \cdot r_1+(A-C+X) \cdot r_2+C \cdot f_1-D \cdot f_2$$

$$X=\frac{C \cdot f_2+(A-C)(r_1+r_2)}{1-(r_1+r_2)}$$

设超额预订率为 R,则

$$R=\frac{X}{A-C} \times 100\%$$

$$=\frac{C \cdot f_1-D \cdot f_2+(A-C)(r_1+r_2)}{(A-C)[1-(r_1+r_2)]}100\%$$

知识链接

如何减少"NO SHOW"造成的损失

经常遇到房间很满的时候,已经预订的某批客人却没有来,使酒店当日的出租率和营业收入受到不同程度的影响,这种情况叫"NO SHOW"。

一、旅行社"NO SHOW"预防

1.要求旅行社在团体抵店前15天给酒店发接待计划,计划逾期未到,视为该团预订自动取消。

2.团体抵达前5—7天应与旅行社再确认、核对预订。

3.团体抵达当日,销售人员应随时掌握团体的CHECK IN情况,并及时与旅行社联系、询问未到团体及人数的动向。

4.在旺季,尤其是国家几个法定节假日期间,对国内旅行团体的预订,要求旅行社缴纳足额定金,以防虚占房。

5.对"NO SHOW"情况做登记和分析,划分旅行社预订信誉,以使今后接受预订时掌握主动。

二、会议"NO SHOW"预防

会议报到期间,一些会议由于主办方对会议规模和会议代表报到时间不能确切掌握,会出现该情况。

1.会议预订必须签约。明确双方的权利、义务及违约责任,同时应按会议预计对宾馆消费额的30％—50％收取定金。

2.会议入住前几日应再确认预订。

3.会议报到当日18点前应再与会务组确认、核实当日用房数,对确认后仍出现"NO SHOW"的房,按当日全额房费收取赔偿费。

4.总结不同类型会议的规模和用房情况的特点,在接受会议预订时尽可能减少"水分"。

三、散客"NO SHOW"预防

1.接受预订时,必须了解相关信息,如预订人的姓名、入住客人的姓名、联系方式、预计抵达时间等。

2.声明并坚持没有确切入住时间的预订只保留至当日 18 点,逾期不到则视为自动取消。

3.视情况收取一定比例的定金。如在抵达当日才通知取消的,预付款应视为赔偿金来处理。

4.建立预订信誉等级并使其与定金款额相挂钩。

三、超额预订违约的处理

如果因超额预订而不能使客人入住,按照国际惯例,酒店方面应该做到:

1.诚恳地向客人道歉,请求客人谅解;

2.立即与另一家相同等级的酒店联系,请求援助,同时派车将客人免费送往这家酒店;

3.如属连住,则店内一有空房,在客人愿意的情况下,再把客人接回来,并对其表示欢迎(可由大堂副理出面迎接,或在客房内摆放花束等);

4.对提供了援助的酒店表示感谢。

如客人属于保证类预订,则除了采取以上措施,还应视具体情况,为客人提供以下帮助:

1.支付其在其他酒店住宿期间的第一夜房费,或客人搬回酒店后可享受一天免费房的服务;

2.免费为客人提供一次长途电话使用或传真使用,以便客人能够将临时改变地址的情况通知有关方面;

3.次日排房时,首先考虑此类客人的用房安排,大堂副理应在大堂迎候客人,并陪同客人办理入住手续。

思考与训练

◇**阅读思考**

1. 客房预订的类型有哪几种？各自的特点有哪些？

2. 预订员在处理电话预订时，应注意哪些细节？

3. 什么是超额预订？产生超额订房的原因有哪些？

◇**能力训练**

名称：散客电话客房预订情景模拟。

目的：通过散客电话客房预订训练，学生应掌握客房预订的基本知识，学会按高星级酒店标准要求跟客人沟通，运用恰当的言语获取订房信息；学会运用语言技巧及销售技巧向客人推销客房产品。

内容：学生两名为一组，分别扮演客房预订员及客人角色，进行电话客房预订情景模拟。操作程序为：接听电话→问候客人→询问客人订房要求→推销客房→询问客人姓名、单位→询问付款方式→询问特殊要求→复述预订内容→完成预订。

◇**案例分析**

在旅游旺季，各酒店出租率均较高。为了保证经济效益，一般酒店都实行超额预订。一天，经大堂副理及前台的配合，已将大部分客人安排妥当。当时2305客人为预离房，直至18点时才来前台办理延住手续。而此时，2305房间的预抵客人已经到达（大堂副理已在下午多次打电话联系2305房间预离客人，但未找到）。大堂副理试图向刚刚到达的客人解释酒店超额预订，并保证将他安排在其他酒店，一旦有房间，再将其接回，但客人态度坚决，称这是酒店的问题，与他无关，他哪也不去。鉴于客人态度十分坚决，而且多次表示哪怕房间小一点也没关系，他就是不想到其他酒店。在值班经理的允许下，大堂副理将客人安置到了值班经理用房，客人对此表示满意。

问题：

1. 确定超额订房数量应考虑哪些因素？

2. 预离客人未走，预抵客人已经到达，而一时又没有周转房调剂怎么办？

3. 已有预订的客人在没有房间的情况下，又不愿意到其他酒店入住怎么办？

4. 如何最大限度地开拓房源？

5. 如何处理超额预订引起的投诉？

模块三　总机服务

知识目标

■ 认识总机工作的重要性

■ 了解酒店总机的业务范围

■ 了解总机话务员素质要求

能力目标

◎ 掌握总机服务项目的操作规范

◎ 能使用总机房主要设施设备

◎ 能熟练、灵活地处理总机对客服务中的各种问题

案例导读

　　一日，一位先生打长途电话来说，有一件棘手的事情非常紧急，希望北京昆仑酒店总机的话务员给予帮助。总机领班说："请您不要着急，慢慢说，看我是否能帮您解决问题。"这位先生说他有一位朋友出差现住在北京丰泽苑宾馆，因有急事需要立即与他取得联系，但北京市电话局114查号台说查不到丰泽苑宾馆的号码。他听说昆仑酒店总机的服务热情、周到，能够帮助客人解决各种困难，因此抱着试试看的想法打长途电话来寻求帮助。

　　总机领班马上安慰这位先生，请他不要着急。总机领班找出电话簿仔细查询，终于查到了丰泽苑宾馆的电话号码，马上打电话与丰泽苑宾馆核对，证实这位先生的朋友确实住在这家宾馆。总机领班立即打长途电话将查询结果告诉这位先生，这位先生连连道谢，说："昆仑酒店是一流的酒店，昆仑酒店的总机是一流的总机，我要告诉我的朋友们以后到北京一定要住昆仑酒店。"

思　考

1.总机的职能有哪些？

2.你怎样理解"总机是看不见的接待员"这句话？

任务一　认知总机

一、总机的功能

酒店总机连通宾客与酒店的同时,也维持着酒店内部运作的系统,传递着与酒店相关的多种信息,在大量信息系统交汇融合中帮助协调酒店各部门的工作,是酒店更加稳定有序工作的重要二线部门。因此,保证酒店总机有一个良好的运行环境以及专业的工作程序,是一个星级酒店管理者所必需的资源储备。

酒店电话总机是酒店内外沟通联络的通信枢纽和喉舌,尤其是现代社会,电话作为沟通信息与情感交流的工具,显得越来越重要。酒店的电话总机服务人员一般不直接与客人见面,而是以礼貌热情的态度、娴熟的操作技能、高效快速的工作节奏为宾客提供通信服务,并给宾客留下深刻印象,被称为"看不见的接待员"。其工作质量的优劣,将直接影响酒店的服务形象和整体服务质量。

二、总机房工作职责

(一)总机主管

酒店电话总机话务主管的基本职责是直接对前厅部经理负责,负责总机房的全面工作,保证话务工作正常、有秩序地进行,并为客人提供优质高效的电话服务。

1.制定和完善总机房的工作条例和话务员的行为规范、工作程序。

2.制定总机班工作计划。

3.熟悉领班、话务员的工作。

4.检查、督促领班、话务员的考勤、服务态度、服务质量及工作程序、纪律执行情况。

5.定期或不定期地召开班组会议,及时将增设的服务项目或有改动的服务时间等通知落实到每一位话务员。

6. 与电信局有关方面保持密切联系,以确保电话通信的畅通。

7. 主动帮助下属解决疑难问题,遇到难以解决的问题,视情况请有关方面人员协助解决。

8. 有VIP接待任务时,提醒当班人员加以重视,并做好检查。

9. 视工作情况合理调整排班。

10. 确定不同时期、不同阶段的工作和学习计划,负责安排话务员的培训工作,话务员掌握话务工作程序和工作技能,培养员工的高度责任感。

11. 遇紧急情况时,马上通知有关部门,任何人不得随意离开工作岗位,只有当通知离开时,才应最后一个离开。

12. 定期对员工进行评估,给予鉴定及奖惩。

13. 及时向前厅部经理汇报工作情况及出现的问题,并积极提出建设性意见。

14. 完成前厅部经理等交办的任务。

15. 处理客人有关电话服务的投诉。

(二)总机领班

1. 直接对话务主管负责,保证当班工作的顺利进行。

2. 协助主管制订各时期的工作计划,提供主管所需的记录、报表和各时期的总结。

3. 及时向主管汇报工作情况及出现的问题,并积极提出建设性意见。

4. 熟悉话务员的职责和工作程序。

5. 负责当班话务员的考勤、服务态度、服务质量及纪律执行情况。

6. 了解VIP客户的入住时间、房号及姓名,提醒当班话务员注意。

7. 了解当天天气情况,并做好记录。

8. 主动帮助解决一些疑难问题,并做好记录。

9. 遇到紧急情况时,马上协调主管通知有关部门,并注意保密,没有接到通知任何人不能离开工作台。

10. 团结、关心组员,了解组员思想活动情况,帮助处理好各项关系。

三、总机工作人员的素质及形象

在总机工作的女性居多,其声音应具有亲和力,接听电话的时候声音甜美,一流的酒店在培训总机员工的时候,要让她们的亲切感超越移动的客服电话,将柔和的笑容和积极乐观的态度从电话中传播过去。

酒店总机因为需要第一时间回答客人的提问,必须熟悉酒店内外及当地的公共设施,很多酒店聘用稍年长的女性来接听电话,因为她们阅历丰富、从容淡定,有很好的语音控制技巧,在电话中她们似乎永远保持着二十岁的音色。因此接线员的形象不一定要多漂亮,但必须能把自信和酒店的形象通过电话传递出去。

知识链接

接听电话礼仪

1.所有来电,务必在三响之内接听。

2.拿起话筒首先问好,然后自报家门,不得颠倒顺序。

3.通话时,听筒一头放在耳朵上,一头置于唇下约5厘米处,中途与人交谈时要捂住话筒。

4.语速适当,亲切友好。

5.对方挂断之后为通话完毕,任何时候都不得用力掷筒。

四、总机服务准备及要求

(一)总机服务工作准备

1.熟练使用办公软件的技能。因为总机经常是在电话与电脑之间切换,必备的软件使用技能是不可缺少的。

2.熟悉所在地的各种公共设施及电话,交通线路,重要枢纽点到酒店的乘车路线、费用及往来时间,公共游乐设施的距离及费用。如果客人需要帮忙设计一下出游路线或者要去医院等地,需要第一时间对其做出答复。

3.熟悉并能背诵酒店具体概况,包括酒店地址,对外电话、传真,近一个月内所有活动的具体方案及价目表,所有房型房态及其近期门市价、前台价、网络价,熟悉每个餐厅及活动场所的方位,熟悉会议室大小及其不同的摆桌容量。这些都是客人来酒店经常会问到的东西,如果不熟悉的话会影响下一个电话的接听时间。

4.背诵酒店中层以上所有领导的电话,以便在接听同时称呼其职位。

5.背诵酒店各部门各房间的电话号码,包括洗衣房等,以便同事或客人需要转接电话时在 5 秒内完成接通。

(二)总机员工上岗要求

1.熟悉本组范围内的所有业务和知识。

2.认真做好交接班工作。

3.按工作程序迅速、准确地转接每一个电话。

4.对客人的询问要热情、有礼、迅速地应答。

5.主动帮助宾客查找电话号码或为住客保密电话。

6.准确地为客人提供叫醒服务。

7.掌握店内组织机构,熟悉店内主要负责人和各部经理的姓名、声音。

8.熟悉市内常用电话号码。

9.熟悉有关问讯的知识。

10.掌握总机房各项设备的功能,操作时懂得充分利用各功能键及注意事项。

11.在工作中,不闲扯、不谈笑,不看书、报、杂志。

12.如下情况,必须严格保密:客人的情况,宾客不对外公开的情况,客人的房号。

知识链接

话务员工作规范

1.微笑问好,自报岗位,询问对方需求什么服务。

2.为宾客服务时,电话铃响起,应面带微笑向暂被中断服务的客人讲"对不起,请您稍候"。然后按照一般来电接听程序要求迅速接听电话,以简洁的语言快速服务来电客人,尽快结束接听电话。放下电话后,应立即向被中断服务的客人致歉,讲"对不起,让您久等了"。

3.接听电话时,如有客人来访,应面带微笑,点头示意,暗示客人你将尽快为其服务。迅速结束电话交谈后,应对客人讲"对不起,让您久等了"。

五、总机房的设备

(一)电话交换机。总机房采用程控交换机,交换机的种类、型号繁多。目前,大多采用数字程控电话交换机 PABX 交换机(日本制造),它具有自动显示通话线路、号码、所处状态,自动设置叫醒,同时接通数个分机等功能。

(二)话务台。话务台是供话务员操作的台面。为避免话务员之间的相互影响,在设计时应考虑将各话务台之间用隔板隔开。

(三)长途电话自动计算机。

(四)自动打印机。

(五)传呼器发射台。

(六)计算机。

(七)定时钟、记事牌(白板)。

(八)问讯架。

任务二 了解总机工作流程

一、转接电话和留言服务

酒店的电话总机是酒店对外的无形门面,话务员的服务态度、语言艺术和操作水平决定话务员服务的质量,影响着酒店的形象和声誉。话务员应坚持使用热情、礼貌、温和的服务语言,并具备熟练的接转技能。

在接转来自店外的电话时,要先报店名并向对方问好;在接转来自店内的电话时,要先报总机,然后问好,认真聆听完宾客讲话再转接,并说"请稍等",若宾客需要其他咨询、留言等服务,应对宾客说"请稍等,我帮您接通××部门"。

在等候转接时,按音乐键,播出悦耳的音乐。

转接之后,如对方无人听电话,铃响 30 秒后,应向宾客说明:"对不起,电话没有人接,您是否需要留言或过会儿再打来?"留言单可由话务员填写,也可将电话转接到问讯处由问讯员办理,这应根据各家酒店的具体规定办理。给酒店管理人员的留言,一律接受,并重复确认,并通过寻呼方式或其他有效方式尽快将留言转达给相关的管理者。

为了能够高效地转接电话,所有话务员必须熟悉本酒店的组织机构,熟悉酒店主要负责人和部门经理的姓名、声音,熟悉本店和本地常用电话号码,掌握各部门的职责范围、服务项目及最新宾客资料等信息。

知识链接

转接电话标准实例

一、接外线电话

1.1"您好,××大酒店。"

当对方没有回答时,重复一遍问候:"您好,××大酒店。请问有什么需要帮忙的?"对方仍无反应,改用英文:"Good morning ,may I help you?"

二、接内线电话

2.1 自报家门:"您好,总机。"

2.2 当对方无回答时,重复一遍:"请问有什么需要帮忙的?"

2.3 第三遍改用英文:"Good morning ,may I help you?"

三、接客房电话

3.1 "您好,总机。"

3.2 三声以内接电话。

四、接打错的电话

4.1 婉转地告诉宾客:"对不起,这是××大酒店总机。"

五、按转内部分机电话

5.1 "请稍等",迅速接通相应的内部分机,退出。

5.2 必要时,复述一下分机号码或请对方重复一下分机号部门名称:"对不起,请您重复一遍好吗? /请您再说一遍好吗?"

六、接转客房电话

6.1 "请问您找哪一位?"核对无误后接入客房。

6.2 若宾客有特殊要求或提示,按其要求转接。

6.3 若核对住客姓名与其所报的姓名不一致,则:"请问您所找客人的全名?"根据全名查询,看是否是换房、结账等其他原因。

6.4 全名查询不到,23 点前可以根据对方所报的房号,打电话给宾客,询问是否有访客在其房内。

七、转电话至占线分机

7.1 "对不起,电话占线,请问您是等着,还是稍后再打来?"

7.2 若对方需要帮他(她)通知宾客或说明自己是长途时,应愉快地帮助宾客:"好的。"

7.3 插入占线的分机："对不起,打扰您,我是总机,这里有您的长途。"

7.4 无法插入的占线分机,总机可以视情况提供相应的帮助。

八、转电话至客房没人接

8.1"对不起,电话没人接,请问您需要留言吗?"

二、查询服务

1.对常用电话号码,应对答如流、准确快速。

2.如遇查询非常用电话号码,话务员应请宾客保留线路稍等,并以最有效的方式为宾客查询号码,确认后及时通知宾客;如需较长时间,主动征询客人意见,询问客人是否可以先留下电话号码,待查清后,再主动与宾客电话联系。

3.如遇查询住客房号的电话,话务员应礼貌、委婉地进行核准,再予以转接。未经宾客同意,不能泄露其房号,接通后让宾客直接与其通话。

4.如果暂时找不到被访客人,话务员应立即与总台问讯联系或进行查找,不能简单回绝。

三、回答问讯

话务员也需要为宾客提供查询服务。查询资料、问讯架及电脑终端是酒店总机房必需的设备。电话总机应像问讯处一样不断地更新信息资料,以便准确、高效地回答宾客的问讯。话务员在回答宾客问讯时需注意以下方面:

1.无法找到被访的宾客时,话务员不应立即回绝,而应与前台进一步联系。因为有可能是宾客刚刚抵店,有关信息还未及时传递到总机等原因造成的;

2.及时更新记事板。总机房的醒目处应设有记事板,记事板上记录的内容有天气预报、要求提供 DND(阻止外来电话进入客房)服务的资料、酒店主要管理人员的去向、宾客要求提供特殊服务的内容等。及时更新记事板的内容,将有助于总机话务员正确地回答宾客的问讯。

四、免电话打扰(DND)服务

住店宾客希望不被干扰,要求总机提供阻止外来电话进入客房的服务。话务员应根据住店宾客的要求,提供"免电话打扰(DND)服务"。

1.将要求 DND 服务的宾客姓名、房号、具体 DND 服务的时间等,记录在交接班本上(或注明在记事牌上),并写明接受宾客通知的时间。

2.通过话务台将电话号码锁上,并将此信息准确通知所有其他当班人员。

3.在免打扰期间,如有客人要求与住客讲话,话务员应将有关信息礼貌、准确地告知发话人,并建议其留言或待取消 DND 之后再与宾客联系。

4.接到宾客要求取消 DND 通知后,话务员应立即通过话务台释放被锁的电话号码,并在交接班本上或记事牌上标明取消记号及时间。

5.如果酒店总机具备此项功能,话务员还可以利用这一功能为宾客提供宾客留言、阻止干扰电话进入客房、宾客外出时让来电话者留言、贵宾房的电话控制等服务。

五、受理长途电话

很多宾客需与国内外进行长途电话。因此,电话总机应提供国际、国内长途电话的服务,并规定相应的程序及要求。

(一)受理国际、国内人工长途电话

1.客人通过总机打国际、国内长途电话,话务员应及时接受客人要求,检查客人姓名、房号及离店时间,询问电话打往何处,并在长途电话单上逐项填写,最后话务员签名并填写日期和时间。

2.拨通国际、国内长途电话,向对方通报本机号码、分机号码及客人姓名、国籍等。

3.将电话转至房间,待客人通话完毕,记录国际、国内通话时间。

4.开具电话通知单和收费单,正联送前台收银处,副联留存。

表 3-2-1　总机电话免打扰记录单

免打扰记录单　　　　　　日　期：
DND　FORM　　　　　　DATE：

房间号码 ROOM NO.	客人姓名 GUEST NAME	开始时间 STARTING TIME	结束时间 FINISH TIME	事由 REASONS	经办人 HANDLED BY	取消人 CANCELLED BY

（二）受理国际、国内直拨长途电话

现在，越来越多的酒店提供了国际、国内直拨长途电话的服务，分别简称为 IDD 和 DDD。直拨长途服务使宾客在挂拨长途电话时，可以不经总机，在需要时，通过拨号自动接通线路，通话结束后，电脑能自动计算出费用并打印出账单。直拨电话的设立，加快了通信联络的速度，大大方便了宾客，减轻了话务员的工作量，减少了酒店与宾客之间因话务费而引起的纠纷。此时，话务员应注意及时为抵店入住宾客开通电话，以及为退房结账的客房关闭电话，若团队、会议宾客需自理费用，则应将其计入相应的账单。

表 3-2-2　团队电话线控制单

团队名称 GROUP NAME				
需要时间 TIME TO BE NEEDED				
房间号码 ROOM NO.	通知时间 TIME	通知人 INFORMER	登记人姓名 SIGNATURE	备注 REMARKS

六、叫醒(Wake-up Call)服务

总机所提供的叫醒服务是全天24小时服务。酒店向宾客提供叫醒服务的方式有两种。

(一)人工叫醒

使用人工方法,向宾客提供叫醒服务的酒店总机房必须同时具备总机交换台、定时钟、叫醒登记表。人工叫醒服务的程序包括:

1.接受宾客要求叫醒的预订;

2.询问房号和叫醒的具体时间,认真填写叫醒记录,包括房号、时间,话务员签名;

3.在定时钟上准确定时;

4.定时钟鸣响,接通客房分机,叫醒宾客;

5.核对叫醒记录,并记录;

6.如无人应答,5分钟后再叫醒一次;如仍无人应答,必须通知大堂值班经理或客房部查明原因;

7.经理或楼层服务员前往客房,实地查看,查明原因。

(二)自动叫醒

一些设施比较先进的酒店可以向宾客提供自动叫醒服务。这样的酒店其总机交换台具有自动叫醒的功能。自动叫醒的服务程序如下:

1.接受宾客要求叫醒的预订;

2.问清叫醒的具体时间和房号;

3.填写叫醒记录单,记录叫醒日期、房号、时间,记录时间,话务员签名;

4.及时将叫醒要求输入计算机,并检查屏幕及打印机记录是否正确;

5.夜班话务员应将叫醒记录按时间顺序整理并记录在交接班本上,整理、核对并签字;

6.当日最早叫醒时间之前,应检查叫醒机是否正常工作,打印机是否正常打印;若发现问题,应及时通知工程部,并采用人工叫醒程序,直到设备恢复正常;

7.如无人应答,应使用人工叫醒的方法再叫醒一次,以确认设施是否发生故障;

8.如仍无人应答,应通知大堂值班经理或客房部查明原因。

宾客也可把叫醒的要求告诉客房部的楼层服务员或前厅部的前台服务员。有些酒店的楼层服务员在为抵店宾客提供房内服务时,还特意询问宾客是否需要预订叫醒服务。楼层服务员或前台服务员在接受了宾客的叫醒要求后,应填写叫醒登记表,然后把有关信息转告总机服务员。转告完毕后,还应把转告的时间、接电话的话务员姓名记录在叫醒登记表上。

总机话务员是酒店提供叫醒服务的总协调人,各方面的叫醒要求应由话务员汇总整理后予以实施。有些酒店的总机还将宾客的叫醒要求按楼层汇总,其目的是把叫醒记录送往各楼层,楼层服务员可利用这一资料在叫醒宾客10分钟后进入客房为宾客送咖啡、茶及报纸。在宾客住店期间,酒店的服务人员要主动了解宾客的要求,并把宾客嗜好(如茶、咖啡)的资料记录在客史档案上。

叫醒服务事关重大,话务员在受理这项服务时必须慎之又慎。如果由于话务员的疏忽,忘记了按时叫醒宾客,其后果可能非常严重,酒店会因此遭到宾客的强烈投诉。因为,宾客可能会因此而延误登机或参加一个重要的商业会晤等。

表 3-2-3　总机叫醒单

叫　醒　单
WAKE-UP　CALL　LIST　　　DATE:　　NAME:

房　号	姓　名	时　间	提醒时间	经办人	话务员	核实人	备　注

表 3-2-4　总机贵宾叫醒单

贵宾叫醒单

VIP WAKE—UP CALL LIST

DATE：　　　　NAME：

房　号	贵宾姓名	叫醒时间	提醒时间	通知人	话务员	核实人	备　注

(三)叫醒失误的原因

1.酒店方面的失误：①话务员漏叫；②话务员记录了，但忘记输入电脑；③话务员由于房号的记录太潦草，或误听，或笔误，造成房号记录错误；④交换机或电脑等设备出现故障。

2.客人自身的失误：①电话没有放好，无法振动；②错报房号或时间等要求；③睡得太沉，没听见电话铃。

(四)避免叫醒失误的措施

针对上述情况，为了避免叫醒服务失误或减少失误率，酒店必须积极采取措施：

1.当日最早叫醒时间之前，应检查叫醒机等设施、设备是否正常工作，如出现问题及时通知工程部排除故障；

2.客人提出叫醒预订时，话务员应重复客人的房号和叫醒时间，得到客人确认后，认真、规范地记录叫醒日期、房号、时间、记录时间，话务员签名；

3.遇到电话没有接听，及时通知大堂值班经理或客房部查明原因；

4. 具有自动叫醒功能的酒店总机,在打印宾客已被叫醒的记录后,再用人工叫醒的方法,检查落实,以证实宾客确已被叫醒。

由于很少有人乐意在熟睡中被叫醒。因此,话务员在提供叫醒服务时,必须十分注意方式,尽可能地使宾客感到亲切。有些使用人工方法向宾客提供叫醒服务的电话总机特别重视面对面的服务。有些酒店还要求话务员在叫醒宾客时,把当天的天气情况告诉宾客,同时询问宾客是否需要提供房内用餐的服务。提供自动叫醒服务的酒店在制作叫醒录音时,应特别注意措辞的得体及语音、语调的亲切。

更多精彩:叫醒服务

七、监视火警报警装置

有些酒店的总机内装有火警报警装置,一旦有火警报警,话务员应按照酒店的规定及时向有关部门报告,并做好记录。当酒店发生紧急情况时,电话总机的通信联络作用是十分重要的。因此,酒店中所有的话务员都必须定期接受如何处理紧急情况的训练。紧急情况出现时的工作程序应张贴在话务员容易看到的地方。

任务三 总机常见问题处理

一、客人要求提供酒店管理人员的电话号码时怎么办?

1. 首先应问清客人的姓名、单位,请客人稍候,并向客人解释酒店的有关规定,请客人谅解。

2. 征求客人是否可转呼其所找的管理人员,并立即转呼。

3. 若无回应,则应礼貌地请客人留言。注意要问清楚客人的电话号码,以便及时联系客人。

4. 感谢客人的来电,并向其道别。

5. 将客人的留言及时回复酒店管理人员,同时做好记录工作。

二、来电要求转入保密房间时怎么办?

必须坚持住店客人的信息资料不能随意泄漏的原则:

1. 应先问清来电者的姓名、单位及要求转入房间的住店客人的姓名,认真地核对电脑中的客人资料,核对无误后,请来电者稍候;

2. 电话询问客人是否愿意接听电话,若同意可将电话转接到客人的房内;

3. 若客人不愿意或客人不在房内,应请来电者留言,为其转告;

4. 也可礼貌地告诉来电者暂无此客人入住,请其自行联系;

5. 再次向来电者表示歉意。

三、有电话找住客,但电脑显示该房未出租怎么办?

1. 应向客人表示抱歉,并说明所要转的房间为空房。

2. 询问来电者所要找的客人姓名或单位等信息,确定是否已退房或未到。

3.若是所找客人已离店,则请求来电者自行联系或留下联系方式,待与客人联系后回复。

4.若是客人还未到达,请来电者留言并为其转告。

四、接到无声电话怎么办?

1.应向对方表示抱歉,并表示听不到声音,请其大声点。

2.请对方重拨、更换通信工具或改变打电话的地点。

3.若还是听不到对方的声音,应再次向客人表示道歉,请其先挂机。

五、电脑出现故障,无法提供叫醒服务怎么办?

1.做好记录,交接班时要特别交代。

2.人工电话进行叫醒,必要时请客房服务员现场叫醒。

六、客人结账后,要在房内挂外线怎么办?

1.礼貌地向客人解释:客人结账后,房内的电话外线是关闭的。

2.婉转地建议客人到酒店商务中心使用公用电话。

3.可酌情为客人再次开通外线,但应请客人认可电话费用另行结算,通知总台开外线。

4.随时注意此房间的电话情况,并及时关闭外线电话。

七、客人要求提供所不能达到的服务项目时怎么办?

1.对无法为客人提供服务表示歉意。

2.客人提出合理的要求而做不到时,话务员应向客人说明不能提供服务的具体原因。

3.问清楚客人的姓名、房间号码及具体的服务要求,同时表示尽量帮助解决。

4.如客人提出的是特殊要求则应将其输入电脑中,并提醒客人下次需要特殊服务时请事先通知。

八、在接听电话的过程中发现客人身体不适怎么办?

1.首先应向客人表示同情,并请客人放心,酒店会进行照顾。

2.立即询问客人是否去过医院、是否用药等,并表示酒店房务中心备有应急药物。

3.告诉客人附近医院或药店的具体位置,同时向客人表明若需要帮助请与大堂副理联系。

4.将客人生病的情况记录在交接本上,通知相关部门关心该客人。

九、当客人表示自己比较兴奋,无法入睡想与你聊天时怎么办?

1.向客人道歉,并向客人说明为了保证客人的休息,也为了及时为其他客人提供服务,话务员不能与客人电话聊天,请客人理解酒店的有关规定。

2.建议客人可以在房间内看电视,并向其推荐本酒店的电视频道,也可以建议客人到酒店其他营业场所活动。

3.祝客人晚安,同时希望客人早点休息。

十、酒店员工要求转接外线电话时怎么办?

1.向同事表示抱歉,并说明酒店的规定,望其理解。

2.请他(她)向所在部门的管理人员请示后,让其部门管理人员通知转接外线。

3.请他(她)到可以拨打外线的地方拨打,但应提醒他(她)除公事外不可以在上班时间打外线。

4.如为其拨通外线,应记录并请管理人员签字认可。

5.关注此电话机的使用情况,及时关闭外线。

十一、接到紧急报警电话时怎么办?

接线员接到此类电话后,必须保持沉着、冷静,并告诉报警者也同样要保持冷静。

1.向报警人问清楚姓名、所在部门、火情、出事地点。

2.迅速将有关内容准确记录在紧急事故登记本上,并告诉报警人寻找紧急出口撤离。

3.立即告知消防控制中心报警人姓名、报警人所在部门、着火地点、燃烧物、火势大小、接线员姓名,同时记录受话人姓名。

4.遇有火灾,按规定通知总经理、安全部经理和各部门经理;若火情严重,则首先通知消防部门。

5.记录发出通知的时间及回复情况。

6.在接到撤退命令前,话务员必须坚守岗位,安抚客人,稳定情绪。

7.如遇机器报警,能处理的自行处理,如不能处理的,及时通知机务维修人员,并根据情况通知相关部门经理。如夜间出现紧急故障,及时叫值班经理解决。

8.出现紧急情况时,话务员应能够保持沉着、冷静,把紧急情况及时准确地报告,此时总机应充当酒店的临时指挥中心,及时传达各项指令,使有关人员及时进入指定位置处理紧急情况。

十二、外线找总经理、部门经理怎么办?

1.礼貌地问清楚来电者的姓名、工作单位。

2.感谢客人来电并请其稍候,打电话征求是否可以接转。

3.若不可以则应婉转地告诉来电者总经理或部门经理不在办公室,请其留言或稍候再拨。

4.向客人表示抱歉。

案例评析

深夜一点，有一位女士来电要求转3115房间。话务员立即将电话直接转入了3115房间。第二天早晨，大堂副理接到3115房间孙女士的投诉电话，说昨晚的来电不是找她的，她的正常休息因此受到了干扰，希望酒店对此做出解释。大堂副理经调查，了解到该电话要找的是前一位住3115房的客人，他已于昨晚9点退房离店了。孙女士是快12点时才入住的，她刚洗完澡睡下不久，就被电话吵醒了，你说能不生气吗？

谁知一波未平，一波又起。原住3115房的刘先生紧接着也打来了投诉电话，说昨晚他太太打电话来找他，由于话务员不分青红皂白就将电话接了进去，接电话的又是一位小姐，引起了太太的误会，导致太太跟他翻脸。刘先生说此事破坏了他们的夫妻感情，如果不给他一个圆满的答复，他一定不会善罢甘休，而且今后他公司的人都不再入住此酒店。

问题：这种情况请问该怎么办？

点　评

可能采用的做法及评析：

方法一：向刘先生解释，刘太太当时确实很肯定地要转3115房，而那房间也没有要求免于打扰，故将电话接进去也无可厚非。而事情偏偏那么凑巧，房间住进去的又是位小姐，从而引起了刘太太的误解。对此，酒店表示遗憾并道歉。请刘先生代为将事情的来龙去脉向刘太太解释清楚，并转达酒店对他们的歉意；

方法二：向刘先生深表歉意。由于无意之中影响了他们夫妻间的感情，表示酒店一定会对此负责任的。征得刘先生的同意后，向刘太太解释事情的来龙去脉，以期解除其中的误会，求得刘太太的谅解。必要时，可出具证明证实刘先生在当晚9点就已离开了酒店。同时感谢刘先生及时将此事告知酒店，他的遭遇引起了酒店的重视，从而帮助酒店提高服务水平。

给酒店管理人员的启示：

1. 操作规范，不能忽略一些关键的细节；

2. 应重视每一起案例，总结经验，吸取教训，将坏事变为好事。

思考与训练

◇**阅读思考**

1. 话务员为客人接转电话时应注意哪些问题?

2. 人工叫醒和自动叫醒的优、缺点各是什么?

3. 如果你正在接听电话,面前来了一位客人,你应如何接待面前的客人,又应如何接听电话,并使双方都满意?

◇**能力训练**

名称:总机接线问候语及应答语训练。

目的:掌握酒店总机对客服务用语的基本要求及语言技巧。

内容:1. 收集各星级酒店总机接听外线的问候语及应答语;

2. 观看总机服务教学片;

3. 分组讨论、比较几家酒店的总机问候语及应答语;

4. 每组选出适合的某一家星级酒店总机的问候语进行模仿练习。

◇**案例分析**

张先生打电话给总机要求第二天早7:30叫醒。第二天到了叫早时间,正好有个电话转入张先生房,于是话务员先为其转接了电话。2分钟后,话务员打电话给张先生,房间占线,10分钟后房间依然占线。于是总机断定张先生已经醒了。但是最后张先生接完电话后仍继续睡了,没有按时醒来,结果耽误了办事。

问题:1. 案例中,叫醒失误产生的主要原因是什么?

2. 正确的做法是怎样的?

模块四　礼宾服务

学习目标

知识目标

- ■ 认识前厅礼宾各岗位工作内容与要求
- ■ 掌握前厅礼宾各岗位服务流程、方法和技巧
- ■ 理解金钥匙的服务内涵

能力目标

- ◎ 能按规程为客人提供礼宾迎接服务
- ◎ 能按规程为客人提供抵店和离店行李服务
- ◎ 能够灵活处理礼宾对客服务中出现的各种问题

案例导读

　　凌晨1时，白天喧嚣而繁华的大堂，此时显得格外寂静。一辆绿色的士车停在了酒店大堂门外，当值礼宾员小李立即放下了手头的工作迎了出去。走下车的是一对韩国夫妇和3个活泼可爱的小孩子。小李用熟练的韩语向客人问候着，并将客人引进了大厅。交流得知，他们是韩国首尔一所学校的教师，首次到张家界旅游，因行程匆忙，没有联系到合适的旅行社和导游。

　　在小李的协助下，客人来到前厅问讯房价情况。当得知客房房价时，客人一个劲地摇头，表示房价贵了，转身准备离去，并要求小李给他联系的士。小李见此种情况，考虑到客人的安全等方面问题，他疾步从礼宾台拿出一份地图告诉客人：首先，景区距市区较远，如果此时前去，一是路途不是很安全，二是出租车车费较高；其次，我们酒店目前是本地区规模最大、档次最豪华的四星级酒店，客房价格是严格按照行业标准及市场需求所定的，且房费含两份西式自助早餐，另早餐里西式菜肴中的韩国泡菜味道绝对是一流的，与韩国餐厅里的菜肴味道不相上下；再次，近年来，酒店的服务质量、设施受到越来越多韩国旅行社和客人们的青睐，客人住店人数非常之多，而且可以的话我们可以通过熟悉的专业韩语旅行社联系导游；最后，孩子们都累了，如果能住在我们酒店是既方便又省钱，我们将会为客人提供最优质的服务。

　　听了小李一席话，客人从最初的犹豫中拿定了主意，非常高兴地接受了建议，并拍了拍小李的肩膀说："Thanks for your good idea!"然后在前厅迅速地办理了入住手续。送客人行李进房间后，小李详细地向客人介绍了房间内韩国对方付费拨打电话的使用方法等。考虑到客人首次来到张家界，为让其了解更多的景区旅游知识，又特地赠送了一份中英文版的张家界旅游图给客人。想客人之所想的小李提醒客人并为其代定了早上的叫醒时间。

思　考

1. 有人说"酒店里人人都是销售员",你怎么理解?

2. 你认为礼宾的主要工作内容是什么?

任务一　认知礼宾

礼宾服务是前厅服务的重要组成部分,它是以客人心目中"酒店代表"的特殊身份进行的,其服务态度、服务质量、服务效率如何,将给酒店的声誉与效益带来直接的影响。酒店前厅是客人进入酒店的第一个接触点,客人一下榻酒店首先受到的就是酒店的礼宾服务,更为重要的是酒店礼宾服务带给客人的是其对酒店服务的第一印象,同时它又是离开酒店的最后接触点,直接关系到客人的住宿满意程度和对酒店的总印象。

每家酒店大厅礼宾服务处的管辖范围,以及提供的服务项目并不完全一致。目前,我国大部分酒店的大厅礼宾服务处,其英文名称为"Bell Service",在高档酒店中称为"Concierge"。大厅服务人员一般可由大厅服务主管、领班、应接员、行李员、委托代办员等组成。酒店大厅礼宾服务,实际上就是酒店在宾客下榻酒店时和离店时,向客人提供的迎送宾客服务以及为客人提供行李和其他的一些服务。

一、礼宾服务内容

礼宾部主要为入住宾客提供行李登记、运送、寄放、机场(车站)迎送、传递信函文件、询问、寻人、各类委托代办(金钥匙)等服务。

(一)迎送宾客服务

门厅迎送服务,是指对客人进出酒店正门时所进行的一项面对面的服务。门厅应接员是代表酒店在大门口迎送客人的专门人员,是酒店的"门面",也是酒店形象的具体体现。因此,门厅应接员必须服装整洁,仪容仪表端正、大方,体格健壮,精神饱满,与保安员、行李员相互配合,保证迎客、送客服务的正常进行。

(二)行李服务

行李服务工作由前厅部专设的行李处承担。行李处在大门入口处的内侧,既易于被客人发现,又便于行李服务员观察客人抵离店的情况,以及与前台的入住接待和收银处联系。行李处主管指挥、调度行李服务工作。每天一早,行李处主管要认真阅读和分析由预订处和接待处送来的"当日抵店客人名单"及"当日离店客人名单",掌握进出店的客流量,以便安排人力。特别要掌握重要客人和团体客人抵离酒店的情况,做好充分的准备。在此基础上,做出当日的工作计划,召集全体所属人员进行布置安排。

(三)其他服务

前厅行李服务处的服务范围较广,各酒店根据自身实际情况服务内容有所不同。下面是比较常见的服务项目。

1.电梯服务。现代酒店大多使用自动电梯,不需要有人看管和服务。但酒店为了对某些重要客人显示礼宾的规格或为尽快疏散客人,酒店行李服务处会派行李员专门为客人操纵电梯或在电梯口照顾引导客人。

2.呼唤寻人服务。应住客或访客的要求,行李服务处的服务人员可协助客人在酒店规定的公共区域内呼唤寻人。服务人员使用装有柔和灯光及清脆、低音量铃铛或蜂鸣器的寻人牌。在寻人过程中,服务人员应注意自己的步伐节奏和音量,以免破坏大厅的气氛。

3.递送转交服务。递送转交服务的内容主要有:客人的邮件、留言、报纸、客人的物品、内部单据等。递送邮件物品与留言的方法有两种:大部分酒店的大厅服务人员将客人留言条、普通信件或报纸从门缝底下塞入房间,这样做是为了尽量不打扰客人;电报、电传、传真、挂号信、包裹、汇款单和其他有关物品,一定要当面交给客人,并请客人在登记本上签收。

在提供递送转交服务时,以下五个方面需要注意:不得延迟,重要的东西要签收;在邮件及留言单上打上时间;不得拆阅客人的邮件或留言;完成任务后,须填写"行李员工作任务记录表";如需将邮件送至餐厅或大厅的客人时,最好使用托盘。

4.出租服务。为了增设服务项目,满足客人需要,提高服务质量,很多酒店为客人提供出租自行车、雨伞和酒店专用车服务。服务人员向客人说明租用的方法,请客人填好租用单,预交订金,办好手续即可提供。对租用车辆的客人,应提醒其注意安全。

5.预定出租车服务。大厅行李服务员应该将客人的订车要求准确及时地填写在出租汽车预约记录表内,书面通知本酒店车队或出租汽车公司的预约服务台,并留意落实情况。

6.替客人泊车服务。有些酒店在前厅行李服务处专设泊车员来负责客人车辆的停放工作。客人驾车来到酒店,泊车员将车辆钥匙寄存牌交给客人,并将客人的车开往停车场。此时,应注意检查车内有无遗留的贵重物品、车辆有无损坏之处、车门是否关上。车辆停妥之后,将停车的地点、车位、经办人等内容填写在记录本上。客人需要用车时,须出示寄存牌,核对无误后,泊车员去停车场将客人的汽车开到酒店大门口,交给客人。

二、礼宾部岗位及其职责

(一)礼宾部主管

礼宾部主管是礼宾部的业务主管,负责礼宾部的整体工作,组织、指导、控制部门员工有效地开展工作。应熟悉前厅部的工作程序,具有较丰富的知识,有较高的英语水平。其工作直接向前厅经理负责,主要工作内容包括:

1.严格按照酒店的规章制度和部门的工作程序,主持并参与部门的日常工作;

2.主持礼宾部日常工作,确保部门内及本部与其他部门的有效沟通,为客人提供良好的服务;

3.处理部门的有关问题及宾客投诉事宜;

4.主持每天工作例会,传递酒店及上级布置的工作、获取的政策信息;

5.完善礼宾部的操作程序,发现问题及时更正;

6.掌握重要接待任务、大型商务团体及贵宾抵店的情况,合理安排人员核对运送行李、控制电梯及护送客人进入房间;

7.定期收集有关信息,完善委托代办服务的工作网;

8.发挥金钥匙的作用,积极开展委托代办业务,尽力为客人排忧解难;

9.开展员工的思想政治工作及业务培训工作,建立员工提合理化建议和意见的渠道,建立奖惩制度,定期评估员工的工作表现,保证部门内的工作质量和服务质量；

    10.分配下属工作任务并检查其完成情况；

    11.做好部门财物管理工作；

    12.负责部门的治安、安全防火工作；

    13.负责酒店贵宾的迎送工作。

(二)礼宾部领班

    1.协助礼宾主管完成部门日常工作,确保服务质量。

    2.安排下属班次,保证有足够的人力完成部门日常工作。

    3.检查文员、行李员、门童的仪表、仪容、行为规范及出勤情况。

    4.为下属布置具体工作并加以指导和监督,确保工作程序得以正确执行。

    5.检查住客行李的接送情况,执行行李派送程序。

    6.检查工作用具(如行李车等)的完好状态。

    7.向客人提供行李寄存服务,检查行李物件的安全,保留完整的行李寄存记录。

    8.督促应接员执行工作程序,热情、微笑迎接客人,协助有关部门维持酒店前门的正常秩序。

    9.处理宾客投诉。

    10.不定时抽查下属的工作,并将情况向当值主管汇报。

    11.做好交接班工作。

    12.配合上司开展委托代办工作。

    13.把部门布置的工作及获取的信息传达给下属。

    14.协助上司开展员工培训工作。

(三)行李员

    行李员是礼宾部负责向客人提供行李运送、行李暂存、信函文件传递等服务的员工。行李员应具有一定的英语日常用语表达能力。其主要工作内容包括：

    1.尽快把入住客人的行李送到其住房；

    2.接受礼宾领班的安排,及时到客房为离店的客人送行李或提供其他服务；

    3.负责收集、运送抵达和离开酒店的旅游团客人的行李；

    4.保持行李车存放整齐和完好无损；

5. 保证客人行李物品的安全;

6. 掌握灵活的社会信息,协助"金钥匙"向客人服务;

7. 服从管理人员的工作安排;

8. 礼貌地接听电话,指导下属为宾客提供优质高效的服务;

9. 跟办入住和退房客人的行李记录;

10. 每天交接班时认真清点行李仓物品,确保行李数量准确安全;

11. 为客人提供咨询服务;

12. 为客人提供寄存行李、转交包裹等服务,并做出相应记录;

13. 整理和派发文件及报纸;

14. 掌握电脑操作技巧;

15. 将每月文件归档;

16. 与各部门密切协作,完成各项工作任务;

17. 从前厅和商务中心收集有关客人的邮件、传真等并迅速准确派送;

18. 用寻人告示牌及摇铃在酒店大堂内寻找客人;

19. 准确、迅速地派送客人的留言、传真等,并做好相应记录;

20. 负责为酒店贵宾准备专用电梯;

21. 协助行李员为客人提供运送行李和包裹等服务;

22. 服从管理人员的工作安排。

(四)门童

门童是礼宾部负责为客人提供迎来送往工作的员工。门童应具有良好的服务意识。其主要工作内容包括:

1. 保持仪表仪容的整洁,微笑、热情地迎送客人;

2. 有效地指挥车辆停泊,与保安员密切沟通,保持酒店门前交通顺畅;

3. 用规范的动作拉门;

4. 协助行李员搬运行李;

5. 主动热情为客人提供服务,做好车牌号码的记录;

6. 在繁忙期间或雨天,维持轮候出租车客人的排队秩序;

7. 为特殊的客人(如残疾人、行动不便者)提供必要的服务;

8. 必要时顶替行李员的工作。

任务二　门童服务

门童上岗前应整理好个人仪容仪表,调整好工作心态,精神饱满地进入良好的工作状态,佩戴对讲机、白手套(雨天则不戴手套)、打火机、的士牌、行李寄存牌、行李牌、笔、零钱袋,皮鞋光亮无污渍,头发整齐有光泽,尽显精气神。

一、门童的站位

门童应站于旋转门出口两侧,站立时,挺胸抬头。左手握在右手手腕上,放于小腹区域,脚后跟并拢,两脚分开约 45°。眼睛平视前方,用眼角的余光注意周边动态,随时提供服务,面带微笑。问候声音洪亮,大而不躁,适当为宜。

二、问候

1.门童的问候,统一为"您好!×先生(小姐/女士),欢迎光临!""您好!×先生(小姐/女士),谢谢光临,请慢走!恭候您的再次光临"!声音洪亮,面带微笑,注视宾客三角区域,姓氏称呼。宾客进店时,做好手臂手心斜朝上"请"的手势。

2.问候酒店管理层、省市级领导、VIP 客户、常住客等需按时段问候,以姓氏及职位问候。

三、开车门服务

1.当宾客乘车抵达或离开酒店,门童应为宾客开车门、护顶(佛教和伊斯兰教教徒则不用),需提醒"当心碰头"。

2.若宾客分别在车的前后门上(下)车,两位门童需同时将车门开启,护顶。

3.若有三位宾客要上(下)车,一位门童将一侧的两车门同时打开,不需护顶,但要提醒"当心碰头";另一位门童必须小跑三步半,在另一侧打开车门,护顶。

4.若有两辆或以上的车到店,两位门童则一人负责一辆车,必要的时候呼叫增援。

5.当宾客乘车离店时,需向宾客行恭送礼(15°—30°的鞠躬)。

知识链接

轿车座位礼仪与开车门礼仪

一、轿车座位的礼仪

在我国,如果是计程车,司机在前排左位,以其后排最右侧座位为首,后排最左侧座位为次,后排中间座位再次,前排司机右侧座位最次。帮开门时应先开后排右侧,再开后排左侧,最后开前排车门。

如果是私家车,司机是主人,则座位应以驾驶座右侧为尊,后排右侧次之,后排左侧再次,中间座最末。开车门次序也一样,但若有女士在列,则应先开后排右侧车门,因为按国际通例,除非女宾要求,一般不坐前座。

二、开车门礼仪

当来宾乘坐的是轿车时,门卫迎宾应车停人到,站在车门轴一侧,一手将车门开至90度,另一手手指并拢,手臂伸直,置于车门柜上沿,以防宾客头部碰撞车厢门框。上身微向车辆倾斜,见宾客下车,用礼貌用语问候客人,表示欢迎,如"您好,欢迎光临"等。待宾客下车后,将车门轻轻关上,示意司机离开。

当宾客离店时,应在客人的示意下为其安排合适的出租车,以同样的礼仪姿势为客人开车门,注意女士优先和尊老爱幼的原则,按轿车车位的主次一一打开车门,送宾客上车,最后轻轻关上车门并道别,或用招手礼目送客人离去。

四、引领服务

1.提臂式引领,引领宾客至目的地,宾客单件行李或无行李时的引领,走在宾客左(右)前方约 1.5 米处,提臂引领,行走时关注到宾客,直到引领结束回岗。

2.直臂式引领,不能引领宾客至目的地,只能告诉宾客大致的方向,伸直手臂,指引方向,切忌用手指指出方向。

3.画地图引领,在地图上标出路线,告诉宾客具体走向,必要时安排出租车。

五、出租车服务

1.若宾客需要安排出租车离店,门童有义务协助安排,竭尽所能。待安排好出租车,在车牌卡上记录好车牌号,递送给宾客,提醒宾客物品不要落在车内,开车门,护顶,行恭送礼。

2.只要在门口能看见定点车在酒店外围,则优先安排定点车,若是拒载,责令出租车司机不要停在酒店范围,并且呈报给当值带班。禁止酒店定点出租车司机站于门外雨棚下,门童应主动劝说其到车内等候。

3.当宾客乘坐出租车抵达酒店时,需快速抄写车牌(清晰、整洁),为宾客开车门,护顶,将车牌卡递送给宾客,提醒宾客带好随身物品及出租车发票。

4.若宾客不需要车牌卡,门童将车牌卡保留,备注好宾客信息及抵达时间,以防宾客落物品在车内。

5.当等候出租车人多而无车时,应有礼貌地请客人按先后次序排队乘车。载客车多而人少时,应按汽车到达的先后顺序安排客人乘车。

门童出租车记录单如表 4-2-1 所示。

表 4-2-1 出租车记录单

年　　　月　　　日　　　班次：　　　领班：　　　交班：　　　接班：

进店				离店				
序号	时间	车牌号	备注	序号	时间	到何地	车牌号	备注
1				1				
2				2				
3				3				
4				4				
5				5				
6				6				
7				7				
8				8				

续　表

年　　月　　日　　班次：　　领班：　　交班：　　接班：								
进店				离店				
序号	时间	车牌号	备注	序号	时间	到何地	车牌号	备注
9				9				
10				10				
11				11				
12				12				
13				13				
14				14				
15				15				
16				16				
17				17				

六、行李服务

1.宾客带着单件行李抵达酒店，门童应小跑至宾客面前，问："您好！需要协助您拿行李吗？"若宾客需要，则协助宾客提拿行李，确认有无破损，有无贵重、易碎品，将宾客带至前厅，将行李放置礼宾台后即向客人交接及解释，并迅速到礼宾领班处交接后返回岗位。若宾客不需要协助拿行李，则引领至前厅后迅速回岗。如果拿着单件行李，要直接上房，门童应呼叫行李员至电梯口拿行李，并且将行李交给行李员，若行李员并未到达电梯口，门童可直接将行李带上房间。若宾客并非立即去前厅总台，则将宾客引领至大堂休息区。

2.若宾客拿着两件（或以上）的行李，则使用行李车，轻拿轻放，大不压小，重不压轻。确认有无破损，有无贵重、易碎品。呼叫行李员拿行李，必要时则协助行李员将行李带至礼宾台。

3.宾客乘坐出租车抵达酒店，需抄写车牌，与宾客确认行李件数。

4.宾客带着行李走出旋转门，门童应问候："您好！需要协助您拿行李吗？"若宾客需要，则将行李带至宾客车辆中，并与宾客确认。若不需要，则引领至雨棚外，迅速回岗。

5.如见到客人从大厅内自拿行李出来，应及时主动上前接过客人的行李，并主动询问客人是否需要帮其安排车辆。

6.宾客带着行李，需要乘坐出租车，则立即协助宾客安排出租车，记录好车牌号。将行李放入出租车内,并与宾客确认。

七、雨天服务

1.雨天需准备好雨伞、伞套、"小心地滑"牌、铜柱 2 对。

2.宾客如携带湿的雨伞进入酒店,门童必须将雨伞套好,并且向宾客做好解释工作,不寄存宾客雨伞。

(1)雨伞租借时,原则上对住店宾客提供免费租借服务。宾客必须出示房卡,报出房号,并且让宾客在雨伞租借登记本上签名(长住客、VIP 客户例外)。并在雨伞租借本上做好相关记录,包括日期、房号、数量(必须为大写)、宾客签名。

(2)借出的雨伞必须是完好的雨伞,有破损、使用不方便的雨伞一律不外借。还伞时只需要宾客报出房号即可,核对好数量后,在雨伞租借本上进行注销。

(3)对于非住店宾客,原则上不享受雨伞租借服务,若要借出,必须收取押金,归还后便可退回其押金。每个班次交接,或者轮休、用餐必须将雨伞外借数及总数和雨伞押金交接清楚。

雨天时,当等候出租车人多而无车时,应有礼貌地请客人在等候区域按先后次序排队乘车。载客车多而人少时,应按出租车到达的先后顺序安排客人乘车。注意地面积水,若地面积水太多,门童应用刮水器将地面积水清理干净,以防地滑影响到宾客的行动和自身的行走。宾客未打伞到店时,要及时为宾客打伞迎接宾客到来。

八、问讯服务

1.热情友好、乐于助人,及时响应宾客合理需求。

2.熟悉酒店产品知识,各营业场所的营业时间、价格等。

3.熟悉酒店周边环境,包括高档的商超、特产店、道路信息、电子产品店、书店、酒店(包括国外餐饮店和国内各菜肴店)、特色一条街,能为客人安排一条简单的旅游线路(市内)。为宾客提供地图,标明路线,必要时协助安排出租车。

4.熟悉市区的交通道路图,以及部分路段的堵车情况,及时建议客人改道绕行,做好城市的"活地图"。

5.丰富自己的知识,以便做好更加个性化的服务。

九、门童应关注的几个方面

(一)关注进店车辆

1.门童应站在车道一侧维持交通秩序,用统一的标准手势为到店的车辆做指引。配合保安员确保门口交通畅通,禁止车辆长时间停在车道上,若司机未停好车而进入大堂,需第一时间通知带班。

2.管理好门口的车位,协助保安部停车,确保门口的美观。雨棚下的车位禁止停放房车以及更大型的车辆,最好停放酒店车辆。

3.禁止车辆在门口逆行而上,身体力行,安全第一。友好礼貌耐心劝说,切勿强行要求车辆掉头,切勿与司机发生冲突,灵活变通。

4.关注店内车抵店、离店情况,并且向带班汇报,以便做好相关的服务。

5.熟记、关注省市领导车牌,长住客、重要客户车牌,及时通知带班,以便做好相关的接待服务。

6.关注高档车进店,通知带班,以做好相关接待服务。

(二)关注进店的宾客

1.认识并且关注到酒店高层到店,分时段问候,姓氏职位问候,通知带班,以做好相应的接待服务。

2.关注到 VIP 客户、常住客,抵店时需姓氏称呼。

3.关注省市领导进店信息,分时段问候,姓氏职位问候,第一时间通知带班,以做好相关的接待工作。

4.关注可疑人员进店,一经发现,第一时间通知带班或保安部同事,做好门外的安全保卫工作和协调工作。

5.婚宴、会议、用餐的客人较多时,应及时分流宾客,或及时开启侧门。

6.禁止外卖人员、抽烟的宾客、出租车司机、身穿睡衣或衣冠不整的客人进入酒店,礼貌耐心劝说。

(三)关注门口卫生情况

1.门口两侧烟沙及时清理,中班接班时,早班门童必须将烟沙清理干净。

2.若碰到门口地毯脏了、有客人在门口呕吐等门童不能自行清理干净时,需通知带班,安排 PA 进行打扫清理。

3.雨天门口积水较多时,需及时使用刮水器清理地面积水。

4.婚宴时,禁止客人在雨棚下放礼花,身体力行,安全第一,礼貌耐心劝说。

(四)关注设施设备的完好

1.关注旋转门是否正常旋转,关注到旋转门内宾客安全。人多时及时切断人流。

2.关注地毯、灯、喷泉是否完整或正常使用。

3.定期维护旋转门的正常运行。

(五)关注 VIP 客人到店情况

1.熟悉 VIP 客户习惯、喜好,以便做好个性化服务。

2.确保门口卫生干净整洁。

3.确保门口设施设备的正常使用,预留好车位。

4.确保门口交通顺畅。

5.VIP 抵店时以姓氏、职位称呼,分时段问候。

6.配合部门一切工作,确保 VIP 接待顺利进行。

知识链接

门童服务三要素

客人来到酒店,与服务人员有交流的第一个岗位很可能是车场保安和礼宾部门童,门童岗是所有出入酒店客人必经的通道。因此,门童的形象在第一时间也代表了客人对酒店的第一感知。那么,作为酒店的"咽喉"——门童岗,如何让客人在短时间内,认知门童的服务,享受到酒店服务的温馨,这就必须要求服务人员在对客服务中具备以下三个要素。

第一要素:细心观察

只有通过细心观察,才能够抓住对客服务的切入点,进行正确分析,推断出客人下一个服务需求或未来的需求是什么。细心观察包括观察客人到店的交通工具、性别、年龄、衣着、随身物品等信息,从而推断出客人是本地人还是异地人,是商务客人还是政府官员,是刚下飞机还是刚下火车等。总之一句话,观察一定要细心,力争达到窥斑识豹,不放过客人所流露出的每一点信息、一个标志、一个号码、一个举动,为下一步服务奠定坚实的基础。

第二要素:适时服务

适时服务,就是要做到适时适地,恰如其分地为客人提供卓越服务,并让客人有所感知,认可其服务。门童要做好以下几点:时时刻刻都以标准的站立姿势站在自己的岗位上;细心观察自己视野中即将要通过门厅的客人;当客人距手拉门 5 米内,面带微笑并用眼神关注客人;在客人距离手拉门 1.5 米时,迅速用标准规范动作打开门;在客人通过服务人员面前时,面带微笑点头示意,并用得体的语言问候客人。

第三要素:有道别声

一个产品从原料加工到生产成为一个成品,是否真正的合格,需要最后一关——质检。门童工作是迎送客人,迎完了客人之后如何送客,是决定服务是否完整的一个衡量标准。只有在客人离开酒店通过门厅时,与客人进行愉快道别,让客人感受到服务之温馨,这样的服务才是标准、合格的。作为门童,与客道别要做到以下几点:用眼神去关注客人;微笑面对客人并点头示意;在客人即将通过的瞬间打开车门;配以得体的道别语言;目送客人离开,以防客人有其他需求,以便及时进行跟进服务。

任务三　行李服务

一、进店散客服务程序

迎候：接到客人到达的信号或在大堂待命时看到客人光临，立即到门口迎接。

清点：对乘车来的客人，行李员从车上卸下行李并请客人当面点清件数，贵重或易碎物品，如公文包、玻璃瓶等请客人自带。

行李装车：客人行李少时，可以用手提，行李较多或较重时则应放在行李车上，装车的原则是大、重、硬实的行李放在下面，小、轻、软的行李放在上面。并特别注明行李，如行李上有"请勿倒置"字样，则按要求摆放。

引领客人：确认客人来店住宿后，引领客人到接待处办理入住手续。

1. 引领过程中，问清楚客人姓名，是否在本酒店预订房间，注意语气和方式，到达柜台后将了解的情况告诉接待员，为客人办理登记手续。

2. 引领客人时，要在客人左前方（距离两至三步）合着客人步调行走。

3. 客人登记时，行李放在客人身后两米的地方，行李员站在行李后，面对客人等候，站姿要规范，神态要自然。

带房服务：客人办完入住手续，拿好房间钥匙后，即可引领客人，送行李到房间。

1. 从总台领取房间钥匙和房卡，问清客人房号，与房卡核对是否相符。

2. 请客人在离开总台前，再次检查行李是否齐全，客人表示无差错即可离开总台，提醒客人不要遗留物品在柜台上。

3. 在去房间的路上，行李员可简略地向客人介绍一下酒店的设施和服务项目，但谈话要适度。

4. 上电梯时，如电梯里面有人，应说"对不起"，请里面的人让一下，关照客人先上电梯；电梯内无人，行李员带行李先进，然后挡着电梯门关照客人进电梯，电梯到达楼层，关照客人先出电梯，然后将行李运出。如大件行李挡住客人出路，则先运出行李，然后在外面按住电梯控制钮，请客人走出电梯。行李员下电梯时要向其他客人道"对不起"。

5.在电梯内,行李员尽量将行李放在角落,行李员则站在电梯控制钮旁边,便于为客人服务。

6.行李在运送过程中,如拐弯、上下电梯等,勿使行李或行李车与它物碰撞,保证客人行李的安全,遇拐弯处,要向客人示意。

7.到达客人房门前,核对房卡与房间号码无误后,按门铃或用手指敲门通报,里面没有回声再开门。

送行李进房:

1.开门时,行李员应首先放下行李,向右开的门用右手,向左开的门用左手,以示礼貌;

2.开门后先打开过道灯,随即将钥匙插入节能孔,扫视房间,如"OK"则退到房门一边,请客人先进;

3.客人入房后,将行李送进房间,主要的箱子应放在箱架上,正面朝上,箱把手朝外,以便取用,其他行李依客人指示放在衣柜,行李从行李车卸下时,要轻拿轻放,避免碰撞和损坏,切忌将行李车推入房内;

4.行李全部放好后,请客人核对差错,即可向客人介绍房间内的设备和使用方法,如门锁、控制台的调节以及太平门方位等,对老顾客只介绍新增设项目,介绍要简短;

5.介绍房间后,与客人道别,面对客人退出房间,轻轻把门关上。

行李记录:行李员把客人送入房间后,回到大堂行李部认真填写迁入行李登记表,以备查。

案例评析

某日晚7时,方先生和太太预订了一间豪华房,入住时由行李员小马负责带房。方先生在前厅办理完入住手续后,正准备上房间的时候问:"这是我们第一次入住你们酒店,你们的西餐厅在几楼?""在二楼,方先生。""嗯,好的,那麻烦你把行李送进我的房间,我们要先去西餐厅吃点东西。""好的,请问您的房号是?""5066",方先生不假思索地回答道。"好的,现在我就帮您把行李送到房间,祝您入住愉快!"

随后,小马推着行李车来到电梯口,打算把行李送到5066房间。但忽然想道:"不对啊,虽然是客人亲口告诉的房号,但部门工作流程规定是必须要确认客人的房号和姓名才能直接送到房间的,如果我就这样送上去,万一客人说错了怎么办？自己又没有亲眼看到欢迎卡上的房号。确保行李派送无误是行李员的首要职责之一，不能马虎。"于是小马又返回礼宾部，在电脑上查询了下5066房的入住资料。结果发现5066房的登记资料是一位林先生，已经入住好几天了。"好险啊！"小马自言自语地说，随后到前厅查询才得知客人实际应该入住的是5056号房。小马随后把行李送到了方先生的房间。

💬 点 评

行李服务是礼宾部员工为客人提供得最多的服务，但正因为多，才更需要我们严格地按照工作流程去做，才能为客人提供准确、高效的服务，否则，一个小的失误可能带来大的投诉，使客人失去最基本的住宿安全感，对酒店的评价也会大打折扣。

行李员为客人派送行李必须先确定客人的房间号码，这是毫无疑问的。确定的方式：一是可以通过查看客人的欢迎卡；二是可以通过询问帮助客人办理入住手续的前厅接待员，而不是简单地询问客人。

案例中的行李员小马开始没有按照规定流程确定客人的房间号码，幸好及时悬崖勒马，避免了一场大的投诉的发生。由此可见日常工作中严格按照规定流程工作的重要性，这也是酒店重视规范化文件的建设和执行的重要原因。

二、离店散客行李服务程序

首先，受理运送行李。客人用电话或直接通知总台要求派人协助运送行李时，要热情受理，问清客人的房号、行李件数、姓名和离房时间，详细记录在工作记录上，并按时派行李员去房间搬运行李，行李多时，要备行李车。

其次，到房间取行李。客人准备离房时，行李员应与前厅收银处联系，了解客人是否付账，然后提前几分钟到房间，走到客人房间门口时无论房间是否打开，均应先按门铃或敲门通报，经客人允许方可进入房间，并向客人致意。

1.根据客人指示搬运行李，将需搬运的行李挂上行李牌，将下半联撕下交给客人，即可搬运行李，离开房间时请客人核实行李件数。

2.如果客人表示跟行李一起离开时，要提醒客人不要遗留物品在房间，如客人指示可将行李运走时，要告诉客人："我会将您的行李运送到行李寄存处存放，您还需要什么帮助,请找我,我是×××。"

再次,运行李。若客人与行李一起走,在客人离开房间时,行李员要将房门轻轻关闭后离开。

1.行李运到大厅时,征询客人是否需要结账,客人表示结账时,提醒客人将钥匙交还总台,客人结账时,要将行李放在其身后两米远的地方等候,待客人结账交钥匙后,再随客人将行李送到门前。

2.先运到寄存处保管的行李,需待客人前来认领,在确认客人已结账交钥匙后,将核实好的行李送到门前。

3.行李装好车,请客人核实,关好尾箱盖,收回行李牌下半联,向客人道别致意。

最后,记录。行李员回到柜台,要认真填写"迁出行李登记表"备查,如表4-3-1所示。

表 4-3-1　行李记录单

礼宾部服务记录表
CONCIERGE SUPERVISOR'S CONTROL SHEET

礼宾部领班　　　　　　　　值班由　　　　　至　　　　日期
CONCIERGE SUPERVISOR:_____ SHIFT FROM:_____ TO:_____ DATE _____

行李员 BELL BOY	房间号码 ROOM NUMBER	进店 C/I	离店 C/O	换房 ROOM CHANGED		件数 NUMBER OF PIECES	服务时间 SERVICE TIME		卡号 CARD NO.	备注 REMARKS
				FROM	TO		OUT	IN		

三、进店团队行李服务程序

（一）办好交接行李的手续，行李要特别注意，接收行李时，必须与团队的领队或陪同人员一起当面点清行李件数，填好行李登记表，并请各岗位签署，一份交领队，一份交陪同，一份备查。

（二）行李检查。在行李检查中如发现有损坏，要当着领队、陪同的面讲清，以免产生误会或发生索赔。

（三）行李分类，在每件行李上贴上酒店行李卡或标签，根据接待部提供的团队客人名单填上客人姓名、房号和团队名称。

1.将行李按楼层分好后清点总数，放在大厅一侧，排列成行。

2.把按楼层分好的行李装上行李车，清点后将数字填入团体客人行李搬运记录表内。

3.如有几个团体同时到达，不同团体的行李可用不同颜色的丝带、布带或卡片加以区别。

4.如遇到过路团体等行李无须进入房间的，可将行李集中在一个地方或行李房，用网罩住，标上团队名称，做好登记。

5.装行李时注意将同一客人的行李装在同一车上，如果行李较多，则应按客人房间的距离远近及房间走向（以电梯为基点）进行装车。

（四）行李交付。

1.仔细核对行李搬运登记表上登记的行李件数，将行李运给客户，团体行李运送时，要注意如酒店有货梯或职工电梯时，严禁乘用客梯，如无，可在客流量少的情况下使用客梯。

2.请客人确认行李，如准确无误，则在核对栏内划"OK"，如客人不在，则请楼层服务员用万能钥匙开门，将行李搬入室内，然后报行李领班，请其核对。

3.行李交付完毕后，行李员在团体客人行李搬运记录上签字，交行李领班。在团队住宿期间，记录由领班保存备查。团队行李记录单如表4-3-2所示。

表 4-3-2 团队行李记录单

礼 宾 部 团 队 行 李 报 告
CONCIERGE GROUP LUGGAGE REPORT

团队名称：
GROUP NAME：_____

旅行社：
TRAVEL AGENT：_____

团队代码：
GROUP CODE：_____

团队人数：
NO. OF PAX：_____

到达日期：
ARR. DATE：_____

离店日期：
DEP. DATE：_____

行李到达时间：
LUGGAGE ARR. TIME：_____

下行李时间：
LUGGAGE DOWN TIME：_____

行李件数：
NO. OF LUGGAGE：_____

行李件数：
NO. OF LUGGAGE：B

车号：
CAR/VANNO：_____

车号：
CAR/VANNO：_____

司机签字：
DRIVER'SSIGN：_____

司机签字：
DRIVER'SSIGN：_____

领队签字：
T/L SIGN：_____

领队签字：
T/L SIGN：_____

行李员：
HANDLED BY：_____

行李员：
HANDLED BY：_____

叫早时间：
WAKE UP TIME：_____

出发时间：
DEPARTURE TIME：_____

	ROOM NO.	PIECES IN	DELIVERED BY	PIECES OUT	COLLECTED BY
1					
2					
3					
4					
5					
6					
7					
8					
9					
10					
11					
12					
13					

四、离店团队行李服务程序

(一)受理运送行李

接到团体运送行李的通知时,要与总台和团体领队联系,确认集中行李时间、场所及团队行李车出发时间,以及名称、楼层、房号、行李件数。如团体到店时,在接待计划或行李登记表上注明以上内容,则安排好人员准时到房间为客人运送行李。

(二)集中行李

根据商定的时间,行李员凭团体客人入住表分别至各楼层集中行李,并与到达行李登记表核对有无增减,将每个房间所交的行李数写入团队行李搬运记录单,将行李运送至预订地点集中。

(三)防止遗漏

客人行李如未整理好,或客人不在,要做登记,避免搬运遗漏,待客人提出运送时,及时将行李运到该团行李存入处集中。

(四)清点行李总数

行李集中后,清点行李总数,核实是否与各行李员登记的总件数一样,如无差错,将统计的数字请领队或陪同过目,罩好网,等待装车。

(五)行李寄存

客人行李如需马上运送,行李员则协助客人装车,如行李暂不运走,则集中到行李房暂存,暂存行李要用罩网,上面写上团体名,待团队离店时及时交运。如同时有几个团队的行李需寄存,应按来时各团体行李上不同颜色的标志堆放。

（六）装车

客车或行李车一到，立即按预订计划迅速装车，装车时要请该团领队、陪同或行李车司机在场，待其确认行李无差错后，请他们在行李登记单上签名（并附记行李车牌号），将行李登记单存档。

五、客人换房行李服务

行李员从接待处领来新房间钥匙和房卡，到达客人房间后，应先敲门或按门铃，进房后应按照客人的吩咐搬运行李，同时检查房间内是否有遗留物品，将客人带到新的房间，把新的房间钥匙及房卡交给客人，同时将原来的钥匙及房卡收回，交到前厅接待处，做好交班。

六、行李寄存和领取服务程序

（一）填单

客人寄存行李时，要将客人姓名、行李种类、数量、质量和寄存时间填入行李寄存单（如表 4-3-3 所示，一联交客人，一联酒店存），然后在行李上加挂行李牌，将下联撕下交客人。

（二）检查不保管物品

金银、首饰、玉器、玻璃等，易碎品、易腐败、易燃爆、危险品、植物及水果等物品不予保管。

（三）提醒

提醒客人将行李上锁，未上锁小件，要当客人面用胶巾密封。

(四)行李保管

将登记密封好的行李放入寄存间,整齐地放入行李架,两种以上行李要用绳子或网罩好,以免混同。

(五)领取

客人凭行李核对单及行李牌领取行李,行李员检查行李牌上下联准确无误,并核对签字无误后,即可交付寄存行李。

(六)代取

发生客人要代取行李时,需在行李单上写明客人姓名、房号、离店日期和代取人姓名、住址、代取日期,然后请客人签字。代取人领取行李,应验明证件,登记证件号码,校对行李并签署无误后方可交付行李。

(七)行李归类

行李员应在比较空闲的时候,将长期寄存行李移入里面或高处的行李架,但要核实行李寄存单后再行移动并签名。

(八)行李检查

行李领班每周两次定期对寄存行李的数量、摆放等进行核实检查,发现错误及时纠正。

表 4-3-3 行李寄存单

行李寄存单
LUGGAGE CLAIM

No.

姓名
Name

日期
Date

描述
Description

房间号
Room No.

客人签名
Guest Signature

服务员署名
Concierge Signature

| **日付** | **时间** |
| Date | Time |

任务四　金钥匙服务

一、金钥匙服务概述

"金钥匙"的全称为"国际酒店金钥匙组织"(UICH)，是一个国际性的酒店服务专业组织。金钥匙服务，最早是法国在1929年率先提出的，他们将"客人委托、酒店代办"式的个性化服务上升为一种理念。1952年，在此基础上成立了酒店业委托代办的组织——金钥匙组织。1997年1月，在意大利首都罗马举行的第45届国际酒店金钥匙年会上，中国酒店金钥匙被接纳为国际酒店金钥匙组织第31个成员国团体会员。

"金钥匙"的英文为Concierge，词义为门房、守门人、钥匙看管人，其原型是19世纪初期欧洲酒店的"Concierge"（委托代办）。而古代的Concierge是指宫廷、城堡的"钥匙保管人"。从"委托代办"的含义可以看出，"金钥匙"的本质内涵就是酒店的委托代办服务机构，演变到今天，已经是对具有国际金钥匙组织会员资格的酒店的礼宾部职员的特殊称谓。"金钥匙"已成为世界各国高星级酒店服务水准的形象代表，一个酒店加入了金钥匙组织，就等于在国际酒店行业获得了一席之地；一个酒店拥有了"金钥匙"这种首席礼宾司，就可显示不同凡响的身价。换言之，大酒店的礼宾人员若获得"金钥匙"资格，他（她）也会备感自豪，因为他（她）代表着全酒店的服务质量水准，甚至代表着酒店的整体形象。"金钥匙"也是现代酒店个性化服务的标志，是酒店内外综合服务的总代理。它的服务理念是在不违反当地法律和道德观的前提下，使客人获得"满意加惊喜"的服务，让客人从进入酒店到离开酒店，自始至终都感受到一种无微不至的关怀和照料。

"金钥匙"是酒店综合服务的总代理，被誉为"万能博士"，其佩戴的两把交叉的金钥匙，意味着尽善尽美的服务，也象征着为客人解决一切难题。金钥匙的服务涉及面非常广泛，能够充分满足客人的各种个性化需求，包括：计划安排在国外城市举办的正式晚宴；为一些大公司进行旅程安排；照顾好那些外出旅行客人和在国外受训的客人的子女；可以向客人提供市内最新的各种信息，并为客人代购歌剧院和足球赛的入场券；甚至可以为客人把金鱼送到地球另一边的朋友手中。

只要找到"金钥匙",他（她）会竭尽全力为客人安排好一切。

金钥匙的服务理念就是满意加惊喜。随着金钥匙服务理念在我国酒店业的普及,目前"金钥匙"已成为酒店服务档次的体现,高档酒店都以拥有"金钥匙"为荣。一个酒店有无"金钥匙"是评定该酒店服务水准的一个标准,同时也将是酒店评报星级的考核内容。

二、金钥匙组织的发展历史

(一)国际金钥匙组织的历史

关于"Concierge"一词的来源,一种说法是来源于拉丁文,语意为"保管""管理"或是仆人;另一种说法,即古代法语的衍生意思,这个词为"The Comte des cierges"(蜡烛伯爵,即保管蜡烛的人),是负责满足一些到豪华场所娱乐的贵族们的奇想和渴望,以及其他需求的人。古时,遍布在那些荒无人烟的边境地区,照顾过往的旅行商队的人,被称为"Concierge",这种职业最终在中世纪传到欧洲,在一些知名的政府建筑、宫廷和城堡里,"Concierge"变成"钥匙的保管人"。1800年,随着铁路和游轮的增加并初具规模,旅游业欣欣向荣,现代酒店的"Concierge"便诞生了。费迪南德·吉列特先生是金钥匙组织的主要创始人,他为金钥匙事业呕心沥血,被尊称为"金钥匙之父"。

"金钥匙组织"是指全球酒店中专门为客人提供金钥匙服务,并以个人身份加入国际金钥匙组织的职员的国际专业服务民间组织。Les Clefs d'Or 是法文,就是法语"金钥匙"的意思。1929 年 10 月,来自法国巴黎 Grand Hotel 酒店的 11 个委托代办建立了金钥匙协会。协会章程允许金钥匙们通过提供服务而得到相应的小费,他们发现那样可以提高对客服务效率,随之还建立了城市内的联系网络。欧洲其他的国家也相继开始建立类似的协会。1952 年 4 月 25 日,9 个来自欧洲国家的代表在法国东南部的戛纳举行了首届年会,并创办了"欧洲金钥匙大酒店组织"(Union Europeene des Portiers des Grand Hotel,UEPGH)。1970 年其改名为 UIPGH(Union International Portiers Grand Hotel),1994 年改名为 UICO(Union International Les Clefs d'Or)。1997 年又变成了今天的名称 UICH(Union Internationale Des Concierges D'Hotels)。

(二)中国酒店金钥匙的发展

1929 年,一群法国人创造了一种新的理念:酒店金钥匙服务。70 年之后的 1999 年,几位年轻的中国酒店人经过若干年奋斗,将这一理念播种在中国这块古老而又新鲜的土地上。而今,中国酒店业界已活跃着一群闪光金钥匙的身影。他(她)们在努力追求达到极致——尽善尽美的个性化服务。现在,在中国的酒店里出现了这样一群年轻人:他们身着一身考究的西装或燕尾服,衣领上别着一对交叉的"金钥匙"徽章,彬彬有礼,永远的笑容满面,永远的机敏缜密,他们是国际金钥匙组织的成员——中国酒店金钥匙。

中国酒店金钥匙组织从 1995 年 11 月开始筹备,几年来,中国酒店金钥匙组织由小到大、由起步到合法注册,取得了可喜的发展。酒店金钥匙服务在中国的出现,最早是由著名爱国人士霍英东先生倡导并引入白天鹅酒店的。在第一届中国酒店金钥匙服务研讨会上,他建议抓住时机,发展中国酒店金钥匙服务事业,创立中国酒店金钥匙服务品牌。同时国家旅游局和中国旅游酒店业协会领导对发展中国酒店金钥匙服务投入了大量的精力,给予了大量的扶持和指导。在新闻媒介广泛宣传下,中国酒店金钥匙服务事迹引起了同行业及社会各界的重视,中国酒店金钥匙服务的发展状况也开始被国际酒店金钥匙组织重视。1998 年 12 月,中国酒店金钥匙组织经国家旅游局批准成立,划归中国旅游酒店业协会指导,并作为中国旅游酒店业协会下属的一个专业委员会。中国金钥匙组织是国际金钥匙组织第 31 个成员国团体会员。

2001 年 1 月,在国家旅游局、中国旅游酒店业协会和广州市政府的高度重视和精心组织下,广州市成功举办了第 47 届国际酒店金钥匙组织年会。此次年会,无论在组织、接待、服务等方面,再一次展现了中国酒店精致的服务魅力,获得了国际酒店金钥匙组织各成员国主席高度的赞誉,他们对国际酒店金钥匙服务理念在中国得到发扬光大寄予厚望。中国酒店金钥匙发展没有理由不成功,因为它拥有"满意加惊喜""在客人的惊喜中找到富有的人生"的崇高服务理念,它受到广大宾客的欢迎。每一个金钥匙都为实践金钥匙服务理念和精神而不断地努力工作,创造了一个又一个美好的服务传奇,两把交叉的金钥匙正在发出更加灿烂的光芒,广大追求服务创新的酒店员工正在为之奋斗着。

酒店金钥匙服务已被正式列入星级评定标准,标准规定三星级以上的酒店都应有金钥匙服务。酒店金钥匙服务对于高星级酒店而言,是一种管理水平和服务水平成熟的标志,是在酒店具有高水平的设施、设备以及完善的操作流程基础上,更高层次酒店经营管理艺术的体现。酒店金钥匙服务对城市或地区旅游业而言，将对其服务体系的形象产生深远的影响。金钥匙不仅给各城市的旅游酒店业的创新服务注入了新的活力，而且对各城市旅游服务业的健康和良性互动发展来说也是一种动力。酒店金钥匙在中国的逐渐兴起，是我国经济形势的发展，以及旅游总体水平发展的需要。金钥匙将成为中国各大城市旅游体系中的一个品牌，即代表着热情好客独具酒店特色的一种服务文化，并将成为该城市酒店业的一个传统。

三、金钥匙的内涵

金钥匙的含义应包含以下五点内容：

首先，金钥匙是一种服务标志，两把金光闪闪的交叉钥匙代表着酒店委托代办的两种主要职能：一把金钥匙用于开启酒店综合服务的大门，另一把金钥匙用于开启该城市综合服务的大门。也就是说，这是一种综合服务总代理的醒目标志；

其次，金钥匙代表着酒店顶级的专业化服务。这种服务虽不是无所不能，但以"追求卓越、尽善尽美"为宗旨，涵盖了宾客所需要的接、送、买、订、寄、取、租、代等广泛的服务内容，凡是不违背法律和社会道德的服务，都是金钥匙服务的业务范畴；

第三，"金钥匙"是对酒店中专门为宾客提供金钥匙服务的个人或群体的称谓，他们是酒店的形象大使和综合服务代言人，只有他们才有资格在由金钥匙组织指定的燕尾服上戴上国际酒店金钥匙组织的交叉金钥匙徽章，为宾客提供金钥匙服务；

第四，金钥匙是一个以友谊、协作为原则的合作网络，网络成员通过掌握丰富信息并使用共同的价值观和信息高速公路形成庞大服务网络，作为提供超常服务的强大保障。；

第五，金钥匙是个国际性专业化组织。该组织是全球酒店中专门为客人提供金钥匙服务，并以个人身份加入组织而形成的国际专业服务民间组织。

知识链接

原广州白天鹅宾馆"金钥匙"孙东谈金钥匙服务

我热爱我现在从事的工作,因为我在这份工作中找到了真正的自我。我觉得当我满头白发,还依然身着燕尾服,站在大堂里跟我熟悉的宾客打招呼时,我会感到这是我人生最大的满足。我以我自己能终身去做一名专业服务人员而骄傲,因为我每天都在帮助别人,客人在我这里得到的是惊喜,而我们也在客人的惊喜中找到了富有的人生。

我们未必会有大笔的金钱,但是我们一定不会贫穷,因为我们富有智慧、富有经验、富有信息、富有助人的精神、富有同情心和幽默感、富有为人解决困难的知识和技能、富有忠诚和信誉,当然我们还有一个富有爱的家庭,所有这些,构成了我们今天的生活。青年朋友们,富有的人生不难找,它就在我们生活的每一天当中,就在我们为别人带来的每一份惊喜当中。

四、金钥匙服务的地位

最权威的酒店管理专家认为,金钥匙是高星级酒店管理的心脏与灵魂,它对于优化酒店管理、形成高素质的服务群体意义深远。概括来讲,金钥匙在酒店管理、服务中的作用可用"桥梁""中心""龙头"来形容。

(一)"桥梁"——沟通宾客与酒店、酒店管理与服务的桥梁

宾客的需求是以最小的投入换取最好的享受,而酒店的需求毫无例外都是谋求效益的最大化。因此,二者之间的需求需要沟通与磨合才能达到和谐。金钥匙给客人提供超值服务,让宾客感到物有所值或物超所值,这无疑是加强宾客与酒店沟通的有效途径。金钥匙在对宾客服务的过程中,也很好地协调了酒店与宾客的关系,一改传统的酒店服务中餐饮、客房、康乐各自为战的局面,为宾客提供吃、住、行、游、购、娱一条龙服务,从而成为酒店服务的代言人和总代理。"有事请找金钥匙"已成为经常入住高星级酒店的高档客人的口头禅,进而达到宾客与酒店的及时沟通。

在传统的酒店管理和服务中,一般都实施四级垂直管理模式,一级对一级负责,好处是责任明确、分工细致,但由于管理链和服务链衔接得不够紧密,对客服务的时效性、管理的时效性大打折扣,也影响了酒店最大的财富——员工创造力的发挥。金钥匙在酒店的出现,很好地弥补了这一不足,由于金钥匙提出的"创造性思维""越俎代庖""只重效果,不重过程"的工作理念,使工作时效性大大增强,并以其自身网络优势和综合服务代言人的特殊角色不须烦琐地逐级上报、批复,从而实现了服务链条的优化组合,使服务群体形成一个亲密合作、利益共享的高效群体,进而能以最快捷、最直接的方式把有关服务信息反馈到管理层,使传统的管理、服务沟通更加直接,联系更加紧密。

(二)"中心"——酒店收集社会信息的"信息中心"和了解宾客的"情报中心"

在当前的酒店经营中,明智的酒店经营者已把信息管理放到与人、财、物管理同等重要的位置,金钥匙利用网络组织无疑在信息管理中占有很大优势:在收集服务信息方面,一方面金钥匙可以通过组织内部的计算机网络了解有关订房信息,及国内各地的旅游酒店信息等;另一方面,金钥匙可以与本地金钥匙会员联合,广泛收集社会服务信息,如酒店所在城市的政治、经济、文化、历史、工农业、商贸、旅游场所及有关业务等。如美国旧金山的金钥匙,除利用计算机查询外,还用不同颜色的文件夹对信息进行分类,一般使用蓝色代表酒店,绿色代表旧金山的市情,红色代表酒乡,黄色代表游览胜地。每一栏中有细分栏目,市情内有音乐、医疗、教育等,音乐包含音乐厅、歌剧院、爵士乐吧、钢琴吧、迪士高、夜总会等,酒店金钥匙每月都及时核对时间表,收集整理的信息与酒店各部门联网,为给宾客提供准确周到的服务奠定坚实的信息基础。

在收集宾客信息方面,由于金钥匙是面对面接触客人的服务群体,金钥匙的客史档案往往是最精确、最优秀的客档,客人的喜好、生活习惯、性格、脾气都是客档记录的主要内容,如美国一名金钥匙能记住 1000 多个车牌号、3000 多名宾客姓名,保证了及时主动为客人服务。翔实准确的客人信息往往是酒店改进管理、提供超常服务、铸造忠诚客源群体的有力武器。

(三)"龙头"——引导酒店优质服务良性发展的龙头

金钥匙在许多酒店是服务的明星,他们看上去似乎无所不能。对客人而言,金钥匙犹如一把万能钥匙,为他们解决一个又一个难题。高涨的工作热情、强烈的责任心、丰富的知识、体贴入微的关怀,以及工作性质的要求、与酒店各部门长期所形成的和睦融洽的关系等,都决定着金钥匙引导、培育酒店优质服务群体的形成。

1. 培训员工

金钥匙有较长的工作年限,接触的部门较多,积累了丰富的工作经验,深谙待客之道,是最佳的培训师。因此,金钥匙无论在工作中的言传身教,还是培训中对礼貌礼节、服务意识、服务技巧的示范,都能收到其他部门或个人所达不到的效果。

2. 对外联络

酒店往往与外界各单位有密切联系,如车站、机场、航空公司、旅行社、报社等。在这些单位中,大多数与委托代办业务直接相关,在与相关单位建立良好关系的同时,金钥匙无疑成为酒店对外联系的排头兵,也将为酒店外联队伍建设做好铺路工作。

3. 为前厅各部门提供准确、翔实的宾客情报和社会信息

在信息化时代,谁拥有丰富的信息谁就掌握了胜利的武器。金钥匙的丰富信息引导着服务更趋个性化,酒店管理更趋科学化,引导酒店的服务群体愈来愈注重宾客的切身感受。金钥匙为提升服务质量,强化管理功能提供了第一手资料。

4. 组织员工的业余活动,增强集体凝聚力

在酒店组织的一些文体活动和联谊活动中,金钥匙利用其自身系统的社会关系,帮助联系和安排,落实活动的各项细节,使之有声有色,丰富了员工生活,加强了员工交流,使服务群体能够和谐配合,达到最佳的合作效果。

对于酒店各班组的工作,金钥匙往往会予以配合,并提出必要的帮助,使酒店"一条龙"服务进行得更为顺畅,提高了酒店整体的服务质量,进而带动整个酒店优质服务群体的顺利形成和良性发展。

更多精彩:金钥匙服务的内涵

四、中国酒店金钥匙会员的任职资格和素质要求

(一)中国酒店金钥匙会员的任职资格

1. 在酒店大堂柜台前工作的前厅部或礼宾部高级职员才能被考虑接纳为金钥匙组织的会员。

2.21 岁以上,人品优良,相貌端庄。

3.从事酒店业 5 年以上,其中 3 年必须在酒店大堂工作,为酒店客人提供服务。

4.有两位中国酒店金钥匙组织正式会员的推荐信。

5.一封申请人所在酒店总经理的推荐信。

6.过去和现在从事酒店前厅服务工作的证明文件。

7.掌握一门以上的外语。

8.参加过由中国酒店金钥匙组织提供的服务培训。

(二)能力要求

1.交际能力:乐于和善于与人沟通。

2.语言表达能力:表达清晰、准确。

3.协调能力:能正确处理好与相关部门的合作关系。

4.应变能力:能把握原则,以灵活的方式解决问题。

身体健康,精力充沛,能适应长时间站立工作和户外工作。

(三)业务知识和技能

1.熟练掌握本职工作的操作流程,会说普通话和至少掌握一门外语,掌握中英文打字、电脑文字处理等技能。

2.熟练掌握所在酒店的详细信息资料,包括酒店历史、服务时间、服务设施、价格等。

3.熟悉本地区三星级以上酒店的基本情况,包括地点、主要服务设施、特色和价格水平。

4.熟悉本市主要旅游景点,包括地点、特色、开放时间和价格。

5.掌握本市高、中、低档的餐厅各5个(小城市3个),娱乐场所、酒吧5个(小城市3个),包括地点、特色、服务时间、价格水平、联系人。

6.能帮助客人安排市内旅游,掌握旅游线路、花费时间、价格、联系人。

7.能帮助客人修补物品,包括手表、眼镜、小电器、行李箱、鞋等,掌握这些维修处的地点、服务时间;能帮助客人邮寄信件、包裹、快件,懂邮寄事项的要求和手续。

8.熟悉本市的交通情况,掌握从本酒店到车站、机场、码头、旅游点、主要商业街的路线、路程和出租车价格。

9.能帮助外籍客人解决办理签证延期等问题,掌握有关单位的地点、工作时间、联系电话和手续。

10.能帮助客人查找航班托运行李的去向,掌握相关部门的联系电话和领取行李的手续。

知识链接

一位金钥匙的成长之路

在前厅站了十年——今年35岁的徐宏斌来到海情大酒店后一直在前厅做服务工作。与他一同来酒店的服务生因为耐不住这份工作的枯燥和琐碎,而相继转行干别的了,只有小徐,在这个岗位上一干就是10年。10年来,他以比对待亲人还亲的感情,对待每一位求助的客人,赢得了客人的称赞。

顶着烈日找护照——今年7月的一天中午,天气热得让人难受。一位住店客人反映护照不知何时丢失,希望小徐帮助查找。在酒店找了半天没有结果。小徐请客人回忆了一下曾经去过什么地方,告诉客人:"你放心吧,我会尽力帮你找到护照。"整整一下午,他顶着烈日,骑着自行车,逐一到客人曾经去过的地方查找,终于在一家酒吧找到了客人的护照。

解下腰带给客人——一天上午,像往常一样,小徐正在酒店大堂巡视着,随时准备为客人提供帮助。这时匆匆跑过来一位中国台湾的客人。原来客人的腰带扣突然断了,想请小徐帮忙解决一下。考虑到客人马上要随团出门旅游,小徐将客人领到卫生间,将自己的皮带解下来,请客人先解燃眉之急。客人高兴地随旅游团旅游去了,小徐找了根绳当作腰带系上,又开始为客人忙碌起来。等晚上客人回到酒店,小徐已将客人的皮带扣修好,放到了客人的房间,令客人好不感动。

　　标准:满意加惊喜——小徐说,他理解的酒店前厅服务就是使客人"满意加惊喜",让客人自踏入酒店到离开酒店,自始至终都感受到无微不至的关怀和照料,而他则努力成为一个客人旅途中可以信赖的朋友,一个可以帮助解决麻烦问题的知己,一个能提供个性化服务的专家。这也是国际酒店金钥匙组织对金钥匙品质的要求:见多识广、经验丰富、谦虚谨慎,热情、善解人意。

五、中国酒店金钥匙服务项目

　　"金钥匙"被有经验的旅游者和商务人士描绘成"万能博士及某些方面的专家",只要客人所提的要求在正常的范围内,"金钥匙"都可以提供帮助。

　　酒店金钥匙的一条龙服务,是从客人下榻酒店那一刻起,围绕住店期间的一切需要而开展的。例如,从订房到安排车去机场、车站、码头接客人;根据客人的要求介绍特色餐厅,并为其预订座位;联系旅行社为客人安排好导游;当客人需要购买礼品时,帮助客人在地图上标明各购物点,等等。最后当客人要离开时,在酒店里帮助客人买好车、船、机票,并帮客人托运行李物品;如果客人需要的话,还可以订好下一站的酒店,并与下一城市酒店的金钥匙落实好客人所需的相应服务。总之,让客人自始至终都感受到一种无微不至的关怀与宾至如归的温馨感。从中人们不难想象酒店金钥匙对城市旅游服务体系、酒店本身和旅游者带来的影响。"金钥匙就应无所不能,在合法的基础上,客人的任何要求都能满足。"从中国酒店业的发展趋势来看,金钥匙将会越来越受重视。

　　酒店金钥匙对中外商务旅游者而言,是酒店内外综合服务的总代理,是一个在旅途中可以信赖的人,一个充满友谊的忠实朋友,一个解决麻烦问题的人,一个个性化服务的专家。而在中国旅游的客人正在继续加深对酒店金钥匙的认识,以便知道如何获得酒店金钥匙的帮助。在中国的一些大城市里,金钥匙委托代办服务被设置在酒店大堂,他们除了照常管理和协调好行李员和门童的工作外,还负责许多其他的礼宾职责。

　　中国酒店金钥匙服务项目包括:

　　1.行李及通信服务:运送行李,发送电报、传真、电子邮件等;

　　2.问讯服务:指路等;

3.快递服务:国际托运、国际邮政托运、空运、紧急包裹、国内包裹托运等;

4.接送服务:汽车服务、租车服务、接机服务;

5.旅游服务:个性化旅游服务线路介绍;

6.订房服务:房价、房型、折扣、取消预订;

7.订餐服务:推荐餐馆;

8.订车服务:汽车租赁代理;

9.订票服务:飞机票、火车票、戏票;

10.订花服务:鲜花预订、异地送花;

11.其他一切合理合法服务:美容、按摩、跑腿、看孩子、邮票等。

思考与训练

◇**阅读思考**

1.迎宾员在迎接和送别乘车散客时,应注意哪些服务细节?

2.简述金钥匙的服务理念。

3.住客要求换房时的行李服务程序是怎样的?

◇**能力训练**

名称:礼宾大堂迎宾训练。

目的:了解大堂迎送宾客的服务程序,掌握迎宾时的站姿标准及动作要领。

内容:1.观看礼宾服务有关大堂迎宾的教学片;

2.学生每6—8人分成一组,分组先进行站姿训练;

3.每组学生轮流结合模拟大堂大门,进行拉门迎宾演练。

◇**案例分析**

客人要吃当天采摘的榴梿

某日早晨8点,上海某大酒店一位广东客人从房间打电话给酒店大堂副理小黄,他迟疑地提出了一个要求:"我有一个习惯,每天晚饭后都要吃一点新鲜水果,已经出差在外一个星期了,现在非常想吃到新鲜榴梿。"小黄正要爽快地回复没问题,不料客人又加一句:"一定要当天摘下来的,价钱不是问题。"小黄挠了挠头皮,因为榴梿盛产于东南亚,海南省也是近年来才有种植。小黄只好向酒店的"金钥匙"请求帮助。

问题:假如你是金钥匙,你会如何处理?

模块五　总台服务

知识目标

■ 认识前厅总台服务工作的地位和内容

■ 熟悉房态控制与分房技巧

■ 掌握总台入住接待的程序和标准

■ 掌握总台对客服务中常见问题的处理方法

能力目标

◎ 能识别各种有效证件

◎ 能针对不同付款方式办理业务

◎ 能按标准为客人办理入住登记、留言、结账等服务

案例导读

一个从上海入境的美国旅游团队,在上海的一家豪华酒店下榻一天后,修改了来华旅游的日程安排,允许团员分散活动,其中有两名男青年慕名北京的一家中外驰名大酒店,便乘火车来到北京。这家酒店的总台接待员热情接待了这两名美国青年,当接待员查验他们的护照时,发现他们没有入境签证,美国青年连忙解释说:他们是持团体签证从上海入境的,他们认为抵达中国后有无签证无关紧要,离开上海来京时忘记随身携带团体签证复印件。

思　考

按办理住宿手续的程序和规定,总台接待员能给这两名美国青年办理入住登记手续吗?

任务一　认知总台

前台接待一般是在前厅接待处完成,它的主要任务是为客人办理入住登记手续和客房销售。

一、总台的工作任务

总台接待的人员一般配备有主管、领班和接待员。其主要职责是:

1.办理入住登记手续,分配房间;

2.积极推销出租客房;

3.协调对客服务,掌握客房出租的变化;

4.掌握住客动态及住客资料;

5.正确显示客房状态;

6.提供信息咨询、访客留言、住客留言、邮件处理等;

7.客账管理、外币兑换、贵重物品寄存等。

二、入住登记工作的目的

对于大多数客人来说,在前台办理入住登记是其本人第一次与酒店员工面对面的接触机会。对酒店前厅部来说,入住登记是对客服务全过程的一个关键阶段。这一阶段的工作效果将直接影响到前厅的销售客房、提供信息、协调对客服务、建立客账与客史档案等各项功能的发挥。办理入住登记手续也是酒店与客人之间建立正式的合法关系的最根本一步。它的主要目的是:

1.应公安部门和警方的要求。出于国家及公众安全的需要,各国警方及公共安全部门都要求酒店客人在住宿时履行住宿登记手续;

2.可以有效地保障酒店的利益,防止客人逃账;

3.是酒店取得客源市场信息的重要渠道。住宿登记表中有关客人的国籍、性别、年龄以及停留事由(商务、旅行、会议等)、房价等都是酒店客源市场的重要信息；

4.酒店为客人提供服务的依据。客人的姓名、房间号码、家庭住址、出生日期、民族等都是酒店为客人提供优质服务的依据；

5.可以保障酒店及客人生命、财产的安全。通过住宿登记,查验客人有关身份证件,可以有效地防止或减少酒店不安全事故的发生。

三、入住登记表

(一)内容

1.公安部门规定的登记项目

客人的完整姓名、国籍、出生年月、家庭地址、职业、有效证件及相关内容等。

2.酒店运行与管理所需登记项目

宾客姓名及性别、房号、房租、付款方式、抵离店日期、住址、酒店管理声明、接待员签名等。

(二)认识各类表、卡

1.入住登记表。内宾、外宾以及团队会议客人登记表,注意所涉及的项目。住宿登记表至少一式两联,一联留酒店前台收银处保存,一联交公安部门备案。正确填写这些内容对于搞好酒店经营管理具有重要意义。

(1)房号:便于查找、识别住店客人及建立客账,保障客人安全。

(2)房价:是结账、预测客房收入的重要依据。

(3)抵离店日期、时间:正确记录客人抵离店日期、时间,对结账及提供邮件查询服务是非常必要的。因此,客人办理完入住手续后,接待员应按规定在登记表的一端,用时间戳打上客人的入住时间。

(4)通讯地址:掌握客人准确的通讯地址,有助于客人离店的账务及遗留物品的处理,还有助于向客人提供离店后的邮件服务及便于向客人邮寄促销品等。

(5)接待员签名:可以加强员工的工作责任心,是酒店质量控制的措施之一。

2.房卡。房卡又称欢迎卡,证明住店客人的身份,因而被称作"酒店护照"。

内容:总经理欢迎词、客人姓名、房号有效期、印刷酒店服务设施位置、服务时间、会客须知、酒店声明。

其主要作用是：

(1)向客人表示欢迎；

(2)表明客人的身份；

(3)起一定的促销作用；

(4)起向导作用；

(5)起声明作用；

3.客人入住通知单。

4.押金单据。

5.账单：散客账单、团队账单。

(三)熟悉入住登记常用表格使用注意事项

1.房号无误。

2.房价相符。

3.明确付款方式。

4.地址清楚。

5.酒店声明明确。

6.抵店、离店日期准确。

7.接待员签名清晰。

(四)填写登记表

在办理入住登记的过程中，花费时间最多的步骤是请客人填写登记表，接待员应在保证质量的前提下，千方百计地为长途旅行的客人减少办理入住登记的时间。

对于已经办理订房手续的散客，酒店在客人订房时已掌握了其部分资料，接待员可以根据客人订房单和客史档案资料的内容，提前准备好登记表、房卡、钥匙信封等。常客抵店时，经接待员在柜台核对客人证件并签名后即可进入客房，同时，几乎所有的酒店都有让贵宾享受在客房内办理入住手续的特权。

未经预订、直接抵店的客人，由于酒店无法进行客人抵店前的准备工作。因此，要求这部分客人填写空白登记表，在客人填写表格的过程中，接待员应尽量提供帮助，尽可能地缩短客人办理入住登记的时间。

客人的临时住宿登记表共一式三份,第一联可用作申报临时户口之用,第二联应与客人的账单和订房资料一同给财务部前台收银处,第三联可用作客史资料存档。

(五)入住接待服务中的有关资料

房态报告、预抵店客人名单、客史档案、有特殊要求的欲抵店客人名单、VIP名单、黑名单、其他准备。

知识链接

如何做好总台服务

一、先走一步

总台接待特别讲究情感的交流,因为你的工作对象是有感情的人。当客人距离你两三米时,你就应面带微笑向客人点头示意、问好;当客人第一次入住时,你需详细主动地为客人介绍酒店的设施与价位;当客人对客房类型及价位稍有犹豫时,你就要敏锐地觉察,及时抓住客人的这种情绪,根据客人的意图有针对性地推销现有的可供房,灵活地给予折扣,做到让客人和酒店都满意。什么都先走一步,这是现代社会中掌握商机的关键。

二、更多的灵活性

要想成为一个优秀的接待员,光有规范性和主动性是不够的,你还需要一点小技巧和灵活性。比如,你可能遇到这样的客人,以为自己的公司已帮其预订了房间。此时切不可在没经任何查询的情况下直接回复客人说"你没有预订",而是在允许的情况下让客人先登记,当致电各部门查询确认后,方可暗示客人是否公司忘了预订。否则结果可能是大相径庭的。

在帮客人填写登记单、房卡时,你可以与客人聊些天气情况、酒店环境、酒店新推出的活动等话题,既让客人觉得亲切,也不会觉得等待时间漫长(虽然登记时间仅仅两三分钟),当然你手中的笔可是千万不能停顿的。

任务二　入住接待服务

一、做好准备工作

(一)掌握信息

1.房态和可供出租客房情况：查明当日可供出租的客房数，及近期客房状况和客情，从而确定当日可向直接抵店散客提供的房间数量。

2.预抵店客人名单。

3.预抵店重要客人名单。

4.宾客客史档案。

5.黑名单。

(二)做好分房预分方案

分房又称排房，即根据客人要求安排合适的房间。

(三)检查待出售房间状况

对预留的房间，接待员要与客房部保持联系，使房间尽快进入销售状态；VIP客人的房间要由大副亲自检查。

(四)准备入住资料

将登记表、欢迎卡、客房钥匙、账单和其他有关单据、表格等按一定顺序摆放，待客人入住登记时使用。

二、散客入住登记的程序

散客入住登记程序如表 5-2-1 所示。

表 5-2-1 散客入住登记程序表

程 序	标 准
1.看客人有无订房	√客人抵店时,表示欢迎,询问客人有无订房 √若有订房,问清客人订房人姓名,确认订房内容 √没有订房,查看房态表,有房间,介绍房间情况,为客人选房;无房间,婉谢客人,介绍相近饭店
2.协助客人填写入住登记表	√请客人填写入住登记表 √核对、扫描有关证件
3.排房定房价	√为客人分配房间 √确认房价和离店日期
4.确认付款方式	√确定付款方式
5.发放欢迎卡及解释相关事宜	√发放房卡及相关资料 √提醒客人贵重物品寄存及退房时间 √询问客人是否需要行李员帮助 √告知客人电梯位置并祝住店愉快
6.信息储存	√将所有信息输入电脑 √检查信息正确性,并输入客人档案中 √登记卡放进客人档案中以便随时查询

1.识别客人有无预订。抵店的客人可以分成两类:已办订房手续的客人和未办订房手续而直接抵店的客人。这两类客人办理入住登记的过程不完全相同,接待员要先识别客人有无预订。接待员应面带微笑,主动问候前来办理入住登记的客人,对他们的光临表示热情欢迎,然后询问客人有无预订,如客人已办理预订,则应复述客人的订房要求,然后请客人填写登记表。

2.对于未经预订、直接抵店的客人,接待员应先了解客人的用房要求,热情向客人介绍酒店现有的、可出租的房间种类和价格,确认客人能够接受的房价、折扣、房间种类、付款方式和离店日期,设法使此类客人留宿酒店。

3.如是自付的客人应写清楚房价并请客人交付押金。

4.检查客人的登记表内容是否与证件一致,是否清晰、正确和齐全,最后填上房间的号码并签上接待员的姓名。

5.向客人介绍和推销酒店的服务设施和项目,询问客人是否需叫醒或其他服务。

6.将钥匙交给礼宾员,安排引领客人进房并向客人致以祝愿语:"希望您在这儿住得愉快。"

7. 如客人有电传、电报、传真、邮件、留言等，应在办理入住登记时一并交给客人。

8. 对于已订房的客人，接待员应注意检查下列八个方面的内容：客人的姓名（旅行团号），酒店名称，居住天数，房间类型，用餐安排，抵店日期，离店日期和订房单位。

表 5-2-2　总台押金收据

押　金　收　据
DEPOSIT　RECEIPT

房 间 号 码　　　　　　　　　　　　　　　　　　　　　　　日　期
ROOM NO.：　　　　　　　　　　　　　　　　　　　　　DATE：

兹收到　　　　　　先生/女士
RECEIVED FORM ＿＿＿＿＿＿　　　　Mr. /Mrs. /Miss：＿＿＿＿＿＿＿

现金/支票/其他
CASH/CHEQUE/OTHERS ￥＿＿＿＿＿＿＿＿＿＿＿＿＿＿＿＿＿＿＿

RMB（大写）＿＿＿＿＿＿＿＿＿＿＿＿＿＿＿＿＿＿＿＿＿＿＿＿

Please do not lose this deposit receipt，and present this to the Front

Office Agent upon settlement.

请勿遗失此押金收据，在结账时请交回前台接待员。

表 5-2-3　散客入住登记单

散客住宿登记表
WALK-IN GUEST REGISTRATION FORM

房租：　　　　　　　　　　　　　　　　　　　　　房号：
ROOM RATE　　　　　　　　　　　　　　　　　　ROOM NO.

姓名 NAME：	年龄 AGE：
性别 SEX：	出生日期 DATE OF BIRTH：
住址 ADDRESS：	公司名称或职业 COMPANY NAME OR OCCUPATION：
身份证号码 ID NO.：	国籍或籍贯 NATIONALILY OR AREA：

入住日期 DATE OF ARRIVAL：

退房日期 DATE OF DEPARTURE：

续 表

请注意:	PLEASE NOTE:
1. 退房时间是中午 12:00	1. CHECK OUT TIME IS 12:00 AM
2. 贵重物品请存放在收款处之免费保险箱内。阁下一切物品之遗失,酒店概不负责	2. SAFE DEPOSIT BOXES ARE AVAILABLE AT CASHIER COUNTER AT NO CHARGE . HOTEL WILL NOT BE RESPONSIBIE FOR ANY LOSS OF YOUR PROPERTY
3. 来访客人请在 11:00 前离开房间	3. VISITORS ARE REQUEST TO LEAVE GUESTS ROOMS BY 11:00 PM
4. 离开酒店请交回钥匙	4. PLEASE RETURE YOUR ROOM KEY TO CASHIER COUNTER AFTER CHECK OUT

离店时我的账目结算将由ON CHECKING OUT MY ACCOUNT WILL SETTLED BY:

☐现金 CASH   ☐旅行社凭单 T/A VOUCHER

☐信用卡 CREDIT CARD   ☐公司 COMPANY

客人签名 GUEST SIGNATURE:

值班服务员签名 CLERK SIGNATURE:

备注 REMARKS:

表 5-2-4 团队入住登记单

团体入住登记表
ROOM ALLOCATION SHEET FOR GROUP

团队编号:
Group Code:

团体名称 NAME OF GROUP:	人数 PERSONS:	付款单位 CHARGE TO:
到达日期 ARRIVAL:	离开日期 DPART:	收行李时间 BAGGAGE COLLECTION TIME:
订金 DEPOSIT:	付款方式 PAYMENT:	叫醒时间 WAKE UP CALL TIME:
用餐要求 MEAL REPUIREMENT:		

房间类型及房号
Room Type and Rooms No.

房间号码 ROOMS NO.	房间类型 ROOM TYPE	客人姓名 GUEST NAME	备　注 REMARKS	房间号码 ROOMS NO.	房间类型 ROOM TYPE	客人姓名 GUEST NAME	备　注 REMARKS
制表人 MADE BY				陪同签名 GUIDE SIGNATURE			
备注 REMARKS							

📝 案例评析

圣诞前夕的下午，南京某大酒店公关销售部施经理正在大堂忙忙碌碌地张罗圣诞节的环境布置，只见一位身穿西装的先生带着一位身穿夹克衫的男子急匆匆地走到他跟前，轻轻地对他说："施经理，有件事跟您商量一下。我是北京××公司的总经理，这几天和另一位同事住在贵店，开了一间房。这位先生是我的南京客户，刚才和我一起吃完饭，多喝了点酒，我想给他另开一间房，让他休息一下，晚上住一宿，顺便谈点生意。可总台服务员说我已经开了一间房，不能再开了。而这位客户正好没带身份证，也不让登记。这就麻烦了。施经理，您就帮忙再开一间房吧。您看，这是我的身份证。"他边说边递上身份证，下面还衬着一张没有填写的住房登记表。"施经理，您就行个方便吧。"旁边那位男子也递上名片求情。

此刻，施经理感到很为难：这位北京某大公司的总经理是本酒店的常客，他的要求应该尽量满足，如果处理不当，就会失掉一个很有潜力的常客，但如果答应让其客户无身份证入住，又不合酒店住宿的一般规程。他试图找到一个变通办法，便询问那男子："您有没有证明您身份的其他证件？"男子摇了摇头。"那可不行啊。"施经理显得无可奈何。那位先生有点急了，赶紧说："这是特殊情况嘛，请允许我用我的身份证来担保他入住吧。""好，就这么办吧。"施经理略一沉思，下了决心答应下来。两位客人喜出望外，连声道谢，表示今后有机会一定再次入住。

施经理领两位客人到总台办完入住登记后，又给楼层服务台打了个电话，向值班服务员介绍了那位新入住客人的特殊情况，请她多加注意。

💬 点 评

施经理对客人特殊要求的特殊处理，既留住了一个重要客源，又确保了酒店安全无恙。

第一，施经理照顾的客人是一个他熟悉了解的信得过的大公司总经理，此事的基础是稳妥可靠的。

第二，公司总经理以自己的身份证担保客户入住的安全，并办理了有效的登记手续，就正式承担了相应的责任，有据可凭，有案可查。

第三，施经理最后又请楼层服务员对新入住客人多加注意，再增加了一条保险措施,可以说是慎之又慎,万无一失。

本案例实际上提出了酒店管理者和服务员如何在维护酒店利益的前提下灵活处理遵守规章制度的问题,值得引起酒店同行的思考。有关的例子是不少的,比如,酒店除了对少数了解熟悉、有信誉的客人,原则上是不予赊账的,但有时对有特殊情况且印象不错的客人,可暂允其赊账;住店客人进房时钥匙给同房朋友带走且身边未带住房卡,但服务员认得出客人,宜先开房让其进去休息,等等。

三、团体入住的登记程序

团体入住登记程序如表 5-2-5 所示。

表 5-2-5　团体入住登记程序表

程　序	标　准
1.做好准备工作	√ 根据团体订房要求,查看房态,安排团体客房,打印团体用房分配表 √ 准备好团体客人信封 √ 随时与管家部联系,了解房间卫生清扫情况 √ 准备好住宿登记表和团体资料表
2.协助团体客人登记	√ 由团体接待中员(大堂副理、宾客关系主任)迎接 √ 确认团体名称,找出订房资料,确认人数、房间数,掌握付款方式 √ 请团体陪同人员协助团体客人填写入住登记表
3.发放房卡	√ 发放房卡和相关资料
4.核对订房内容	√ 与团体陪同人员确认房间数、房间类型、陪床位数、餐饮安排、叫醒时间及出行李时间,填写团体入住确认表
5.确认付款方式	√ 现付,请收银员收款 √ 转账,明确转自何单位
6.分发行李	√ 将标明房号的团体客名单交行李员,便于行李员分发行李
7.制订相关表格	√ 填制团体资料表,分发给相关部门 √ 更改房间状况 √ 填写在店团体一览表

团体客人是酒店的重要客源,接待好团体客人对建立稳定的客源市场、提高酒店的出租率、保持与增加收入有着重要的意义。在团体客人抵店前,接待处应做好一切准备工作,如是大型团体,酒店可以在指定区域或特别场所为客人办理入住手续。做好团体客人抵店前的准备工作,可以避免在客人抵店时,酒店大厅内出现拥挤阻塞的混乱现象。以下是团体入住登记的基本程序:

1.团体客人均有接待计划且一般都预订了房间,在团体客人抵达酒店的前一天,必须做好房间预报,并于客人到达的当天早上就将房间分配好,做好一切准备工作,客人房间数按两个人一间房为原则来安排(不负责自然单间,但要预备陪同床位),除非预订计划明确要求单人间或三人间;

2.团体客人抵达时,接待员向领队、陪同致意,对清团号、核实人数、房间数、用餐等有无变化和是否相符,如有变化,则要与领队、陪同弄清情况,取得一致意见后方可给予开房;

3.请领队、陪同分配房间,并呈上致领队、陪同的有关注意事项,在领队分房的同时,与陪同落实该团的住宿计划,如确定叫醒时间、用餐时间、有无特别要求及领队房间号码等;

4.向领队、陪同要回团体客人住宿登记表。如是中国台湾客人,表内应有台胞证号码、签注号码、签注有效期、客人姓名、性别、出生年月日、永久地址等项目;如是中国港澳客人,表内应有港澳居民来往内地通行证号码及有效期;如是外国客人,表内应有团体入境签证印章,如无团体签证则要每个客人填写一份外国人临时住宿登记表,此乃国家的法律规定,必须严格执行,认真检查;

5.团体客人临时提出加房、加床的要求,要严格按照合同和操作程序处理。首先应明确订房机构是否能够给予确认,如订房机构同意确认,应请陪同、领队书面注明原因,并在挂账单上签名,然后将说明书面单交订房部负责,底单连同客人资料一起过财务部前台收银处;如订房机构不同意负担客人加房、加床的费用,则加房、加床的费用需向客人按门市价现收,应请客人即时现付加房、加床的费用或交押金,并请领队、客人在书面通知上签名,然后将书面通知的底单连同客人资料一同过给财务部前台收银处,面单由接待处存底备查;

6.VIP团入住时,可先发房间钥匙给客人,让客人先上房间,留下领队及陪同办理入住手续即可;

7.完成接待工作后,接待员要将该团全部资料集中在一起,将团体接待单、更改通知单、特殊要求通知单、客人分房名单等资料尽快分送有关部门,将该团全部资料交给财务部前台收银处;

8.制作团体总账单,将团体客人资料分类整理好。

四、对 VIP 客人的接待

VIP 客人接待程序如表 5-2-6 所示。

表 5-2-6　VIP 客人接待程序表

程　序	标　准
1. 准备工作	√大堂副理的准备工作 　1. 阅读预期抵店贵宾名单,了解贵宾姓名、身份、人数、房号、抵店时间、接待规格等事项。 　2. 填写车单交礼宾部。 　3. 检查贵宾客房 　4. 通知管家部做好楼层迎接工作,将贵宾的用餐时间和人数通知餐饮部 　5. 视贵宾的重要程度,组织好大堂员工欢迎队伍。 √接待处的准备工作 　1. 与订房部配合,安排好贵宾入住的客房 　2. 准备好住宿登记文件夹 　3. 查看有无客人的信件及其他早到的物品,以便及时转交
2. 迎接客人,办理入住登记手续	√视贵宾身份,专人出面迎接 √客人抵店时,称呼贵宾姓名,热烈欢迎、问候,向贵宾介绍自己和在店迎接人员 √引领贵宾入房间,并对饭店和房间进行简单介绍,告知大堂副理台的电话,表达愿为其服务的愿望。 √在客房内为客人办理登记手续,预祝客人住店愉快。 √享受各种优惠
3. 制定表格,储存信息	√大堂副理在值班本上记录贵宾入住手续办理情况 √将制订表格、储存信息等工作交由接待员完成,接待员将贵宾情况输入电脑

需要特别注意的是:

1. 在接待前,仔细审阅客人的特殊要求并逐项检查,发现问题及时处理,例如用车、用餐、房间布置等;

2. 见到客人站好后,面带微笑与客人打招呼;

3. 为客人办理入住手续时要保持站立姿势;

4. 礼貌地向客人索要证件并双手接送客人证件;

5. 离开客人房间时,向客人道别并转身将房门轻声关上。

五、入住登记时容易出现的问题及对策

(一)繁忙时刻,客人等候办理入住手续的时间过久,以致引起抱怨

事实上,客人抵店办理入住登记的程序并不像写在纸上的程序那样一成不变,在客人抵店的繁忙时刻,会有许多客人急切地等候办理入住登记手续,在办理的过程中,他们会提出很多问题与要求,大厅内有可能会出现忙乱的现象,前台服务人员必须保持镇静,不要慌乱。

为避免客人等候过久的现象出现,在工作中要努力做到:

1.客人抵店前,接待员应熟悉订房资料,检查各项准备工作;

2.根据客情,合理安排人手,客流高峰到来时,保证有足够的接待人员;

3.繁忙时刻保持镇静,不要打算在同一时间内完成好几件事;

4.保持正确、整洁的记录,接待工作的有效性要依靠这些记录。

(二)客人暂不能进房

在接到客房部关于客房打扫、检查完毕的通知前,接待员不能将客房安排给抵店的客人,因为客人对客房的第一印象是十分重要的。出现这种情况时,接待员可为客人提供寄行李服务或请客人在大堂稍候,同时与客房部联系,请他们加派人手赶快打扫,当客房打扫、检查完毕后,才可让客人上房间。

(三)酒店提供的客房类型、价格与客人的要求不符

接待员在接待订房客人时,应复述其订房要求,以获得客人确认,避免客人误解。房卡上填写的房价应与订房资料上一致,并向客人口头报价(仅指自付客人);如果出现无法向订房客人提供所确认的房间,则应向客人提供一间价格高于原客房的房间,按原先商定的价格出售,并向客人说明情况,请客人谅解。

(四)入住登记完成后,未能正确、及时地制作表格,将信息送往其他部门,影响了对客人服务的质量

入住登记完成后,应正确、及时地制作各种表格,通知有关部门,否则,将会影

响到对客人提供通讯、邮件、查询等服务的质量。

(五)入住登记时,未能抓住有利时机销售客房及酒店的其他服务与设施

接待员在办理客人的入住登记手续时,应抓住有利时机,深入了解客人的需求,介绍客房及酒店其他服务和设施的特点,最大限度地推销酒店的产品,提高酒店的客房出租率及增加营业收入。

(六)顾客的选择问题(注意黑名单)

酒店是为客人提供饮食、住宿等综合服务的场所。作为酒店,有义务接待前来投宿的旅客。在国外,如果酒店无缘无故拒绝客人留宿,那么,该客人有权向法院提出起诉。但这并不意味着酒店必须无条件地接待所有客人。

对于下列客人,酒店可以不予接待:

1.被酒店或酒店协会通报的不良分子(或列入黑名单的人)。在日本和我国的某些城市,受害酒店会向酒店协会呈交报告,该协会向所有会员酒店通报不良客人的姓名等资料;

2.拟用信用卡结账,但其信用卡未通过酒店安全检查(如已被列入黑名单,或已过期失效,或有伪造迹象等);

3.多次损害酒店利益和名誉的人;

4.无理要求过多的常客;

5.衣冠不整者;

6.患重病及传染病者;

7.带宠物者。

前台员工在接待客人时,对于上述人员可以婉言谢绝。

(七)查无订房

1.客人无预订:酒店没有客人的预订,客人又无确认函,向客人说明,其可算为无预订客人,尽快给客人安排房间。

2.酒店疏忽漏订:向客人道歉,及时补救,如只有高档房,则酒店自己补贴差额,一旦有房间迅速将客人搬回,如遇本酒店无客房,可参照"第一夜免费制"。

3.由与酒店有售房合同的订房中心或旅行社售出:按酒店疏忽漏订处理。

（八）客人提前抵店

视提前的时间而定。如客人提前一天到店后，没有空房，可帮联系其他酒店；如客人提前半天到店，可让客人在大堂等候或存放行李后去用餐或先去做其他工作；如果客人在订房付款合同规定时间前入住，则告知客人提前的时间内不能享受合同价。

（九）客人付款方式的类型与查验

宾客的结算方式通常有以下几种：

1. 现金结算。宾客使用现金，应根据房价和停留天数计算出应收金额，开出预付款收据。如宾客使用外币现金，应先根据当日的外汇牌价进行兑换；

2. 信用卡结算。酒店接受何种信用卡，酒店有各自规定。宾客使用信用卡时，收款员应检查信用卡的有效性，将信用卡的内容压印在登记表或签购单上。有的酒店为了缩短宾客办理入住手续的时间，把压印信用卡的工作交给接待员来完成，待安排宾客住下后，再把信用卡的签购单交收款员查验其有效性，如发现问题再找宾客交涉；

3. 支票结算。宾客使用现金支票、转账支票或旅行支票等进行付账。收款员要检查支票是否可以接受，并检查支票的字迹、印章等是否规范和清晰，检查核对是否为过期或挂失的支票，有必要时可以向银行查证；

4. 挂账。指一些信誉较高的公司、客户与酒店事先签订消费协议，在酒店挂账消费，为自己公司职员或客户支付其在酒店的费用。对于挂账的宾客，要核对协议书的日期和挂账规定，并核对有效签单人的签名；

5. 订房票据结算。宾客通过旅行社或订房中心等中间商订房，将费用交给中间商，中间商出具订房票据后，宾客凭票据入住酒店并以此作为结算凭证。收款员要检查票据的有效性，并核对中间商的订房，根据票据所列支付项目进行结算。一般情况下，订房票据只能支付房租，其他的消费需宾客自付。

任务三　分房服务

一、分房原则

1.新婚蜜月或全家住店的客人:一般安排大床房;在楼层边角较安静的房间,以满足客人需要安静的要求,并让客人感到酒店服务的细致、周到及热情。

2.老年者、行动不便或伤残的人:安排低楼层、靠近电梯或楼梯的房间,以方便客人进出客房和便于服务员照顾。

3.风俗习惯等方面有较大差别的客人:尽量分开楼层排房。

4.同一团体或同行的客人:尽量安排在同一楼层相近的房间或相邻楼层的房间。

5.同一团体中的领队、陪同、会务组等:尽量安排在同一楼层的靠近电梯或楼梯的房间。

6.VIP 客人:尽可能地安排同一类型房间中最好的房间。

7.团体客人与散客的房间:分开楼层安排,避免相互打扰。

8.无行李且有行为不轨嫌疑的客人:尽可能安排在离楼层监控比较近的房间,便于观察和监控。

总之,分房不是一种机械、简单的工作,从某种角度上说是一门艺术,要做到恰到好处,要对客人和酒店都有利。这需要前台服务员不断在工作中总结经验,判断需求,灵活掌握。

二、分房顺序

客房分配应按一定的顺序进行,优先安排贵宾和团体客人等,通常可按下列顺序进行:

1.团体客人;

2.重要客人(VIP);

3.已付订金等保证类预订客人；

4.要求延期之预期离店客人；

5.普通预订客人，并有准确航班号或抵达时间；

6.常客；

7.无预订的散客；

8.不可靠的预订客人。

三、排房艺术

为了提高酒店客房出租率和客人的满意程度，客房分配应讲究一定的艺术。

1.对于 VIP 客人，要尽量安排最好或最豪华的客房，如客人不是第一次住此店，应该根据客史档案的信息资料安排客人住上一次所住的房间。

2.对于商务客人，由于他们对房价并不十分介意，主要要求房间安静，此时可安排房价较高、楼层较好、较安静又可会见客人的套房，还可将这类客人安排到商务楼层客房。

3.对于旅游的客人，可安排较经济型的房间，因为他们在客房逗留的时间较短，一般白天外出游览、购物等，只是晚上才回酒店，因此对房间的朝向不十分重视。

4.对于团队客人（或会议客人）要尽量安排在同一楼层或相对集中的楼层，房间标准也应基本相同，这样一则便于同一团队客人之间的联系和管理；二则，团队离店后，空余房间可安排给下一个团队，也有利于提高住房率。此外，散客由于怕干扰，一般也不愿与团队客人住在一层楼。因此，对于团队客人要预先保留房间（等团队到后由领队给客人具体分房号）。

5.对于有残疾、年老、带小孩的客人，应尽量安排楼层较低、离楼层服务台及电梯较近的房间以方便客人，同时也便于服务人员给予这些客人适当的照顾。

6.将内、外宾分别安排在不同的楼层。内宾和外宾因语言和生活习惯等方面有所不同，故在分房时尽量分别安排在不同的楼层。

7.要注意房号的忌讳。如西方客人忌"13"，我国港澳及沿海等地的客人忌"4""14"等带"4"字的楼层或房号，因此，不要把这类房间分给上述客人。

8.不要把敌对国家的客人安排在同一楼层或相近相邻房间。如美国客人和伊拉克、以色列、巴勒斯坦等中东国家的客人等。

9.分房时还应注意到客人宗教信仰的不同、各国风俗习惯的不同。如信犹太教的客人,星期五不得乘坐电梯,故应将他们安排在较低的楼层;日本客人与美国客人由于贸易摩擦及文化差异,也不宜安排在同一楼层。

更多精彩:总台排房艺术

任务四　住店期间服务

一、问讯服务

(一)问讯业务范围

1.回答客人咨询,提供准确信息。

2.做好留言服务。

3.处理客人邮件。

4.完成客人委托代办的事项。

(二)问讯员需掌握的信息内容

1.本酒店组织机构、各部门的职责范围及有关负责人的姓名。

2.本酒店特色、有关政策和所有服务设施、服务项目及营业时间。

3.本酒店周围的交通情况及至本地主要机场、码头、车站的距离及抵达方法。

4.与本酒店挂钩的医院名称、电话号码和地址。

5.本地国际、国内主要航班及航空公司名称、主要列车车次、轮船航次及方向、抵离时间。

6.熟悉本地各主要旅游观光景点、商场、购物中心、活动场所和商业街、影剧院、体育场、展览馆等名称、概况、特色以及与酒店的距离。

7.到本地周边地区主要省、市的距离及抵达方法。

8.主要客源国或客源地的风土人情、生活习惯、爱好忌讳等。

9.本地政府机关、公安保卫部门、外事、外贸、科研、旅游部门、大专院校及重点企业的地址及联系方式。

10.本地各著名酒店、餐馆的经营特色、地址及营业时间。

11.本地各主要宗教场所的名称、地址、开放时间。

12.本地当天的天气预报等。

13.本店当日活动安排表。

14.当地出租汽车至市内主要景点、机场、车站和附近城市的里程,以及各车型规定的每公里收费标准。

15.酒店的各项规定等。

二、邮件的处理

前厅部一般向客人提供分检和派送收进的邮件及代售邮票和代寄邮件等服务。

通常按以下几个步骤操作:

1.接收邮件;

2.清点件数;

3.交接(签字);

4.分类登记;

5.分发;

6.请客签字。

对于寄给住店客人的邮件,收到后立即在电脑上核对;如邮件上没有电话号码,可在客人花名册中查找。核对是否与住店客人姓名和房号吻合。如邮件上只有姓名而无房号,则从电脑中找出后在邮件上注明房号,然后分发。

如是挂号信、包裹单、汇款单、EMS邮政特快专递急件,则立即用电话通知客人来取。如客人不在房内,则发"邮件通知单",并在信件记录本上做好记录;也可通过电话总机,在客人房内电话机上亮起红灯,表明有留言。客人一回来,即可来取。

客人来取特种邮件时要查看有关证件,并请客人在邮件收发单上签字,以免发生纠纷时责任不清。

曾经住过但已离店的客人邮件,在邮件上注明客人离店日期。如果客人离店时有交代,并留下地址委托酒店转寄,酒店按要求给予办理;如客人没有任何交代,又属普通信件,有些酒店则在邮件上注明保留5—10天,过期按寄件人的地址退回。客人的电报、加急电报、电传、传真等通常应按原址及时退回。

已预订房间但尚未抵店的客人邮件,要在邮件上注明抵店日期,然后将邮件放在指定的格子内,并在客人"订房委托书"和"预订登记表"上注明有邮件。在客人抵店前,将邮件取出,在客人抵店办理入住登记时转交。

姓名不详、无法查找的客人邮件,若是急件,则在信件上盖上"查无此人"印章,同时打上收件日期、时间,并立即退回;若是普通信件,可保留一段时间,一般不超过一个星期,但要经常查对,若确实无人领取,则退回给寄信人,做好邮件退回记录。

帮客人代寄或转交物品和邮件时,原则上不包括贵重物品和现金。

三、留言服务

留言服务通常分为电话留言、口头留言、书面留言三种。电话留言较多由话务员完成,口头和书面留言较多由前台职员完成。

留言服务又可分为访客留言和住客留言。

访客留言是来访客人给住店客人的留言,可由来访者口述、问讯员记录,再请其过目签字,或由来访者自己填写访客留言单,然后由问讯员签字,再通知被访的住店客人。接受客人留言后,必须在留言单上用打时机打上时间。可以由电话总机话务员开启客人房间的留言灯。

住客留言是住店客人给来访客人或其他住客的留言。可由住客填写留言单,并存放在前台。住客留言单一般一式两联,即问讯组、电话总机各保存一联,且要在上面注明留言内容的有效时间。

任务五　退房结账服务

一、散客退房服务

散客退房服务程序如表 5-5-1 所示。

表 5-5-1　散客退房工作程序

工作项目	工作程序	工作标准
1.关注并问候	1.关注进入大堂的客人。 2.微笑着向客人打招呼,了解客人的需求。	1.工作中及时关注客人的需求,当与客人眼神接触时,应微笑致意。 2.当客人行至前台 1.5 米处的距离时,应停止手中的工作,保持良好的姿态,面带笑容向客人问候。 3."先生/小姐,请问有什么可以帮到您?"(可通过日常经验判断客人的需求,到底是退房、寄存行李,还是续住房费等)
2.收回房卡和押金单并报查房	1.双手接过客人递来的房卡。 2.读取房卡信息后,根据系统的信息用姓氏称呼客人。 3.致电房务中心报退房。	1."××先生/小姐,请问您的房卡和押金单带过来了吗?" 2.注销房卡信息,并进入系统中进行账务处理。 3.将账务明细单准确、迅速地从抽屉中取出。
3.询问住店感受	1.退房过程中,征询客人的意见和建议。 2.将客人的意见记录在宾客意见簿上。	1."××先生/小姐,请问您入住期间对我们的服务满意吗? 希望您能给我们提供宝贵意见。" 2."谢谢您宝贵的意见。"
4.结账	1.等房务中心报查房结果后,询问客人的结账方式,刷卡或找零。 2.立即打印账单给客人确认签字,讲明消费内容。 3.根据客人要求开具发票。	1."××先生/小姐,您这次账单金额是××,其中房费××,其他杂费××,请您确认后在右下方签名。" 2.按照酒店发票管理制度给客人开具发票。
5.欢送客人	1.放下手头工作,跟客人道别,欢迎客人再次光临。 2.时间控制在 3—5 分钟,以保证前台办理业务的效率。	1."感谢您入住××酒店,欢迎下次光临。" 2.如因其他方面原因导致退房时间延误,应主动向客人解释沟通。

知识链接

如何为客人提供优质的退房服务

退房服务效率的高低、服务质量的优劣直接关系到客人对酒店整体的评价,是客人离店前的一项重要工作。在为客人退房时,效率是非常重要的。百分之八十的客人在退房时都希望能"速战速决",快点离开酒店。所以,前厅接待人员一定要有这样的认识。

当接到客人的退房指令时,应第一时间通知客房部查房,同时询问客人是否有其他消费,为客人准备好账单。一般酒店业都会有这样的规定,查房时间为三分钟。所以,总台接待员都要学会准确地掌握并利用好这样一个时间,这是优质退房服务的重点。有过总台接待经验的员工都知道,准备账单、询问客人有无消费,总共花费时间一般在 0.5 分钟左右,那么,还剩下 2.5 分钟。优秀接待员与一般接待员的区别就在这 2.5 分钟。我们一般的接待员会坐在那里和客人说"您稍等",然后,就开始忙活自己的事情或与客人"面面相觑"。这样经常会"冷落"客人,延长客人的等待心理。时间稍长,客人就会急躁,很容易因为我们的小过错而大发雷霆。相反,优秀的前台接待员会抓紧这样的机会,充分利用这段时间。他(她)会询问客人"先生/小姐,您对我们酒店整体感觉怎样?您觉得哪些地方需要改进呢?"等,如果查房3分钟之内没有完成,接待员还会向客人推荐酒店其他特色和设施,增加酒店对客人下次入住的吸引力。这样的过程,会让客人感觉他(她)在酒店受到了重视,而且更为重要的是,可以人为地缓解客人等待的焦躁心理,另外,还可以充分地体现出酒店的个性化服务,让客人感受到酒店的人文关怀。我们把后者称之为"优质服务两分半"。在实际的工作过程中,这种方法很容易掌握,而且可以达到意想不到的效果。它可以让酒店的管理层更好地了解酒店客人心之所想,不会让客人带着遗憾离开酒店,从而增加回头客。

当我们在接到房间查好的指令之后,这时,总台员工一定要迅速快捷地为客人办理手续。如何才能快捷高效呢?一个优秀的总台接待员永远是一个用心的人——他(她)会去记录 POS 机打出卡单的时间,会去计算做一张房卡需要多少秒,会去了解扫描一张证件需要几分钟……所有的快捷来源于你的专业和熟练,来源于你的用心,来源于你的热情,来源于你的一颗服务之心。

二、团队退房服务

团队退房工作程序如表 5-5-2 所示。

表 5-5-2　团队退房工作程序表

工作项目	工作程序	工作标准
1. 准备工作	1. 总台夜班工作人员需清点预离客人的登记单,并将清点情况记录在交班本上,在班前班后会上与早班交接。 2. 早班需根据预期离店表,提前准备好账单。	提前清点预离客人的登记单,并将清点情况记录在交班本上,在交班会上与早班交接。
2. 房卡收回	1. 接到团队客人或领队拿着房卡退房,应立即读卡注销,并在团队登记单上做好记录,清点收回的房卡是否够数,同时迅速通知房务中心查房。 2. 会议客人房费自付的则按散客退房操作程序操作;房费由会务组付费(杂费自付)的,则要客人将房内消费和破损结完后方离开。	1. 为节省客人等待的时间,从领队手里收回第一张卡时便可询问是否整个团可以查房了。 2. "××导游,请问是不是所有房间都可以通知查房了呢?"
3. 结账	1. 总台收齐房卡后,通知领队哪间房有杂项消费,及时让客人付账(销售部预定单中会注明杂费自付)。 2. 全部查房结果报告出来后,让领队在账单上签名确认,方可退款。	1. 要注意房价对客人保密。 2. 速度要快,不要让团队客人在大厅逗留太久,以免拥挤嘈杂,影响散客。
4. 复核	团体退房后,当值领班再次核对房卡是否全部收齐。	1. 小型旅行团(15－25 间)房间无异常情况下,办理退房时间不超过 25 分钟。 2. 大型团队(25 间以上),房间无异常情况下,办理退房时间不超过 45 分钟。

三、宾客离店结账的方式

(一)现金

1.收银员在收款过程中,要对现金的真伪进行仔细地辨认,对于有任何怀疑的人民币,应按标准复核一遍。

2.对假币的确认一定要准确,以免造成误会,引起客人的投诉。

3.确认客人所付款为假币时,应轻声告知客人:"对不起,这张钱不能够使用,请您再重新更换一张,谢谢。"

4.客人更换一张钱后仍要确认,新给的钱是否为真币,并向客人表示诚挚的谢意。

5.收款时坚持"唱收唱找"。

(二)信用卡

1.查看是否为本酒店受理的信用卡。

2.核实住客是否为持卡人,持卡人身份证的照片是否与本人相同,信用彩照卡上的照片是否与本人相同。

3.明确信用卡是否在有效期内。

4.检查信用卡的完好程度,信用卡是否有剪角、打洞、涂改、数字大小不一等。

5.持卡人身份证上的姓名与信用卡背面签名条上的签名及卡片凸印的姓名是否一致,与彩照卡背面签名条上的签名、卡片上印刷姓名是否一致。

(三)支票

1.检查支票的真伪。注意辨别银行已发出通知停止使用的旧版转账支票。

2.检查支票是否过期。在签发日期十日内有效。日期务必大写。

3.金额是否超过其限额。支票最低起点金额为100元。

4.检查支票上的印鉴是否清楚完整(印鉴有财务专用章及法人章两种)。

5.检查支票有无折皱或破损。

6.有密码的支票,密码是否填写完整。或在密码空格处盖有"无密码支票,请授理"的字样。

7.支票需要填写的部分要齐全、正规,不能涂改。

8.金额要规范,大小写要相符,大写金额要顶头填写。禁止任何涂改,务必用签字笔填写支票。

9.接受支票时,要把身份证号码、姓名、电话、地址登记在账单上。

10.在支票背面请客人留下联系电话和地址,请客人签名,如有怀疑及时与出票单位联系核实,必要时请当班主管人员解决。

(四)转账

内部转账:客房挂账指的是客人在酒店开有房间或在酒店前台设有专用永久账号,在酒店其他营业点消费时将其所消费账项转入房间或前台账号的一种付款方式。

签认转账:酒店与个人、公司机构签订合约,同意支付住宿者的费用及明确支付范围,住客签账退房后,账单转至财务部,酒店与签约客户结账,如住客消费超出协议支付的范围时,超出部分自行结清。客人要求签账时,首先查明酒店与公司是否签订转账合约,客人是否在允许签账的名单之内及是否为转账公司所承认。其次,住客签账范围是否在协议之内,如可签账的项目只限房租,则杂费由住客自付。采用签认结账通常由酒店相关负责人审核、批准。

案例评析

某日,一位在北京丽都假日酒店长住的客人到该店前台收银支付一段时间在店内用餐的费用。

当他一看到打印好的账单上面的总金额时,马上火冒三丈地讲:"你们真是乱收费,我不可能有这样的高消费!"

收银员面带微笑地回答客人说:"对不起,您能让我再核对一下原始单据吗?"

客人当然不表示异议。

收银员一面检查账单,一面对客人说:"真是对不起,您能帮我一起核对吗?"

客人点头认可,于是和收银员一起对账单进行核对。其间,那位收银员顺势对几笔大的账目金额(如招待宴请访客及饮用名酒……)进行了口头启示以唤起客人的回忆。

等账目全部核对完毕,收银员有礼貌地说:"谢谢您帮助我核对了账单,耽误了您的时间,费神了!"

客人听罢连声说:"小姐,麻烦你了,真不好意思!"

点　评

前台收银对客人来说是个非常"敏感"的地方,也最容易引起客人发火。在通常情况下,长住客人在酒店内用餐后都喜欢用"签单"的方式结账,简单易行而且方便。但是由于客人在用餐时往往会忽视所点菜肴和酒水的价格,所以等客人事后到前台付账时,看到账单上汇总的消费总金额,往往会大吃一惊,觉得自己的消费没那么高,于是就责怪餐厅所报的账目(包括价格)有差错,结果便把火气发泄到无辜的前台收银员身上。

上述案例中的收银员用美好的语言使客人熄了火。一开始她就揣摩到客人的心理,避免用简单生硬的语言(像"签单上面肯定有你的签字,账单肯定不会错……"之类的话),使客人不至于下不了台而恼羞成怒。本来该店有规定:账单应该由有异议的客人自己进行检查。那位收银员懂得"顾客就是上帝"这句话的真谛,因此在处理矛盾时,先向客人道歉,然后仔细帮客人再核对一遍账目。其间对语言技巧的合理运用也是很重要的,尊重是语言礼貌的核心部分。说话时要尊重客人,即使客人发了火,也不要忘记尊重客人也就是尊重自己这个道理。

任务六　总台常见问题处理

一、客人说房价太高,要求给予优惠时,怎么办?

1.首先询问客人需要的房数、入住天数,是否有合约公司。
2.向客人介绍房间设施和房间所包含的优惠项目。
3.询问客人是否需要早餐。
4.请示当值大堂副理是否给予优惠。

二、客人晚上结账,第二天早上离店,要求保留客房钥匙,怎么办?

1.向客人解释酒店结账是 24 小时服务的,客人完全可以在要离店时办理退房结账。
2.根据客人要求可进行查房、结账,但仍需留存作为钥匙或其他可能产生费用的预付金。
3.没有查房的情况下,可先将房费结清,但仍需留存作为钥匙或其他可能产生费用的预付金。
4.电脑上做好备注,并做好交接班。

三、酒店客满,仍有客人来住店,怎么办?

1.非常感谢客人的到来,礼貌向客人解释酒店已客满。
2.询问是否需要预留其他日期的房间。
3.为客人联系其他同级的酒店进行预订,等次日有房间时,接客人回酒店入住。

四、客人到店后,客房未准备好,怎么办?

1.询问客人是否愿意改住其他类型房间,提供其他 OK 房为客人办理入住。

2.询问客房部整理房间所需时间,请客人在大堂休息或先出去用餐、办事。

3.随时与客房部联系,及时让客人进房休息。

五、有预订客人入住时,酒店已无房可售,怎么办?

1.向客人道歉,立即查看维修房等特殊房间是否可调节,及时为客人办理入住。

2.立即为客人联系其他同等级酒店,为客人订房,并于次日按 VIP 标准将客人接回酒店入住。

3.查出原因,追究责任,杜绝再次发生。

六、客人入住登记押金不够,称晚上朋友带钱来补交,怎么办?

1.建议客人做保证类订房,为客人留房。

2.让客人入住,根据押金数额,征求客人同意撤出迷你吧用品。

3.让客人刷信用卡或联系酒店人员进行担保。

4.关注此房,做好交接班,随时跟催押金。

七、客人订了两间房,要求帮其晚到的朋友登记开房,怎么办?

1.礼貌地向客人解释,两间房必须要有两份以上证件登记,这是公安局的规定。

2.可让客人先开一间房,另一间做保证类订房,为其留房。

八、团队/会议要求延迟退房时间,怎么办?

1.必须与酒店此团队/会议的接待人取得联系,确认延迟退房的收费事宜。
2.确定延迟的时间,根据客情上报请示大堂经理,按上级领导指示处理。

九、客人要求换房,怎么办?

1.询问客人房号、姓名及换房原因。
2.按客人要求合理分配房间(须注意房价、房型),重新制作房间钥匙。
3.填写换房单,送相关部门签名确认,通知客房部换房情况。
4.在电脑上进行换房处理。

十、访客询问保密房或重要客人的房号时,怎么办?

1.必须坚持住客的信息资料是不能随意泄露的原则。
2.婉转告诉访客暂无其要找的客人入住。
3.建议访客进行留言,为其转告。
4.电话告知住客有客来访的情况并将留言单交给住客。

十一、客人在店外打电话要求退房,怎么办?

1.请客人报出房号、登记人姓名、公司名,进行核对。
2.询问来电客人钥匙的位置。
3.询问客人以什么方式结账,并做好相应工作。
4.通知客房部查房,进行退房处理。

十二、离店客人要求转交物品,怎么办?

1. 如时间较长,请客人寄存于礼宾部。
2. 向客人说明对易燃、易爆、易碎、食品等不予转交。
3. 请客人填写物品转交单,并注明联系方法。
4. 请客人说明领取人或领取时间。

十三、客人拿着非本人的身份证或其他证件前来住房时,怎么办?

1. 礼貌地向客人解释,住房登记必须使用本人的证件。
2. 建议客人可先做保证类订房,为其留房。
3. 请客人提供本人的姓名,查看客史档案,申请上级同意,为客人登记入住。

十四、发现双重售房时,怎么办?

1. 立即通知客房中心或楼层服务员,请客人到其他空净房。
2. 立即向客人道歉,准备好空净房房卡,办理换房手续,通知大堂副理。
3. 为客人进行房间升级或送予水果、酒店礼品等,以示歉意。
4. 当值员工写检讨并做相应处罚。

任务七　贵重物品保管服务

　　酒店在为客人提供优质服务的同时,还要保证客人的生命财产安全,其中贵重物品寄存与保管就是酒店为确保客人财产安全而采取的一项重要措施。贵重物品保险箱是酒店为住店客人免费提供的临时存放有效贵重物品的一种专门设备。为确保住客贵重物品的安全,酒店在房间有专门的提示:如有贵重物品,请到前厅收银处保险箱免费保管;否则,如有遗失,酒店概不负责。酒店总台人员在客人入住酒店登记时,也要提醒客人:贵重物品免费寄存总台,否则如有遗失,酒店概不负责。

一、贵重物品寄存程序

　　1.弄清客人贵重物品的寄存要求。

　　2.请客人出示房卡、钥匙以确认住客身份。

　　3.详细地为客人填写贵重物品寄存单,当面与客人核实所寄存的物品的特点、数量等,填写好日期、经办人,并请客人签字确认。

　　4.为客人选择适当规格的保险箱,在贵重物品寄存单上填上保险箱的箱号。

　　5.当着客人的面打开保险箱,向客人说明保险箱的使用方法,特别是告诉客人保险箱只有两把钥匙同时使用才可打开保险箱。

　　6.请客人存放物品,收银员不要直接观看。

　　7.当着客人的面,锁上保险箱,并将其中一把钥匙交给客人,请客人妥善保管,另一把在收银员处存放。

　　8.在保险箱使用登记本上写清楚贵重物品寄存的情况,以便客人退房时提醒客人取东西并收回保险箱的钥匙。

二、中途开箱程序

　　1.请客人出示房卡、保险箱钥匙,报出保险箱箱号,找出贵重物品寄存单,请客人逐项填写有关内容。

2.核对客人签名,看是否与寄存单的签名式样笔迹相符,如无疑问,则开箱存取。

3.开箱完毕,经办人在寄存单上签名,然后将之放回原处。

4.最后在保险箱使用登记本上登记、备查。

三、客人退还保险箱的处理

1.客人提出要终止使用保险箱时,请客人出示房卡、保险箱钥匙,报出保险箱号,取出寄存单,请客人在终止使用保险箱栏中填上日期、时间并签名。

2.当客人取出贵重物品时,收银员彻底检查一次保险箱,看是否有遗漏,然后锁上保险箱,将交付客人使用的钥匙收回。

3.收银员在保险箱使用登记本上登记,在备注栏中标明"退还"字样,并注明时间。

4.将贵重物品寄存单存档。

四、贵重物品保险箱使用注意事项

1.客人每次使用保险箱,都必须出示房卡、保险箱钥匙,收银员都必须请客人填写开箱记录,如日期、时间、签名等,逐项填写并加以核对。

2.如果客人丢失了保险箱钥匙,则应由大堂经理出面处理。大堂经理确认其身份,并请其填写开箱记录;向客人说明赔偿费用情况;填写"杂项附加费单",请客人签名,交前厅收银处入账;通知工程人员到场撬锁时,客人、大堂经理、收银员等必须在场。收银员在保险箱使用登记本上登记。

3.前厅收银员每个班次都应认真检查保险箱使用情况,使用保险箱数、钥匙是否与登记情况相符等。

4.非住店客人及酒店员工一律不得使用保险箱(除以本部门名义使用外),特殊情况要经过一定的审批手续。

知识链接

寄存于总台贵重物品保管处的贵重物品丢失的责任归属

根据我国《合同法》第 374 条规定："保管期间，因保管人保管不善造成保管物毁损、灭失的，保管人应当承担损害赔偿责任，但保管是无偿的，保管人证明自己没有重大过失的，不承担损害赔偿责任。"现在酒店的情况是，酒店对客人贵重物品进行保管，客人不用就此支付额外费用。所以，出现寄存的贵重物品丢失时，酒店往往以无偿保管为由要求减轻或免除责任。而事实是客人入住酒店时已经交纳了费用，其中应该包括物品寄存的费用，实际上保管也不是无偿的，酒店不能以无偿为由要求减免责任。如果酒店是为非住店客人提供免费的物品保管，则可视为无偿保管，物品有损坏或灭失时，如果酒店方能够证明自己没有重大过失，则可以减轻或免除责任。

酒店在为客人保管贵重物品时，往往不要求客人声明寄存的贵重物品的内容和价值，客人也不会专门声明，酒店无法预知客人的财产数额。如果酒店对客人所丢失的贵重物品一律负有责任，对酒店显然不够公平，会使酒店面临不可预知的风险。在缺乏相应法律规范的前提下，另外的一种极端情况是酒店推卸责任，尤其是在案件移交公安机关时，酒店往往要求破案后才处理客人的财产损失，使客人不能得到及时的民事赔偿。按照我国《消费者权益保护法》的规定，求偿权是消费者一项基本权利。法律规定的赔偿主体和顺序是：消费者在接受服务时，其合法权益受损害的可以向服务者要求赔偿。据此，客人在酒店期间物品毁坏或灭失时有权向酒店要求赔偿，酒店则可以根据情况向第三方追偿。

思考与训练

◇**阅读思考**

1.总台接待工作中经常出现的问题有哪些？如何解决？

2.如何做好客房分配工作？

3.留言处理的原则有哪些？

4.谈谈你对酒店保管的客人贵重物品丢失责任的看法。

◇**能力训练**

名称:总台散客登记。

目的:熟练掌握办理散客入住登记手续的完整程序。

内容:1.观看总台入住登记教学片;

2.模拟散客办理登记入住场景;

3.将学生每6—8人划分成一个团队,每队中两人形成一个训练小组;

4.每小组自行设计出模拟散客办理入住登记手续的情景对话;

5.每小组组员分别模拟客人和前台接待员进行散客接待的程序练习,练习完一次后模拟角色进行互换,再次练习。

◇**案例分析**

一天早上,南方某大酒店的一位中国香港的客人下电梯来到大堂总台服务处结账。他操着一口粤语对服务员说:"小姐,916房结账。""好的,先生,请把您的钥匙牌或房卡给我看一下。"服务员礼貌地回答。"哦,我没有带来,可以结账吗?"客人显得有点不耐烦。"请问先生,您的姓名叫……"服务员接着又问。客人不悦道:"结账还用问姓名?"服务员耐心地解释说:"因为我们需要核对一下姓名,以防万一搞错会带来的麻烦。"客人很不情愿地报出了自己的姓名。服务员迅速地打出账单,客人掏出皮夹子拿钱。同时,服务员又对客人叮嘱了一句:"顺便说一下,您的916房钥匙牌用完后请送到收银台。"谁知客人一听,勃然大怒,收起钱来,大声嚷嚷:"你们酒店这么麻烦,给钱不要,还唠叨个没完,我不付款了。"嘴里还冒出几句骂人的话,扭头就往电梯处去。

正在值班的大堂副理闻声跑来,立即赶到电梯口,把客人请回来,对他说:"先生,您息怒,有什么意见尽管提,我们立即解决,但钱还是要付的。"这位客人却指着服务员的鼻子说:"她不道歉,我就不付款。"此时,服务员已是满腹委屈,实在难以启齿道歉。双方僵持不下,引起了服务台其他客人们的注意。怎么办?大堂副理紧张地思考了一下,便跟服务员轻声说了几句,服务员听到了点点头,强忍着几乎快要掉下来的眼泪,对客人说了声:"对不起。"客人这才付了钱,扬长而去。

问题:请你谈谈对"客人总是对的"这句话的理解。

模块六　前厅销售管理

案例导读

销售公关部接到一日本团队住宿的预订,在确定了客房类型和安排在 10 楼同一楼层后,销售公关部开具了"来客委托书",交给了总台石小姐。由于石小姐工作疏忽,错输了电脑,而且与此同时,她又接到一位中国台湾的石姓客人的来电预订。因为双方都姓石,石先生又是酒店的常客,与石小姐相识,石小姐便把 10 楼 1015 客房订给了这位中国台湾的客人。

当发现客房被重复预订之后,总台的石小姐受到了严厉的处分,不仅因为工作出现了差错,而且违反了客人预订只提供客房类型、楼层,不得提供具体的房号的店规。这样一来,酒店处于潜在的被动地位。如何回避可能出现的矛盾呢?酒店总经理找来了销售公关部和客房部的两位经理,商量了几种应变方案。

中国台湾的石先生如期来到酒店,当得知因为有日本客人来才使自己不能如愿时,表现出了极大的不满。换间客房是坚决不同意的,无论总台怎么解释和赔礼,这位客人仍指责酒店背信弃义、崇洋媚外:"日本人有什么了不起,我先预订,我先住店,这间客房非我莫属。"

销售公关部经理向石先生再三致歉,并道出了事情的原委和对总台失职的石小姐的处罚,还转告了酒店总经理的态度,一定要使石先生这样的酒店常客最终满意。

这位台湾地区的石先生每次到这座城市,都下榻这家酒店,而且特别偏爱住 10 楼。据他说,他的石姓与 10 楼谐音相同,有一种住在自己家的心理满足感;更因为他对 10 楼的客房的陈设、布置、色调、家具都有特别的亲切感,它们会唤起他对逝去的岁月中一段美好而温馨往事的回忆。因此他对 10 楼情有独钟。

销售公关部经理想,石先生既然没有提出换一家酒店住宿,表明对我们酒店仍抱有好感:"住 10 楼比较困难,因为涉及另一批客人,会产生新的矛盾,请石先生谅解。"

"看在酒店和石小姐的面子上,同意换楼层。但房型和陈设、布置各方面要与 1015 客房一样。"石先生做出了让步。

"14 楼有一间客房与 1015 客房完全一样。"销售公关部经理说,"事先已为先生准备好了。"

"14 楼,我一向不住 14 楼的。西方人忌 13 楼,我不忌,但我忌讳的就是 14,什么叫 14,不等于是'石死'吗?让我死,多么不吉利。"石先生脸上多云转阴。

"那么先生住 8 楼该不会有所禁忌了吧?"销售公关部经理问道。

"您刚才不是说只有 14 楼有同样的客房吗?"石先生疑惑地问。

"8 楼有相同的客房,但其中的布置、家具可能不尽如石先生之意。您来之前我们已经了解到石先生酷爱保龄球,现在我陪先生玩上一会儿,在这段时间里,酒店会以最快的速度将您所满意的家具换到 8 楼客房。"销售公关经理说。

"不胜感激,我同意。"石先生惊喜。

销售公关部经理拿出对讲机,通知有关部门:"请传达总经理指令,以最快速度将 1402 客房的可移动设施全部搬入 806 客房。"

酒店的这一举措,弥补了工作中的失误,赢得了石先生的心。为了换回酒店的信誉,同时也为了使"上帝"真正满意,酒店做出了超值的服务。此事被传为佳话,酒店声名远播。

思 考

1. 为什么说前厅部的首要任务是销售客房?
2. 客房销售的技巧有哪些?

任务一　认知客房产品

前厅部的首要职能是销售客房,所以前厅工作人员不仅要熟练掌握酒店客房类型及其价格情况,而且要有一定的推销技巧,才能履行其岗位职责。只有掌握了这部分知识才能上岗工作,例如在受理客人预订和接待未预定而直接抵店的客人时,要向客人介绍本酒店的客房产品,前厅接待员、预定员要掌握客房的种类、房态情况、房价的种类,并且要有客房销售知识。

客房不仅是酒店销售的主要产品,还是酒店的核心产品,从客人的角度讲是客人的"家外之家"。随着市场需求的变化,酒店提供的客房种类也日趋多样化。客房经历了数百年的发展,其基本类型日趋丰富和完善。

一、客房的分类

客房分类的依据不同,其基本类型也有所不同,目前较多采用的是以下几种分类方法。

(一)按房间内床的设置划分

床是酒店为客人提供休息和睡眠的主要设备,客房内配备什么种类和规格的床,要根据酒店星级档次、客房种类和房间面积而定。客人在选择客房时,床的种类和规格往往是其考虑的重要因素。按床的种类和数量将房间分类为:

1.单人间。单间房一般是一间面积为16—20平方米的房间,内由卫生间和其他附属设备组成。房内设一张单人床的叫单人间,这样的房间适合商务旅游的单人住用;

2.双人床间。房内设两张单人床或一张双人床的叫双人间,这样的房间适合住两位客人或夫妻同住,适合旅游团体住用。这类客房在酒店中占大部分,也称为酒店的"标准间",较受团体、会议客人的欢迎。也有酒店在双床间配置两张双人床的,以显示较高的客房规格和独特的经营方式;

3.三人床间。三人床间配备三张单人床。一般在经济型酒店里配备这样的房间,此类酒店较适合经济层次的客人使用。一般中高档酒店不设三人间,当客人需要三人同住一个客房时,往往采用在标准间内加一张折叠床的方式解决。加床通常在夜床服务时进行,白天则收回到楼层工作间,以增加房内客人活动的空间。

(二)按房间布置的等级划分

1.标准间。带卫生间的双人间,满足旅游团体和会议客人的需要。这类客房在酒店所有客房中所占比例较大,适合面也最广。为了满足不同客人的需要,提高客房出租率,有的酒店在客房配备单双两便床,平时作为标准间,在大床供不应求的时候,将两张单人床合为大床。

2.商务间。是专门为从事商务、公务活动的客人而设计的。面积一般比标准间略大,设有标准的办公桌和办公设备,如传真机、电脑专用插孔、电源插座等,为商务客人提供更有针对性的服务。

3.豪华间。面积大于标准间,房内设施、客用品都比标准间高档。

4.普通套间。又称双套间,由两个连通的房间组成,一般是客厅和卧室,卧室内通常配备一张双人床或两张单人床,并设有独立卫生间。客厅也设有专门供访客使用的卫生间,内有便器与洗脸池,还有淋浴设施。

5.豪华套间。设施豪华安全,室内注重装饰布置与温馨气氛的营造,一般房间数及卫生间均在两间以上,也可以分设卧室、起居室、餐厅、书房、会议室或酒吧等,卧室内通常配备大号双人床或特大号双人床。

6.总统套房。一般是酒店最豪华、价格最高的房间,在酒店内仅此一套。总统套房一般由五间以上的房间构成,最多的可达十间以上,包括男女主人卧室、侍从室、警卫室、起居室、书房、餐厅、厨房、酒吧等。装饰布置极为考究,设置用品富丽豪华。四五星级酒店为了表明酒店已具备相应的接待条件和能力,一般都设有总统套房,但出租率较低。

(三)按房间位置划分

1.外景房。窗户朝向公园、湖泊、山景或街道的客房。

2.内景房。窗户面朝酒店的内庭院的客房。

3.角房。位于楼层走廊、过道尽头的客房,角房因形状比较特殊,装饰无法循规蹈矩而比较不受喜欢,但因其打破了标准间的呆板,反而受到某些客人的青睐。

4.连通房。相邻的两间客房,内部有连通门连接。平时连通门可以两面反锁,以保证客房安全,如有需要时,可打开连通门连接两间客房。

5.相邻房。相邻的两间客房。

(四)特殊类型的房间

1.无烟客房/无烟楼层。房间门上有禁烟的标志,房间内不设置烟缸,不接待吸烟客人入住,有些高星级酒店还专门设有无烟楼层,深受不吸烟客人的欢迎,而且也体现了酒店绿色、环保的理念。

2.商务房/商务楼层。专门为从事商务、公务活动的客人设计的。客房内家具设备的配备与布置都充分考虑到商务客人的办公需要,如宽大的办公桌、电脑专用插孔和电源插座、传真机及一些办公文具用品等。随着商务客人的增多,酒店这类客房的入住比例也正在不断提高,一些高星级酒店已设立了商务楼层,以便向客人提供更有针对性的服务。

3.残疾人客房。残疾人客房充分体现了酒店以人为本、注重人文关怀的经营理念,房间的设计与装饰充分考虑残疾人的生理特征,房间一般都在较低的楼层,进出方便,地面无障碍。房间的把手、窥视镜、扶手的位置应方便坐轮椅的客人,房间内还设有与客务中心相连的呼叫按钮等。残疾人士在房间内休息、活动都能方便、舒适、安全。三星级以上酒店必须具备完善的残疾人客房,这是旅游酒店星级评定标准中所规定的。

4.女士客房/女士楼层。随着女性客人在酒店客源中的比例越来越高,有些高星级的酒店开始为女性客人专门设计女士客房。此类房间充分考虑到女性的特点,房间布置温馨典雅,有些酒店还装有壁炉,体现家庭的气息。房内备有时尚的女性杂志,衣橱内配有多种衣架适合挂不同的衣物,卫生间的一些用品讲究品牌与种类,化妆镜的光线设计适合客人化妆。

二、房态的划分

客房状态又叫客房状况,是指对每一间客房在一定时段上正在占用、清理或待租等情况的一种标示或描述。准确控制房态是做好酒店客房销售工作及提高接待服务水准的前提。酒店的客房随着客人入住和离店等活动而处于各种状态之中。我们可以从以下几个方面考虑客房的状态。

(一)前厅部客房状况的显示

常见的客房状态有以下几种：

1. 住客房(Occupied，简写 OCC)，又称实房，指住店客人正在使用的客房；

2. 走客房(Check out，简写 C/O)，又称走房，指客人已经结账离店，房间正处于清扫之中的客房；

3. 空房(Vacant，简写 V)，又称 OK 房，有的地方又叫吉房，指已完成清洁整理工作、可随时出租的客房；

4. 维修房(Out of order，简写 OOO)，又称坏房，是指该客房的设施设备发生故障，或正处于更新改造之中，客房暂时不能出租；

5. 保留房(Booked room)，这是一种内部掌握的客房，对一些大型团体、国际性会议等，酒店需要提前为他们预留所需要的客房。还有一些客人(尤其是常客)在订房时，常常会指明要某个房间，或处于某个位置、具有某种景观的客房；

6. 预退房(Expected departure room，简写 ED)，住房中当天将退的那一部分客房叫预退房。

这些房态专用于前厅部，对前厅部的排房很重要。

(二)客房部应注意的客房状态

1. 外宿房(Sleep out)。住客在外过夜而未回该房间住宿，总台应将此信息通知大堂副理及客房管家部，大堂副理应双锁该客房并记录，客人返回时，大堂副理再为客人开启房门。

2. 携少量行李的住客房(Occupied with light luggage)。指该客房住客没有行李，或只有少量的行李，为防止客人逃账，客房部应将此种客房状态通知总台。

3. 请勿打扰房(Do not disturb，简写 DND)。指住客为了不受干扰，在门把手上挂"请勿打扰"字样的房。此房，通常属于住客房，但有可能是走房或空房。所以，有必要对此种客房状态加以关注。按照酒店业惯例，到了下午两点以后，客房部应礼貌地打电话与房内的住客联系，了解原因，决定客房是否需要清扫。

4. 双锁房。住客为了不受干扰，在房内部将门双锁(反锁)，服务员用普通工作钥匙无法打开门锁，此种房态称为双锁房(Double locked room)，对双锁房也要加强观察，以防客人在房内发生意外事故，如生病、死亡等。当然，有时酒店发现房内设施设备严重受损，客房内有暴露的贵重物品或发生刑事案件时，酒店管理部门也会做出处理双锁客房的决定。

前厅接待处在接待客人入住时,按照客人的要求安排房间,然后建立客人的账单,送交收银处,以便开立账户。客人退房结账时,总台收银处要通知接待处,改变客房状况,同时也应通知客房部,楼层服务员清洁客房后通知接待处,以便接待处再次出售客房。

(三)客房差异状态

前厅部记录显示的客房状态同客房部查访结果不相符合的情况叫作客房状态差异。客房状态差异有两种,一种叫逃账房(Skippers),另一种叫沉睡房(Sleepers),前者指前厅部显示为住客房,而客房部查访报告则显示为空房;后者恰好相反,前厅部显示为走客房或空房,而客房部则发现房内有人。

为了防止客房差异状况的出现,应采取以下措施:

1. 制定完善的空房状态检查和控制制度,杜绝可能的漏洞,尽量避免客房状态差异;

2. 加强管理,通过系统培训提高员工的业务素质和业务技能,加强管理人员对一线员工工作的监督与检查,减少可能出现的工作差错,保证正确显示客房状态;

3. 认真分析,确认差异的原因,迅速采取有效措施加以解决,保证客房状态的正确显示。

三、客房状态的控制

通过对客房状态进行分类,可见准确地控制房态对酒店是非常重要的。前厅接待服务的质量在很大的程度上依赖于有效的房态控制,因此,建立适当的房态显示系统和保持准确的房态,是做好酒店客房销售工作和提高前厅接待服务质量的关键。准确控制客房状况,目的是有效地进行客房的销售,为客人提供优良服务,利用房间状况控制盘或电脑系统,将总台的问讯处、预订处、接待处、收银处等紧密地联系在一起。

酒店的客房状况控制是一项非常重要的工作,它关系到总台的运作。总台的接待工作往往依赖准确的客房状况资料。客房的预订及入住登记,是为了掌握最新而又准确的客房状况。在客人入住时,接待员要依靠房态状况及时做好准确的分房工作,特别是接待团体用房时。

(一)客房状态控制的方法

1. 接待处配备客房状态显示架,管家部使用房态报表——手工操作控制

在以手工操作为主的小型酒店,前厅部使用客房状态显示架,它可持续地显示酒店所有客房的房态。客房状态显示架是通常使用金属材料制成的卡片架,按酒店的客房数量确定格子的数量,各自按酒店的房间号码顺序排列,每间客房都在客房状态显示架上有相应的一格,格子里有该房间的情况介绍,包括房号、房间的种类、房价等基本内容。接待员可以用不同颜色的卡片表示不同的房态,如绿色卡表示空房、红色卡表示住客房等,并将之插在相应的格子里,显示不同的客房状况。客人入住时,接待员放上表示实房的卡片,并注明客人的姓名、性别、房价、到店日期和预离店日期;客人退房后,由总台收银员和接待员换上走房的卡片,并通知楼层服务员卫生清扫。客房卫生清扫完毕,楼层主管查房后,向接待处报OK 房,接待员即换上空房的卡片,客房又处于随时可以出租的状态,如果接待处收到有关客房维修的通知,则换上坏房的卡片。这种方法,房态显示较为直观,但有时由于员工的疏忽,或者房态显示不及时,可能造成显示架上的房态不完全准确,因此,管家部楼层有必要出一份真实的房态。

管家部楼层每天早、中、晚,以表格形式向总台接待处呈递房态报告表,以便接待处进行房态核对、更正。无论电脑还是手工制作的客房状况报表大致包括以下部分。

(1)客房状况报告

客房状况报告是接待处根据客房状况显示架或电脑所显示的客房状况,以及订房资料,每天定时制作的。制作此表的目的,是通过定时统计来确定客房的现状及预订状况。

(2)客房状况调整表

将未经预订直接抵店、延期离店和换房等情况汇集起来,形成客房状况调整表。它的作用主要体现在两点:一是用于预订处与接待处之间的信息沟通,使预订处依据调整表中的内容,更改并建立新的客房预订汇总表;二是调整表上的统计数字,可以使接待处掌握有多少临时取消住店、已预订但未到店、提前离店和逾期离店的客人,以及他们占所有客源的百分比,这些数字对客房的销售起到很大作用。

（3）接待情况汇总

接待情况汇总是指接待处将客房状况显示架及电脑中所显示出的客房状况记录下来而形成的接待情况报告。它的作用主要是为制作每日客房营业日报表及前厅的统计分析报表提供资料。

（4）在店 VIP 客人或团队名单

由夜班接待员根据客房状况显示系统提供的资料制作而成。它的作用在于，使酒店及时掌握在店的和即将抵店的贵宾、团队客人的信息，以便酒店做好各方面的准备工作。

2.电脑系统显示房态——计算机技术控制

用电脑系统来显示房态是最为先进的一种方法，越来越多地被酒店采用。酒店在前厅各部门（特别是接待处、收银处）、管家部客房服务中心配有联网的电脑终端，各自通过操作电脑终端机来了解、掌握及传递有关房态的信息。接待员将客房出租后，收银员给客人办理结账退房手续后，电脑系统自动更改该房房态，而无须再口头或表格通知相关部门更改房态。当客房卫生清扫、检查完毕，管家部主管可以利用客房服务中心的电脑终端机将房态直接输入电脑，无须用表格形式向接待处呈递房态报表。电脑的使用，加快了酒店各部门内部沟通的速度，房态显示更为及时、更有条理，大大提高了工作效率，而且避免了工作差错，有利于前厅部乃至整个酒店的管理。由于总台的工作量大，且客房时常处于变化之中，虽然很多酒店通过电脑查询，可知目前的房态情况，但为了避免由于工作可能出现的差错，而造成总台接待处的房态与楼层实际房间状态的不符，出现"重房"或"漏房"现象，造成总台客房销售及客房服务的混乱，房态的核对、检查是十分必要的。对房态的检查，是电脑查询与参考相关客房状况报表并用的。

（二）客房状况的显示系统

目前酒店的客房状况显示系统一般有两种：客房现状显示系统和客房预订状况显示系统。

1.客房现状显示系统

客房现状显示系统，又称客房短期状况显示系统，可显示每一间客房的状态。总台接待处的排房和房价等工作完全依赖此系统提供的状况。营业中的酒店，其客房处于以下几种状态：空房、住客房、整理房或走客房、待修房等。

2. 客房预订状况显示系统

客房预订状况显示系统，又称长期状况显示系统。在未使用电脑联网系统的酒店，这一系统通过"客房预订汇总表"及预订情况显示架来显示未来某一时间内，相对某种类型客房的可销售量。

酒店电脑互联网系统，是指用电脑设备系统综合显示客房状态的最先进的一种方法，目前广泛适用于客房数量多、种类复杂，客流量大的大、中型酒店，在总台接待处、总台收银处及客房值班中心配有互联网的电脑终端机，各部门可通过操作终端机来了解、掌握、传递有关客房状况的信息，这不仅加快了互相沟通、联络的速度，更能提高工作效率，避免工作差错。同时，酒店电脑联网系统不仅仅用于显示客房状况，它另具有各种功能以帮助进行客史档案的建立、客账管理、各种表的形成、营业收入汇总等，可用于总台及整个酒店的管理工作。

计算机系统显示客房状况的几种功能：

（1）查找某个房间目前所处的状态。输入该房间的号码及相应的功能键，即可查看到用符号和缩略语表明的该房间的各种基本情况以及目前所处的状态；

（2）按客人的要求查找相应的房间的状态，如客人需要一面朝街景、带有两个卫生间、有大号双人床的套间，可输入相应的关键词及功能键，即可显示出符合上述要求的套间的房号，以及它们目前所处的房态；

（3）按房态种类查找相应的房间，所有房间可根据需要按房态种类排列，并可显示在某一种房态下的房间号码，可统计处于各类房态下的房间数；

（4）显示并打印出即时即刻的客房状态报表。

任务二　了解房价基础知识

　　客房价格,是指宾客住宿一夜所应付的住宿费用,客房价格是酒店经营过程中最为敏感的问题之一,对宾客和酒店都有很大的影响。它是客房商品价值的货币表现,客房收入作为酒店经济收入的主要部分,它决定于一定时间内客房的出租率和每间客房以间/夜计算的房费的乘积。

　　总体上讲,客房价格的高低是由酒店内外两方面因素所决定的。从酒店角度看,房价越高,获利越多,但是,房价又受到同行业竞争的制约,如果酒店盲目制定过高的房价,不顾市场竞争,必然会导致客房出租率的下降,利润也就会相应减少;从宾客的角度看,客房价格越低越好,但客房价格又必须保证能够在抵偿酒店前后台各部门的各项费用支出后略又盈余,否则酒店就可能亏损。此外,客房价格还受到季节、客房出租率、费用支出、优惠政策等多种因素的影响。所以,最优化的客房价格是既能最大限度盈利又能最大限度吸引宾客的价格。

一、房价的特点

(一)时间与空间上的补偿性

　　客房作为一种特殊的商品。它的使用价值在于为消费者提供住宿环境,满足客人物质和精神享受的需要,并通过在一个特定的时间和空间内出租客房的使用权,从而实现其价值。客人要想重复消费就必须重新购买时间和空间的使用权。

(二)客房商品不可储存性

　　一般产品的买卖活动会发生产品的所有权转让,但酒店出租客房、会议室和其他综合服务设施,并同时提供服务,并不发生实物转让。客人买到的只是某一段时间的使用权,而不是所有权。以每晚租金 80 元的酒店客房为例,如果此房全天租不出去,那么这 80 元的价值就无法实现,也就是说,它的价值具有不可储存性,价值实现的机会如果在规定的时间内丧失,便一去不复返。它不像一般的产品那样,一时卖不出去,可以储存起来以后再销售,所以酒店业的行家把客房比喻为"易坏性最大的商品""只有 24 小时寿命的商品"。这就是为什么酒店业普遍以"顾客第一"为经营信条,并在经营时有时甚至以低于成本的价格销售酒店商品而不愿酒店设施闲置的根本原因。

客房商品的服务价值在规定时间内不出售,当天的效用就自然失去,客房当天的服务价值也永远不会实现。客房作为综合性的商品,其基本内涵就是服务,客人消费服务过程与服务员利用客房各种设备为住客服务的过程是统一的,即在时间上是不可分离的,客房商品的价值随时间而消逝。

(三)使用价值的共享性

人们外出旅行就要住宿,就要购买客房商品。从这一意义上讲,客房是人们投宿活动的物质承担者,是满足其生存的基本条件,如果客人要求有舒适或豪华感,就可购买更高价格的高档次客房,因为它可以满足客人更高层次的精神上的享受需要。客房产品具有满足客人生存需要、享受需要和发展需要的共同性,这一特点决定了客房商品价格应具有多样性。

(四)客房价格的易受影响性

新酒店在开业时扔掉钥匙是一种传统惯例,这就意味着酒店永远不会关门,然而酒店业,即使是商务酒店行业也是极具季节性的行业。这个季节性分淡季、旺季、平季,这主要受季节、气候等自然条件和各国休假制度的影响。

客房出租受季节、气候、环境与疾病、战争、恐怖活动及节假日等众多因素的影响,表现为出租率在时间上具有明显的阶段差异,特别是观光型酒店和度假酒店的客房出租率在时间上呈明显的季节差别,不论是商务型消费者还是会议型消费者都会在出游时机上有所选择。

(五)高比例的固定成本

现代酒店客房建筑成本高,一次性投入很大,而经营过程中的阶段性服务耗费相对较少,客房经营中的固定成本比重大,考虑到客房固定成本的负担,在确定客房价格时,必须衡量所定房价能够实现保本点的最低出租率,从而决定客房价格一定要有一个最低价格限度。

二、客房价格构成

在商品经济中,任何商品和劳务都有价格,酒店客房产品定价是市场经营活动中的重要内容,酒店应根据产品特点、成本和市场状况,制定合理的客房价格,客房价格是由客房的成本和利润所构成的。

(一)客房成本

1.固定成本

固定成本是在一定业务范围内不随业务量增减的相对固定成本。无论销售量上升还是下降,固定成本总是不变的,如酒店建筑费用、设备折旧、贷款利息、企业管理费、办公费、差旅费、管理人员工资等都是固定成本。

2.变动成本

变动成本是在一定范围内随销售量的增减而呈正比例增减的那部分成本。如原材料、工人的计件工资、食品成本、客房低值易耗品等。

3.半变动成本

除了固定和变动的成本外,酒店还有一种兼有固定和变动成本的半变动成本。这类成本虽然也随着销售量的升降而增减,但增减与销售量的增减不完全成比例,如燃料和动力费、供水供电空调等。

(二)采购成本对酒店收入的影响

采购一直是酒店经营中成本控制的一个核心部分,大量供应商及社会小贩在酒店采购中扮演着重要的角色。随着电子商务的日渐普及,越来越多的酒店使用互联网来进行日常采购活动。现在,不仅是大大小小的各类供应商纷纷设立自己的网站,开通网上直接交易,吸引酒店采购生意,而且有些全新的网站将这些酒店供应商作为自己的顾客,向他们提供一站即全的全方位电子商务供应服务。有人经几年跟踪分析发现,酒店业用于客房用品的采购额大大高于餐厅用品的采购额。当酒店的营业额增长缓慢时,酒店当然会将盈利的焦点集中在成本控制上。对于那些想争取酒店采购生意的小贩和供应商来说,今后几年,自己出售的物品的质量与服务仍然十分重要,但是要想保证生意的持续发展,降低成本才是关键,才能受到酒店的青睐。

(三)客房利润

客房利润＝营业收入－(成本＋费用＋各种税收)。所谓酒店的营业收入,是指酒店企业在某一时期内,通过提供服务、出售商品或从事其他经营活动所取得的货币收入。它包括出租客房、提供餐饮、出售商品、代办手续及其他服务项目所得的全部收入。对于酒店企业而言,客房和餐饮是其主营业务收入,而其他则属于附属业务收入。

三、客房价格的基本类型

酒店客房的市场交易价格,可以分下列四种基本类型。

(一)公布价

公布价就是在酒店价目表上公布的各种类型的现行价格,也称基本价格、门市价或散客价。根据不同的计价方式,公布房价又可分为下列五种类型。

1.欧式计价

指酒店的客房价格包括房租,不含餐费。国际上大多数酒店采用这一形式,中国的酒店一般也都采用欧式计价。在通常情况下,只要酒店未向客人提供特别的报价,均为欧式计价形式。

2.美式计价

指酒店的客房价格包括房租,以及一日早、午、晚三餐的费用。美式计价形式曾一度被几乎所有的度假酒店采用,但随着交通的发展,旅客的流通性增强,美式计价形式逐渐被淘汰,目前只有少数度假酒店沿用此种形式。

3.修正美式计价

指不仅包括酒店的客房价格,还包括早餐,以及午餐或晚餐的费用。修正美式计价形式也称"半包餐"计价,它既可使客人有较大的自由来安排白天的活动,又能为酒店带来一定的效益。

4.欧陆式计价

指酒店的客房价格包括租价及一份简单的早餐、面包及果汁。欧陆式计价形式也称"床位连早餐"报价,此类报价形式较多地被不设餐厅的汽车旅馆所采用。

5.百慕大计价

指酒店的客房价格包括房租及一顿丰盛的西式早餐。这种计价形式,对商务旅客具有较大吸引力。

(二)追加房价

追加房价是在公布价的基础上,根据客人的住宿情况,另外加收的房费。通常有以下几种情况。

1.白天租用价

客人退房超过了规定时间,酒店将向客人收取白天租用费。许多酒店规定,客人在 12:00 以后,18:00 以前退房,加收半天房费;在 18:00 以后退房,加收一天房费。

2.加床费

指酒店对需要在房内临时加床的客人加收的一种床费。

3.深夜房价

客人在凌晨抵店,酒店将向客人加收一天或半天房费。

4.保留房价

住客短期外出旅行,但需继续保留所住客房的,或预订客人因特殊情况未能及时抵店的,酒店通常要求客人支付为其保留客房的房费,但一般不再加收服务费。

(三)特别房价

特别房价是根据酒店的经营方针或其他理由,对公布价格做出各种折让的价格。酒店日常采用的折让价格有:

1.团队价

团队价是酒店为团队客人提供的数量折扣,该项目在于吸引大批量的客人。

2.家庭租用价

酒店为携带孩子的父母提供的折扣价格,例如给未满六周的儿童提供婴儿小床等,以刺激家庭旅游者。

3.小包价

酒店为有特殊要求的客人提供的一揽子报价,通常包括房租费及餐费、游览费、交通费等项目的费用,以方便客人做好预算。

4.折扣价

酒店向常客(Regular Guest)、长住客(Long-staying Guest)或有特殊身份的客人提供的优惠价格。

5.免费

酒店在互惠互利原则下,给予与酒店有双边关系的客人免费待遇,免费的范围可以包括餐费,也可仅限房费。

(四)合同房价

合同价格又称批发价格,是酒店给予中间商的优惠价。中间商销售酒店的客房要获取销售利润,为此与酒店确定散客和团队的优惠价,使他们在销售酒店产品后有足够的毛利支付销售费用并获得利润。根据中间商的批发量和付款条件,酒店给予不同的数量折扣和付款条件折扣。

四、影响客房定价因素

制定房价是酒店自主的经营活动,可以自由地选择定价目标。但是由于市场环境和酒店内部条件的制约,定价自由度受到一定的限制,合理制定价格应综合考虑影响房价的各种内外部因素。

(一)内部影响因素

经营成本及建筑成本回收是影响客房价格水平的基本因素,比如建筑成本回收期的长短,以及目标利润率的高低,都会对房价的制定产生影响。在进行客房定价时,必须考虑成本水平。

1.投资成本

投资成本是影响客房定价的基本内容。酒店必须在一定时期内,用营业收入抵偿投资成本,并获得较好的收益。尽管酒店的营业项目很多,如餐饮、娱乐、商场等,但是客房收入通常占到酒店总收入的一半以上,投资成本的抵偿主要依靠客房收入。所以,客房价格的制定要考虑关于投资成本的偿付问题。

2.非营业部门费用分摊

非营业部门主要是指酒店的财务部、人力资源部、工程部、公共安全及其他行政保障部门。这些部门在正常的运转中要消耗一定费用,这部分费用支出也要分摊到包括客房在内的各盈利部门的商品销售价格中去。为此,客房价格也要能够抵偿非营业部门的部分费用支出。

3.非营利性服务的支出

酒店的一些服务项目不是直接盈利的,如楼层卫生、客房设备维修等。但这些服务是酒店维持服务水平和经营活动顺利进行所必不可少的,是要投入一定的人力、物力的,这些也需要客房收入予以偿付。在制定客房价格时需要考虑这一点。另外,酒店要为一些特殊客人提供优惠甚至免费住宿,由此导致的客房服务成本增加也要由正常房价来补偿。

4.服务等级标准

在定价过程中,除考虑酒店硬件设施设备的档次以外,还必须要考虑服务质量水平。酒店服务等级标准不同,客房销售价格水平也明显不同,一般来说,等级越高,建筑造价越高,设备越先进,服务项目越齐全,即服务质量高,酒店客房价格也要高些,反之亦然。客人对服务质量的看法往往和价格有一定联系,客人愿意支付的价格是根据他们对某项服务的价值来判断的。对一定质量水平的服务,客人愿意支付的价格是有限度的,如果过高,客人就不会购买;如果过低,酒店就无法盈利,而且会让客人产生低价劣质的印象。

5.酒店所处地区和位置

酒店的地理位置、交通条件不同,能够满足客人的精神和物质需要的程度也就不同。"商业酒店之父"斯塔特勒说:"对任何酒店来说,取得成功的三个根本因素是地点、地点、地点,距离机场、火车站比较近,交通便利的酒店,其房价的制定条件就会有利一些,而位于市郊,远离繁华商业区,交通条件、地理位置等较差的酒店,虽然地价便宜,经营成本低,但由于其对客人的吸引力差,因此房价会相应低一些。"

(二)外部因素

1.市场环境

(1)竞争对手价格影响。竞争对手的价格是酒店制订房价时的重要参考依据。因为在定价过程中,首先要调查本地区同等级、同档次、具有同等竞争力酒店的房价,做到"知己知彼"。

(2)季节性影响。季节性强是旅游业的一大特点。季节直接影响酒店经营的好坏。

2.国际形势和国家政策

(1)社会政治、经济形势影响。旅游经济具有脆弱性,其产品具有不稳定性、波动性。一个稳定、繁荣的社会政治及经济环境对以旅游经济为其重要收入来源的酒店来讲是至关重要的。因此,在客房价格的制订过程中,房价也会受到以上因素的影响。

（2）国际国内形势对制订房价的影响。如全球或区域经济的发展速度减缓、政治局势的动荡、国家或地区间的战争等都会导致旅游业大幅度滑坡，引起酒店客房价格的波动，像美军占领伊拉克使得当地大多数酒店都被迫停业，客人的人身安全难以保证。

（3）行业组织的价格约束。客房房价还要受本地区政府主管部门，以及行业协会等组织和机构对酒店价格政策的约束，例如某地区政府规定所在地区酒店客房价格的最高上限，等等。

当然，制定房价虽然是酒店的自主经营活动，但没有任何国家允许本国酒店100％的自由定价和自由竞争。政府总要以各种方式来干预企业价格的制定，以维护国家的利益，保护本地市场。我国为保护旅游业的正规发展，防止不正当竞争，对各等级酒店规定了最高和最低限度制房价。

3. 汇率变动

汇率是指两国货币之间的比价，即用一国货币单位来表示另一国货币单位的价格。这一变动会直接影响酒店房费的外汇收入水平，在其他因素不变时，如果人民币汇率升值趋势明显，则房价不宜定得过高；反之人民币汇率处于贬值趋势并且幅度较大，则要相应提高房价水平。目前，我国涉外酒店对外报价一般采用美元报价，是为了减少汇率变动所带来的损失。

此外，影响客房定价的因素还包括：

（1）供求关系影响。当供过于求时，酒店业不得不考虑降低价格；当供不应求时，酒店业要考虑适当提高价格。客房商品的价格随供求关系的变化而调整；

（2）客人消费心理认同。客人的消费心理也是进行客房定价时应予以重点考虑的因素，尤其是客人对某一种商品价格能够接受的上限和下限；

（3）投资成本回收期的长短，以及目标利润率的高低，都会对房价的制定产生影响。在进行客房定价时，应考虑成本水平。

总之，制定房价要综合考虑各种因素，并根据这些因素的变化及时调整。而房价的制定与调整应该有一个合理的区间范围，优化的房价应该是在这个区间合理变动，既要满足酒店收入最大化又能最大限度地吸引客人。

📝 **案例评析**

春节海南酒店房价涨 4 倍

印度洋海啸事件后,东南亚海岛游消费群的部分分流让春节海岛游价格迅速"上蹿",记者从旅行社了解到,春节海南五星酒店房价上涨到每晚 2500—3500元,平均涨幅是目前价格的 4 倍,预计当年春节期间海南高星级酒店房价最高每晚可能突破 1 万元。酒店和机票价格的上涨,直接导致春节期间海南双飞团队游价格上涨超过 100%,但火车团价格预计仅比平时涨二成左右。广东中旅营运总监叶汉平告诉记者,海南游得到了因海啸事件而分流的客源,其市场价格因此"水涨船高",据了解,海南游涨价原因无非就是酒店和机票价格的上涨。以亚龙湾为例,现在五星级酒店房价为 500 元一晚,四星级酒店房价为 450 元一晚,而春节期间五星级酒店房价涨到 2500—3500 元一晚。此外,由于今年飞海南航班的增加,酒店资源变得相对紧俏,预计今年春节海南最高房价每晚可能突破 1 万元。

酒店价格在春节的"突飞猛进",加上飞海南团体机票春节升价超过 50%,旅行社表示,正常价格在 1200 元左右的海南 4 天双飞团,春节会涨到 2500 元左右,涨幅超过 1 倍;而现在 1200 多元的三亚 3 天五星自由行,春节视所订酒店不同,价格预计在 3000 元至 7000 元不等。双飞团涨价厉害,但推出火车团海南游的广东铁青就表示,计划在年三十至初三连续开行三趟海南"包列",价格涨幅较平时在二成左右。(摘自《新快报》)

💬 **点 评**

印度洋海啸事件原本是一场天灾,它造成受灾地区旅游业环境效益及旅游者安全和财产的巨大损失,是一件令全世界人民痛心疾首的惨剧。然而旅游业发展的规律使得东南亚海岛消费群的部分客源分流到同样拥有迷人海滩和气候的中国海南,让春节海南旅游价格迅速"上蹿",平均涨幅是目前海南酒店客房价格的 4 倍。春节飞海南航班的增加,酒店客房资源变得更加紧俏。由此可见,酒店客房资源的价格易受综合环境因素的影响,在客房价格的制定上应时时关注酒店外部环境的变化。

任务三　运用客房销售技巧

一、客房销售的程序

前厅部工作内容的一部分是将酒店产品诸如客房、设施、服务项目让客人接受并消费，从而产生收益。前厅部可以依据客人的住店价值，有步骤地进行客房销售。总台员工在工作中既要扮演接待人员的角色，也要扮演销售人员的角色，并在登记过程中穿插这些步骤。酒店要培训员工能通过总台的销售技巧，特别是分房技巧，从本质上提升客房收入。

酒店基于诸如房间装潢、面积大小、房间位置、景色、家具等差异在客房价格上划分级别，总台员工和订房部员工不仅仅是简单的下单员，还应成为专业的销售人员。他们可以用餐厅的侍应生向客人推销额外的食物（如开胃菜、甜品等）的相同方式销售客房。总台员工应该学习如何向客人推销客房、让客人选择客房等有效技巧，这些技巧包括知道怎样和何时在没有压力的方式下向客人推销，及从客人的观点和表达的意愿中指引销售。

提供客房以供选择是订房和入住登记程序的一个关键部分，它要求酒店要有深思熟虑过的计划和培训。虽然销售主要在订房的时候就完成了，但总台对散客有同样的销售机会。一些酒店把向客人提供不止一种的客房以供选择，让客人陈述他们喜爱的房间作为惯例。为了让客人满意地接受客房，总台员工必须知道如何以积极的态度描述酒店的设施和服务。客人可能在关于他（她）能接受或喜爱的客房上提供几种线索，一些可能在订房记录中已经记载，总台员工应该提及客房的自然特征、优惠条例、方便的设施和可提供的房间。客人可能在听完这些陈述后立即做出选择，或者等到总台员工描述完所有的可供选择的客房后再做出选择。

以下列出一些销售客房的建议：

1. 不管从你的声音还是你的面容上，以微笑迎接客人，保持愉悦。时刻记住你在销售酒店和它的服务的同时也在销售自己；

2. 与客人保持眼神的接触；

3.找出客人的名字,在对话中至少称呼客人三次。经常使用礼貌用语,如以先生、小姐称呼客人,用客人的姓,不要直接称呼客人的名字;

4.试图识别出客人的需要,因为这些需要可能在订房过程中没有被识别出来。结合客人的这些需要使之与可提供的房间等相匹配。例如一位在酒店住3～4晚的客人,可能比一位只住一晚的客人更愿意住一间面积大一点的房间或独立的房间;度蜜月或度假的客人可能更愿意住一间有着自然景色的客房;

5.尽可能在客人提出的客房的基础上升档客房销售。首先通过指出房间的特征和优惠,提供一间升级的房间,然后告知房价。如果客人有订房,描述他们的房间和你所说的升级的房间之间的不同之处,如果有两种不同类型的房间提供,说出它们的特征、优惠和两种房间的价格,不要只说出高价钱的房间从而失去顾客;

6.快速完成登记程序;

7.感谢客人,祝愿他们居住愉快。总台员工在客人选择客房后,一般要求客人完成登记表格;当客人正在填写登记表的时候,总台员工可以通过介绍客房特殊特征来强化客人的选择;当登记进入尾声的时候,总台员工应该告诉客人关于酒店营业场所、服务项目和其他设施等情况,大多数客人欣赏这种做法。在客人离开总台前,总台员工应该感谢客人选择酒店和表达祝客人居住愉快的个人意愿。有些酒店规定在客人登记完客房不久,总台员工就要致电客人询问客人对房间的满意程度。

二、客房销售技巧

(一)把握客人的特点

每家酒店都在千方百计地寻求自己的客源,以实现经营目标。前厅服务人员应着重了解本酒店所寻求的客源有什么特点,酒店能为他们提供什么产品,也就是要把握客人的特点进行销售。要把握客人的特点,必须了解客人的年龄、职业、国籍、身份等,然后针对客人的特点,灵活运用销售策略与技巧。

不同类型的客人有不同的特点,对酒店服务也就会有不同的要求。例如,商务客人一般是因公出差,对房价不太计较,而且往返酒店的可能性极大。前厅服务人员应根据其特点,向他们推销环境安静舒适、有宽大的写字台、光线明亮、办公设备齐全、便于会客、价格较高的客房或商务套房。有些酒店还在向商务客人推销的客房中提供包括免费早餐、饮料，以及免费洗衣等的项目。另外，对商务客人而言，他们工作是不分淡旺季的，前厅服务人员在经营旺季时，应注意为这类客人留有一定数量的房间。若商务客人对酒店的服务感到满意，他们很可能成为酒店的常客；对于度假旅游的客人，应向他们推荐景色优美、价格适中的客房；向度蜜月的新婚夫妇推荐安静、不易受到干扰的大床间；向老年客人或行动不便的客人推荐靠近电梯、餐厅的客房等。只有通过细致入微的观察和认真的分析，才能抓住客人的心理，使销售工作更具有针对性，为酒店争取更多的客源。

更多精彩：旅游者的气质类型

（二）突出客房商品的价值

在销售客房商品的过程中，接待员要强调客房的使用价值，而不仅仅是价格，因为客人购买的就是客房的价值。但是客房价值的大小是通过价格体现出来的，只有价格与价值相对平衡时，客人才会认为物有所值。客房的价值必须经过服务人员宣传，客人才能理解与乐于接受。例如，在与客人洽谈的过程中不能简单地说："一间 300 元的客房，您要不要？"而应该根据客人及客房的特点，在推销时适当地进行描述。例如：刚装修过的、具有民族特色、能看到美妙景色的、十分安静而又豪华舒适的、最大的而又在顶层的房间等。

除了介绍客房的自然状况特点，还应该强调客房为客人本身带来的好处。例如："孩子与您同住一套连通房，您可以不必为他担心。""由于这间房间很安静，您可以好好休息，不受干扰。""这间客房最适合您了，这将方便您与其他人联系。"只有证实了客人的特殊需要，才有可能强调客房的特点。

在没有认真地介绍客房前，不要急于报价。下面是两个报价的例子，可做参考："在六楼有一间最近才装修过的客房，房间临江，很安静，便于工作和休息，而且离电梯也不远，它的价格是 500 元。""恰好有一间您所希望的大床间，在这个客房内可以看到美妙的风景，行李员会帮您把一切都安顿好的，这个客房的价格只有 300 元。"报价后，如有可能，还应介绍可提供的服务项目，例如："这个房价包括两份早餐、服务费、一杯由酒吧提供的免费饮料。"这种将价格放在所提供的服务项目中的"三明治"式报价方式，能起到减弱价格分量的作用。

在通常情况下，等级越高、质量越好的房间，其价格也就越高。如果把价格与价值比作天平的左右两端，卖方与买方各撑一端，当价格一头砝码重（价格高）的时候，服务人员应充分运用语言艺术，使另一头砝码的分量（价值）加重，使两端保持基本平衡，促成双方成交，这就是"加码技巧"的运用。

总之，强调客房的价值，回答客人希望了解的关键问题：付了这个价钱，能得到什么；这间房是否值这个价钱。在介绍客房过程中，任何不切实际的夸张或错误的介绍都应坚决避免，因为客人会很快地发现所有不实之处，从而产生上当受骗的感觉。

(三)针对性地为客人提供价格选择的范围，给客人进行比较的机会

许多酒店的接待员在向客人介绍客房时，为客人提供一个可选择的价格范围。如果客人没有具体说明需要哪种类型的客房，前厅服务人员可根据客人的特点，有针对性地推荐几种价格不同的房间，以供客人选择。如果只推荐一种客房，就会使客人失去比较的机会。推出的价格范围应考虑到客人的特点，一般来说，由较高价到较低价比较适宜。例如，"靠近湖边、新装修的客房是500元""进出方便、别墅式的客房是400元""环境安静、景色优美、在四楼的客房是300元"。然后问客人："您喜欢哪一种?"除了客人已指定客房情况，由高价向低价报，往往能够使多数客人选择前几种较高价格的客房，至少，客人有可能选择中间价格，因为人们往往避免走极端。推荐的价格以两种为宜，最多不能超过三种，因为价格种类太多，客人不易记住。

在洽谈房价的过程中，前厅人员的责任是引导客人，帮助客人进行选择，而不应硬性推销，以致得不偿失。客人可能会因不喜欢某类客房或价格过高而找托词。前厅人员不要坚持为自己的观点辩护，更不能贬低客人的意见，对客人的选择要表示赞同与支持，要使客人感到自己的选择是正确的，即使他选择了一间最便宜的客房。

✎ **案例评析**

一日，李先生老家来了一位远房亲戚，酒足饭饱后，天色已晚，于是带亲戚来到一家酒店。接待小姐一见面便主动、热情、如数家珍般地向他们介绍了酒店的双人套房、豪华套房和单人套房,房价分别是 898 元、768 元和 568 元。接待小姐只介绍了高价房,唯独没介绍普通房,可能这是她高明的促销手段吧。李先生身上只带有三百多元钱,可是临时退缩,那该多难看。无奈之下,李先生只好要了间单人套房,他先让亲戚上了电梯,随即他返回大堂,向大堂经理求援,好在大堂经理同意将他的工作证押在收银处,次日一早再来结账;同时他向经理反映了这个接待小姐的欠妥之处。据说后来李先生成了那位小姐嘴中的"苛刻客人",李先生心里则暗想:下次再不去那家酒店。

点　评

顾客类型多种多样,经济条件也各不相同。顾客群体里,既有达官贵人、外国朋友,也有普通百姓,作为服务人员光有微笑热情是不够的,还应善于区分消费对象。促销意识要贴近每一位顾客的实际情况,并善于察言观色,凭借敏锐的职业眼光揣测对方的接待规格,或者直接将酒店的高中低档客房一一介绍给客人,这样顾客也有一个退身之步,以免出现尴尬场面。

试想,如果那家酒店的服务小姐或管理者能够充分意识到这种做法的不足,以积极的态度去认真对待与剖析这种"苛刻"的深远意义,在今后的工作中改进服务方式,增强服务语言的灵活性与艺术性,那将会赢得更多的各个阶层的顾客。因此,"苛刻"并非坏事,而是一个酒店的"医生","病"消了,企业自然朝着健康向上的方向发展。

(四)坚持正面介绍以引导客人

前厅人员在向客人介绍客房时,应坚持采用正面的说法,要着重介绍各类客房的特点、优势,以及给客人带来的方便和好处,不要做不利的比较。例如,酒店只剩下一间客房时应该说:"您运气真好,我们恰好还有一间漂亮的标准间。"不能说:"很不幸,这是最后一间房间了。"应该问:"您在这里住多久?"而不应该问:"是不是只住一晚?"在销售客房的过程中,要把客人的利益放在第一位,以不影响客人的利益为前提,宁可销售价格较低的客房,也要使客人满意。如果客人感到他们是在被迫的情况下才接受高价客房的,那么虽然这次得到了较多的收入,却失去了今后可能得到的更多的收入,因为只有满意的客人才会成为回头客人。

(五)针对特殊客人的销售技巧

1.对"优柔寡断"客人的推销技巧

有些客人,尤其是初次住店的客人,可能在听完接待员对客房的介绍后,仍然不能做出决定。在这种情况下,接待员应对他们加倍关注和耐心,认真分析客人的需求心理,设法消除客人的各种疑虑,任何忽视、冷淡与不耐烦的表现都将导致客房销售工作的失败。在与犹豫不决的客人洽谈时,前厅服务人员应注意观察客人的表情,设法理解客人的意图。可以用提问的方式了解客人的特点及喜好,然后有针对性地向客人介绍各类客房的优点。也可以运用语言和行动促使客人下决心,如递上住宿登记表说"这样吧,您先登记一下……"或者"要不您先住下,如果您不满意,明天再给您调换房间"等。如果客人仍然保持沉默或犹豫不决,可以建议客人在服务人员的陪同下,实地参观几种类型的客房,使客人增强对房间的感性认识。如果使用的方法恰当,便可灵活机动地开展销售工作,这也是常见的一种方法。要在推销的同时介绍酒店周围的环境,增强感染力和诱惑力。熟悉酒店的各项服务内容,附加的小利益往往起到较好的促销作用。

2.对"价格敏感"客人的销售技巧

总台员工在报价时一定要注意积极描述住宿条件。提供给客人一个选择价格的范围,要运用灵活的语言描述高价房的设施优点。描述不同类型的客房时,要对客人解释说明客房的设施特点。熟悉本酒店的特殊价格政策,认真了解价格敏感型客人的背景和要求,采取不同的销售手段,给予相应的折扣,争取客人住店。

3.工作繁忙时的销售

由于团队客人和外地客人的到店时间比较集中,往往会出现客人排长队的现象,客人会表现出不耐烦。这时就需要总台员工做好入住高峰前的接待准备,了解会议及团队到店时间,做好其他准备工作,以减少客人办理入住手续的等候时间,同时也应注意房态,确保无误。入住高峰时,要确保手头有足够的登记所需的文具用品,保证工作有序完成;可选派专人指引,帮助客人办理入住登记,以缩短客人的等候时间;按"先到先服务"原则,认真接待好每一位客人,做到忙而不乱。

(六)客房报价技巧

接待员必须了解自己酒店所销售的产品和服务的特点及销售对象。其中,掌握对客报价的方法和推销技巧是做好销售工作的重要前提。所以,不断地研究总结和运用这些方法和技巧,已成为销售工作取胜的一个重要环节。对客报价是酒店为扩大自身产品的销售,运用口头描述技巧,引起客人的购买欲望,借以扩大销售的一种推销方法,其中包含着推销技巧、语言艺术、职业品德等内容。在实际推销中非常讲究报价的针对性,只有采取不同的报价方法,才能达到销售的最佳效果。掌握报价方法,是搞好推销工作的一项基本功。以下是酒店常见的几种报价方法。

1.高低趋向报价

这是针对讲究身份、地位的客人设计的,以最大限度地提高客房的利润率。这种报价法首先向客人报出酒店的最高房价,让客人了解酒店所提供房价及与其相配的环境和设施,当客人对此不感兴趣时再转向销售较低价格的客房。高价伴随的是高级享受,接待员要善于运用语言技巧打动客人,促使客人做出购买决策。

2.低高趋向报价

这种报价法可以吸引那些对房间价格进行过比较的客人,能够为酒店带来广阔的客源市场,有利于发挥酒店的竞争优势。

3.交叉排列报价法

这种报价法是将酒店所有现行价格按一定排列顺序提供给客人,即先报最低价格再报最高价格,最后报中间价格,让客人有选择适中价格的机会。这样,酒店既坚持了明码标价,又方便客人在整个房价体系中自由选择,也能增加酒店出租高价格客房的机会,获得更多的收益。

4.选择性报价

采用此类报价法要求总台接待人员善于辨别客人的支付能力,能客观地按照客人的举动和需要,选择提供适当的房价范围。一般报价不能超过两种,以体现报价的准确性,避免客人选择客房时犹豫不决。

5.利益引诱报价

这是一种对已预订一般房间的客人,采取给予一定附加利益的方法,使他们放弃原预订客房,转向购买高一档次价格的客房。

6."冲击式"报价

先报出房间价格,再介绍客房所提供的服务设施和服务项目等。这种方式比较适合推销价格较低的房间,以低价打动客人。

7."鱼尾式"报价

先介绍客房所提供的服务设施和服务项目及特点,最后报出房价,突出客房物有所值,以减弱价格对客人的影响。这种方式比较适合中档客房。

8."三明治"报价

又称"夹心式"报价。此类报价是将价格置于所提供的服务项目中,以减弱直观价格的分量,增加客人购买的可能性。此类报价一般由总台接待人员用口头语言进行描述性报价,强调提供的服务项目是适合客人的,但不能介绍太多,要恰如其分。这种方式比较适合推销中、高档客房,可以针对消费水平高、有一定地位和声望的客人。

9.灵活报价

灵活的报价是根据酒店的现行价格和规定的价格浮动幅度,将价格灵活地报给客人的一种方法。报价一般由酒店的主管部门规定,根据酒店的实际情况在一定价格范围内适当浮动,灵活报价,调节客人的需求,使客房出租率和经济效益达到理想水平。

综上所述,尽管接待员的报价方法很多,有些方法甚至相互对立,然而在酒店的经营实践中,由高至低进行报价仍然是较科学而实用的。无论是提供选择余地,先推销高价客房,还是报明所有房价,推销高价客房,都遵循由高至低的原则。我国大多数酒店都属于明码标价,在此基础上必须坚持从高到低

更多精彩:客房报价技巧

推销客房的方法,才能使高价或较高价格客房首先出租。推销客房需要大量的思

考和实践。接待员应该在开房时注意观察客人的心理活动和反应。只有用热忱态度及对客房艺术性的描述语言和适当的报价技巧,才能顺利完成推销高价客房的任务。

知识链接

前厅销售注意事项

1.仪表仪态要端正,要表现高雅的风度和姿态。礼貌用语问候每位客人,举止行为要恰当、自然、诚恳。善于用眼神和客人交流;要表现出热情和真挚,面部常带微笑。

2.了解自己酒店所销售的产品和服务的特点及销售对象。

3.了解酒店所有餐厅、酒吧、娱乐场所等各营业场所及公共区域的营业时间与地点。

4.回答问题要简单、明了、恰当,不要夸张宣传住宿条件。

5.不要贬低客人,要耐心地向客人解释问题。

6.积极处理反对。任何反对都是正常的,关键在于把反对变成购买的理由。对待顾客,要有信心和耐心,不要用争辩的方式。

7.学会感谢客人,祝愿他们住店愉快。前台员工在客人选择客房后,一般要求客人完成登记表格,当客人正在填写登记表的时候,前台员工可以通过介绍客房的特殊特征强化客人的选择。当登记进入尾声的时候,前台员工应该告诉客人关于酒店的营业场所、服务和其他设施,大多数客人欣赏这种做法。

三、前厅议价推销的几种方法

(一)产品优点法

所谓一分钱一分货,高质即高价。对于一名新入住宾客而言,是不能一下就认识到酒店产品的优点的,而价格却一目了然。在接待过程中,经常听到这样的抱怨:"太高了,能不能打折?"在此情况下,接待员要向宾客指出为其提供产品售价高的理由,讲清价高的原因。例如:理想的位置、新颖的装潢、优雅的环境、美丽的外景、宽敞的房间等。尽可能多地向客人介绍本店的优点和独到之处,以化解客人心里的价格障碍,进而为企业创造最佳的盈利机会。

(二)客人受益法

总台员工要将价格转化为能给客人带来的益处和满足,对客人进行启迪和引导,促进其购买行为。例如,一位接待员遇到一位因价高而犹豫不决的客人时,是这样讲的:"此房间床垫、枕头具有保健功能,在让您充分休息的同时,还起到预防疾病的作用。"又如另一位接待员是这样讲的:"这房间价格听起来高了点,但配有冲浪浴设备,您不想体验一下吗?"强调"客人受益",强化了客人对产品价值的理解程度,从而提高其愿意支付的价格限度。

(三)比较优势法

当酒店的供给价格与客人的需求价格产生不符时,接待员不妨采用"比较优势"来化解客人的价格异议,即以自己产品的长处去与同类产品的短处相比较,使本店产品的优势更加突出。例如,一个客人提出本店价格比其他酒店贵的时候,接待员可这样回答:"第一,我店的设施是本地区最新的;第二,可以收看多套国外卫星节目;第三,房间内具有上网功能。"

(四)价格分解法

价格作为敏感性因素,总台员工在推销时要将价格进行分解。如某类房间的价格是 580 元,报价时可将 80 元免费双早分解出来,告诉客人房价实际是 500 元;假如房费内包含免费洗衣或免费健身等其他免费项目,同样也可以分解出来。"付出总有回报",相信"价格分解"能更好地打动客人。

(五)限定折扣法

俗话说"吃饭穿衣,各取所需""萝卜白菜,各取所爱",限定折扣是一种"曲线求利"的办法。接待员在做到充分了解客人购买目的的基础上可限时、限地、限量给予适当折扣。如一位接待员在了解到客人不太注重房间位置时说:"我酒店有一间角边房,如果您不介意,我可以给您申请七折。"另一位接待员在了解到客人可提前退房时说:"如果您能在明早八点钟退房的话,可以给您打八折。"

(六)适当让步法

由于酒店产品越来越强的议价特点,所以价格因不同客人而异已成为十分正常的现象。对于确实无法承受门市价格的客人,适当给予优惠也是适应市场、适应竞争的重要手段。"该出手时就出手",以免出现客人投入竞争对手怀抱的现象,但做出的让步要在授权范围内进行。

思考与训练

◇阅读思考

1.解释下列概念:"冲击式"报价、"鱼尾式"报价、"夹心式"报价。

2.客房状态通常有哪几种?

3.总台员工应该掌握哪些销售艺术与技巧?

4.如何针对"优柔寡断"型客人进行客房销售?

◇能力训练

名称:前厅销售技巧训练。

目的:灵活运用前厅销售策略和技巧。

内容:1.模拟商务客人、旅游散客、新婚夫妻等不同身份客人前来住店场景,进行酒店产品销售;

2.将学生每6—8人划分成一个团队,每队中两人形成一个训练小组;

3.每小组自行设计出模拟销售的情景对话;

4.每小组组员分别模拟客人和前台接待员进行练习,然后模拟角色进行互换后再练习。

◇案例分析

某日,我国一位香港常客来到某酒店总台要求住房。接待员小郑见是常客,便给他9折优惠。客人还是不满意,他要求酒店再多些折扣。这时正是旅游旺季,酒店的客房出租率甚高,小郑不愿意在黄金季节轻易给客人让更多的利,这位客人便提出要见经理。

其实,酒店授权给总台接待员的卖房折扣不止9折,小郑原可以把房价再下浮一点,但他没有马上答应客人。一则,他不希望客人产生如下想法:酒店客房出租情况不妙,客人可以随便还价;二则,他不希望给客人留下这样的印象:接待员原本可以再多打一些折扣,但不愿给,只是客人一再坚持才无可奈何地退让,这会使客人认为酒店员工处理问题不老实;三则,客人也许是想通过前厅经理的再一次优惠让自己获得一份尊重。小郑脑中闪过这些想法后,同意到后台找经理请示。他请该客人先在沙发上休息片刻。

数分钟后,小郑满面春风地回到总台,对客人说:"我向经理汇报了您的要求。他听说您是我店常客,尽管我们这几天出租率很高,但还是同意再给您 5 美元的优惠,并要我致意,感谢您多次光临我店。"小郑稍作停顿后又说:"这是我们经理给常客的特殊价格,不知您觉得如何?"

客人计算一下,5 美元相当于 0.5 折,这样他实际得到的优惠折扣便是 8.5 折,已经是很给面子了。客人连连点头,很快便递上证件办理入住手续了。

问题:谈谈如何树立一线员工的促销意识。

模块七　商务中心服务

学习目标

知识目标

■ 了解商务中心主要服务项目

■ 熟悉商务中心各项商务服务的程序和规范

■ 认识商务中心的未来发展趋势

能力目标

◎ 能按照规定的流程为客人提供各项服务

◎ 能使用商务中心主要设施设备

✋**案例导读**

　　某五星级酒店一位经商的住客弗兰克先生,一天下午 14:45 来到商务中心,告诉早班服务员陈小姐 15:15 将有一份发给他的加急传真,请收到后立即派人送到他房间或通知他来商务中心领取。15:15,这份传真发到了商务中心。15:10,中班小张已经上班,15:15,早班陈小姐正向小张交代刚接收到的一份紧急文件的打印要求,并告诉她有一份传真要立即给客人送去,然后按时下班。恰巧在这时,有一位商务客人手持一份急用的重要资料要求打印,并向张小姐交代打印要求;此时又有一位早上打印过资料的客人因为对打印质量不满而向小张交代修改要求。忙乱之中,小张在 15:40 才通知行李员把传真给弗兰克先生送去。弗兰克先生拒绝收传真。他手指传真说,因为酒店商务中心延误了他的传真,使他损失了一大笔生意,并立即向大堂副理吴先生投诉。大堂副理吴先生看到发来的传真,内容是:如果下午 15:30 没有收到弗兰克先生发回的传真,就视作弗兰克不同意双方上次谈妥的条件而中止这次交易,另找买主。弗兰克自称为此损失了 3 万美元的利润,要求酒店要么赔偿他的损失,要么开除责任人。

🕐**思　考**

1.你认为酒店商务中心的主要功能是什么?

2.面对案例中的情况,你会怎么处理?

任务一　认知商务中心

一、商务中心服务内容

酒店的商务中心其实就是客人的秘书,除了提供常规的复印、传真、订票、打字等服务,还帮助商务客人解决各种问题,包括在外地订酒店、联系导游、翻译,等等。

商务中心须配备的主要设备及用品有中英文处理机、打印机、传真机、打字机、电脑、装订机、塑封机、口述录音机、电视、电话、影视设备、投影仪及屏幕、摄像机,以及其他的办公用品等。

二、商务中心岗位职责与工作内容

(一)商务中心领班

1. 岗位职责

以身作则,带领员工提供优质服务。制定本岗位规章制度,完善操作程序,做好员工绩效考核和评估。积极引导员工团结进取,使工作达到酒店规定标准。完成经理委派的各项任务。

2. 工作内容

(1)参加经理主持的部门会议,并及时传达会议内容。
(2)制定岗位培训计划,使员工业务技能不断提高。
(3)每周领用、下单采购商务中心各种对客服务用品。
(4)统计营业收入,并做每周、每年工作总结。
(5)合理安排员工班次。

(6)岗位督导并重点参与对客服务。

(7)每日进行工作检查。

(二)商务中心文员

1.岗位职责

商务中心文员是为客人提供复印、打字、传真、电话、票务、扫描、装订、上网等商务服务,尽力为客人解决各种商务需求,并确保各种设备运作正常的人员。

2.工作内容

(1)提前 5 分钟到岗,签到并阅读交班本及发文等内容,熟悉酒店最新情况,了解并落实上一班移交的事项。

(2)检查电脑、资料、磁盘、机器等设备和物品状况是否正常。

(3)了解当日店内大型活动、VIP 情况。

(4)为客人办理各种商务服务,如接发传真、文字处理、复印资料、预订机票等。

(5)为旅客提供各种票务服务,如问讯、预订、退票、取消、签转、确认、处理航班延误、航班取消等业务。

(6)做好柜台销售和台账工作,及时将各式单据根据要求送达有关结算部门,做到账账相符、账证相符、账款相符。

(7)进行日常卫生清洁。

(8)统计营业收入,填写相关报表。

任务二 了解商务中心服务程序与标准

一、接听电话

程 序	标 准
接听电话	(1)必须在铃响三声内接听。 (2)使用双语报部门,如"Business center,您好,商务中心"。 (3)礼貌问候客人。 (4)准备好纸、笔,按需记录时间、对象、事件。 (5)接听电话须在3分钟内进行,礼貌用语,避免专业术语。 (6)通话结束后,和客人说结束语,待对方挂机后再挂机。

二、收、发传真

程 序	标 准
1.接收传真	(1)收到传真后检查传真字迹是否清晰、传真件是否齐全。 (2)传真上有房号的,按房号核对是否与客人姓名一致,如传真上只标明客人姓名的,根据姓名查询房号;如果未查到客人的信息,则将该传真记录后放入传真储架,注明检查日期并签名。 (3)收到传真后,立即与客人联系,客人在房间则立即通知行李员送上房间;如客人不在房间,则写留言待客人回房后再送上房间。 (4)根据商务中心收传真的收费标准收取客人费用,如客人挂房账,核对好姓名后请客人签字。 (5)客人离开时应起立、微笑、点头向客人道别:"先生/女士/小姐,再见。" (6)客人离开后,做好相关业务记录。

程　序	标　准
2.发送传真	(1)热情地迎接客人。当客人走进商务中心时,当值员工应目视客人,微笑并起立向客人致意:"早上/下午/晚上好,先生/女士。" (2)当接待员在忙碌时: 　　a.接待员在接听电话时,应注视客人并点头微笑,示意客人在休息处等候; 　　b.接待员正在接待其他客人时,应向客人微笑:"对不起,先生/女士,请稍候。" (3)与客人核对传真内容,仔细检查传真内容是否清晰,并向客人复述传真号码、接收人姓名等,客人认可后再发。 (4)发送传真时,按照客人填写的传真号码发送传真,发完传真后,报告单上显示未成功,则免费为客人重新发送;如报告单上显示发送成功,而对方却未收到或不清晰,则告诉客人是对方传真机的原因,再发送则要另外收费。 (5)结账时根据商务中心传真收费标准收取客人的费用,如果客人挂房账,核对好姓名和房号后请客人签字。 (6)客人离开时应起立、微笑、点头向客人道别:"先生/女士/小姐,再见。" (7)客人离开后,做好相关业务记录。

三、打印

程　序	标　准
1.迎接客人	(1)热情地迎接客人,当客人走进商务中心时,当值员工应目视客人,微笑并起立向客人致意:"早上/下午/晚上好,先生/女士。" (2)当接待员在忙碌时: 　　a.接待员在接听电话时,应注视客人并点头微笑,示意客人在休息处等候; 　　b.接待员正在接待其他客人时,应向客人微笑:"对不起,先生/女士,请稍候。"
2.文字处理	(1)了解客人打印需求,告诉相关收费标准。 (2)与客人核对需打印的稿件,礼貌地询问客人房号、姓名,有无特殊要求,大致检查稿件内容,不明之处马上提出并立刻纠正。 (3)按要求打印稿件,完毕后根据原稿核对一次打印内容,核对无误后,根据客人要求将核对好的稿件打印出来,装订好后交给客人。 (4)打印完毕后,根据收费标准告知客人价格并问清客人付款方式,如果客人挂房账,核对好姓名和房号后请客人签字。
3.送客人	(1)客人离开时应起立、微笑、点头向客人道别:"先生/女士/小姐,再见。" (2)客人离开后,做好相关业务记录。

四、复印

程　序	标　准
1.迎接客人	(1)热情地迎接客人,当客人走进商务中心时,当值员工应目视客人,微笑并起立向客人致意:"早上/下午/晚上好,先生/女士。" (2)当接待员在忙碌时: 　a.接待员在接听电话时,应注视客人并点头微笑,示意客人在休息处等候; 　b.接待员正在接待其他客人时,应向客人微笑:"对不起,先生/女士,请稍候。"
2.复印	(1)检查客人稿件是否清晰,并礼貌地向客人示意相关费用,征询复印要求。 (2)调试好机器,按客人要求复印稿件,先印一张征询客人复印效果,同意后才全部复印。 (3)将已复印好的复印件按原件顺序装订好后与原件一起交给客人。 (4)复印完毕后,根据收费标准告知客人价格并问清客人付款方式,如果客人挂房账,核对好姓名和房号后请客人签字。
3.送客人	(1)客人离开时应起立、微笑、点头向客人道别:"先生/女士/小姐,再见。" (2)客人离开后,做好相关业务记录。

案例评析

怀特先生拿着一份密密麻麻的才整理好的数据单匆忙来到酒店商务中心,还有一刻钟总公司就要拿这些数据与美国比特公司谈笔生意。"请马上将这份文件传去美国,号码是×××××××。"怀特先生一到商务中心就赶紧将数据单交给服务员要求传真。服务员一见怀特先生的紧张样,拿过传真件便往传真机上放,通过熟练的程序,很快将数据单传真过去,而且传真机打出报告单为"OK"!怀特先生直舒一口气,一切搞定。

第二天,商务中心刚开始营业,怀特先生便气冲冲地赶到,开口便骂:"你们酒店是什么传真机,昨天传出的这份文件一片模糊,一个字也看不清。"服务员接过怀特手中的原件,只见传真件上写满了蚂蚁大小的数据,但能看清。而酒店的传真机一直是好的,昨天一连发出二十多份传真件都没有问题,为什么怀特先生的传真件会是这样的呢?

点　评

对于一些字体小、行间距太小的文件,客人要求传真时,服务员一定要注意提醒客人,再清晰的传真机也传不清楚此类的文件,所以商务中心服务员对每份将要传真的文件要大体看一下。如有此类情况应当首先提醒客人,可以采取放大复印再传出的办法来避免传真件模糊不清。同时,要将传真机调至超清晰的位置,尽量放慢传真的速度,以提高其清晰度。如果服务员注重了细节,事先查看了传真件,相信一个不必要的投诉就可以避免。

五、电话

程　序	标　准
1. 迎接客人	(1)热情地迎接客人,当客人走进商务中心时,当值员工应目视客人,微笑并起立向客人致意:"早上/下午/晚上好,先生/女士。" (2)当接待员在忙碌时: 　a.接待员在接听电话时,应注视客人并点头微笑,示意客人在休息处等候; 　b.接待员正在接待其他客人时,应向客人微笑:"对不起,先生/女士,请稍候。"
2. 使用话机	(1)礼貌询问客人电话拨向何地,并告诉客人每分钟收费标准,为其介绍话机使用方法。 (2)客人使用完电话后,按计碍器显示收费。 (3)通话完毕后,问清客人付款方式,如果客人挂房账,核对好姓名和房号后请客人签字。
3. 送客人	(1)客人离开时应起立、微笑、点头向客人道别:"先生/女士/小姐,再见。" (2)客人离开后,做好相关业务记录。

六、扫描

程　序	标　准
1.迎接客人	(1)热情地迎接客人,当客人走进商务中心时,当值员工应目视客人,微笑并起立向客人致意:"早上/下午/晚上好,先生/女士。" (2)当接待员在忙碌时: 　a.接待员在接听电话时,应注视客人并点头微笑,示意客人在休息处等候; 　b.接待员正在接待其他客人时,应向客人微笑:"对不起,先生/女士,请稍候。"
2.扫　描	(1)告知客人扫描的收费标准,检查客人的原稿件内容字迹是否清晰,如不清晰要提前告诉客人相应的扫描效果。 (2)与客人确认要扫描的文件的页数。 (3)打开扫描仪正确进行扫描、存盘。 (4)扫描完成后,根据收费标准告知客人价格并问清客人付款方式,如果客人挂房账,核对好姓名和房号后请客人签字。
3.送客人	(1)客人离开时应起立、微笑、点头向客人道别:"先生/女士/小姐,再见。" (2)客人离开后,做好相关业务记录。

七、上网

程　序	标　准
1.迎接客人	(1)热情地迎接客人,当客人走进商务中心时,当值员工应目视客人,微笑并起立向客人致意:"早上/下午/晚上好,先生/女士。" (2)当接待员在忙碌时: 　a.接待员在接听电话时,应注视客人并点头微笑,示意客人在休息处等候; 　b.接待员正在接待其他客人时,应向客人微笑:"对不起,先生/女士,请稍候。"
2.开通网络系统	(1)告知客人上网的收费标准。 (2)为客人登录账号、密码,并记录上网起止时间。 (3)客人使用完毕后,注销账号,按使用时间收费。 (4)问清客人付款方式,如果客人挂房账,核对好姓名和房号后请客人签字。
3.送客人	(1)客人离开时应起立、微笑、点头向客人道别:"先生/女士/小姐,再见。" (2)客人离开后,做好相关业务记录。

八、快递

程　序	标　准
1.迎接客人	(1)热情地迎接客人,当客人走进商务中心时,当值员工应目视客人,微笑并起立向客人致意:"早上/下午/晚上好,先生/女士。" (2)当接待员在忙碌时: 　a.接待员在接听电话时,应注视客人并点头微笑,示意客人在休息处等候; 　b.接待员正在接待其他客人时,应向客人微笑:"对不起,先生/女士,请稍候。"
2.EMS 服务	(1)了解客人所寄物品、重量、寄往何地等信息,并告诉客人收费标准。 (2)请客人正确填写快递单,并根据收费标准收取客人费用。 (3)填写好邮局发票,连同快递单寄件人联一起交给客人。
3.送客人	(1)客人离开时应起立、微笑、点头向客人道别:"先生/女士/小姐,再见。" (2)客人离开后,做好相关业务记录。

九、电话咨询、购买机票

程　序	标　准
1.迎接客人	(1)热情地迎接客人,当客人走进商务中心时,当值员工应目视客人,微笑并起立向客人致意:"早上/下午/晚上好,先生/女士。" (2)当接待员在忙碌时: 　a.接待员在接听电话时,应注视客人并点头微笑,示意客人在休息处等候; 　b.接待员正在接待其他客人时,应向客人微笑:"对不起,先生/女士,请稍候。" (3)当客人致电商务中心询问时,在电话响铃三声之内接听电话,礼貌问好。

程 序	标 准
2. 查询、购票	(1) 热情礼貌地询问客人订票需求细节,如航班线路、日期、价格、机型、特殊要求等;为客人提供各种信息,做客人的出行决策参谋。 (2) 快捷通过电脑查询票源情况,如客人所期望的航班已无票源,要向客人致歉,委婉解释,并征询客人意见,明确是否延期或更改航班。 (3) 在客人选择好航班后,请客人填写旅客购票单,如果客人填写时有不清楚之处,立即向客人解释和介绍。如果客人是致电询问、订票的,则仔细聆听旅客的订票要求,并做好记录。 (4) 客人递回已填写的旅客购票单时,向客人致谢。 (5) 迅速、仔细检查旅客购票单内容核对,礼貌地请客人出示有关证明、有效证件,与旅客购票单内容进行核对: 　　a. 对客人有效身份证的期限、姓名等查阅要准确、迅速; 　　b. 检查旅客购票单时发现有未尽事宜或失误之处,如客人没有留电话,名字不对,日期、航班写错等,要礼貌地请客人补充或更改。 (6) 退还客人所有的证件,向客人致谢。 (7) 礼貌地请客人支付所需费用,当面仔细清点核收,讲明收多少钱、该找补多少钱。注:应先收人费用,再出票;如客人需要刷卡,则要向客人说明要等机票送到后才能刷卡。 (8) 致电协议出票单位订票,确认送票时间,并告知客人。 (9) 请客人回房休息,并告知客人:在机票送到后我们会第一时间通知客人来取机票或请行李员送到房间。 (9) 机票送到后再仔细检查一遍,确认有关的信息,分清、撕好票联,将机票装袋。 (10) 请客人自己再检查确认一遍,提醒客人飞机起飞时间及注意事项等。
3. 送客人	(1) a. 当客人致电询问时:客人咨询完毕后,使用敬语向客人道别,并待客人挂断电话后再放下电话。 　　b. 当客人来到商务中心询问时:客人离开时应起立、微笑、点头向客人道别:"先生/女士/小姐,再见。"并起身目送客人离开。 (2) 客人离开后,做好相关业务记录。

案例评析

下午 16:00,大堂副理小周处理完投诉后回到大堂,总台有人告诉她,大堂吧有一位姓郭的客人一直在等她,说是一定要见大堂副理。小周立即迎了上去,郭先生非常生气地说,他前天入住时在商务中心订了 3 张今天下午 15:26 回上海的火车票。酒店昨天把票交给他,他未查验,直到今天下午去火车站,才发现酒店给他订的是昨天下午 15:26 的车票,他要求酒店赔偿损失。由于酒店本身并没有票务人员,均是委托中旅票务中心代订,如果确定是中旅出的差错,那么损失就得由他们承担。小周请郭先生先别着急,在大堂休息片刻。她马上着手调查此事。她找到商务中心的小郑,恰好前天当班的也是小郑。小郑说记得那天的情景,然而究竟订的是哪天的票,她记不清楚了。小周要求小郑立即将订票的存根联找出来,一查就会明白真相,谁知小郑找了半天却说找不到了。郭先生急着赶回上海,此情况下已经没有时间再查下去。试问,小周这时应当如何处理呢?

点　评

小周可以采用以下方法:

1. 与中旅票务中心联系,说明此事的经过,要求中旅票务中心处理此事。旅行社票务中心常常会有求于酒店,双方合作关系较好时票务中心也许会承担此事的责任,故此方法可行,但可能要耽误客人的一些时间;

2. 在无法查清责任的情况下,让商务中心的当事人承担损失,让她花钱买教训,避免同类事情再次发生。这样做严惩了员工,但是并没有彻底解决问题;

3. 委婉地向客人解释,订票委托单已经由客人签字认可,出现了差错责任不在酒店,损失应当由客人自己负责。这种方法会招致客人的不满,客人也许会进一步投诉,也许会承担损失但不再回头。

这个案例给酒店带来的启示:

1. 酒店服务员在受理客人订票委托时,应当请客人自己填写票务委托单并签字认可。如果客人要求服务员代填订票委托单,服务员应根据客人的陈述仔细填写,然后向客人复述要点,请客人核实后签名认可;

2.店外票务代办机构送票时,酒店应核对所收到的票是否与订票委托单一致,准确无误后,登记签收,以明确送票、收票的时间和出现差错的责任,避免合作中的纠纷,杜绝因票务问题而影响客人行程的问题;

3.订票客人取票时,服务员应请客人再核对一遍,并在票务登记簿上签字;

4.酒店服务人员应当做好各项委托单据的登记存档工作,一旦出现差错应立即对责任人进行惩罚并改善管理,以避免同类事情再次发生;

5.出现问题后应尽快妥善解决,全力消除客人的不满。

任务三　商务中心常见问题处理

一、客人来复印时,商务中心的复印机正在修理怎么办?

1.服务员首先应向客人表示抱歉,并向客人说明不能复印的原因。

2.向客人表明复印机修理所需要时间的长短。

3.若修理时间较短,客人也表示愿意等候,则请客人在大堂吧休息或推荐客人去大堂精品屋等营业点看看。

4.若修理时间较长或客人不愿意等候,则应询问客人是否急用。如是,则问清客人的具体服务要求并及时通知行李员外送复印。如不是,则请客人留下需要复印的资料与客人的联系电话,待复印好后与客人取得联系。

二、客人要求商务中心给予一定的折扣时怎么办?

1.服务员要正确判断客人与酒店之间的关系而决定优惠程度。如果该客人是酒店的常客且与酒店有协议,则需要告知有关协议的具体规定。若客人为常客但没有协议,则向总台了解客人的具体情况,依据酒店有关对客户优惠措施的规定给予适当的优惠。

2.若客人不属于以上情况,服务员要及时汇报上级后进行处理。

三、客人表示不能在营业时间内提取文件怎么办?

1.服务人员首先应向客人表示抱歉。

2.建议是否可将文件转交到酒店总台。若客人提出将文件转交其他朋友或同事,则应问清客人姓名、房号与所转交对象的姓名、房号及联系电话等。

3.服务员应将文件装入大信封内,并在信封背面注明客人姓名、房号或单位名称。

4.及时联系行李员把客人的文件送到客人要求指定人手中,同时请代收文件的客人签名。

5.若是将文件移放在酒店总台,则服务员应将客人信息通知前台接待员,以便客人提取。

6.将客人的有关信息记录在交班本上,并做好跟进工作,以确保文件转到客人手中。

四、收到了已离店客人的传真怎么办?

1.服务员可先将传真保留在商务中心,查看电脑中客人的信息。

2.经核实客人已离店,则应查看客史档案并设法与客人取得联系。

3.若无法与客人取得联系,则可联系总台留言,在客人下次入住时转交。

五、客人称其朋友没有收到特快邮件,表示要求查找怎么办?

1.服务员应先向客人表示同情与理解,请客人出示邮件存根或有关邮件的其他信息。

2.服务员根据客人所提供的资料查找速递公司用传真返回的详情单,认真核对此邮件是否是本酒店为其提供的邮寄服务。

3.核实后,服务员应迅速与速递公司取得联系,了解该邮件具体去向及邮件签收人等信息。

4.把了解到的情况及时反馈给客人。

六、发现客人要求打印或复印的资料中有禁止传播的内容怎么办?

1.若服务员发现客人打印的文件内容涉及国家的机密或国家文化部门明令禁止传播的内容,则应婉言拒绝。

2.向总台了解客人的有关信息。

3.及时将此情况通知部门管理人员、安全部,以便安全部做好对客人的行踪监控。

七、客人要求预订火车票，但由于是高峰期，酒店无法确保能买到票时怎么办？

1.首先应向客人表示抱歉，并向其说明由于处于高峰期，票不一定能买到。

2.如果票无法订购到，则应向客人问清是否可以改变日期或票型。

3.详细地登记有关客人需要订票的要求，客人的姓名、房号、联系方式，并请客人签名，同时向其说明如果在订购票时有需求的话，则将与其取得联系。

八、客人预订飞机票时没有带身份证件怎么办？

1.请客人报出身份证号码。

2.认真核对客人所报的身份证件号码的位数是否符合要求。

3.再次请客人确认号码的正确性，并向客人解释如果号码不对则无法登上飞机。

4.若客人确认无法保证正确性或无法记起，则可根据客人的住店情况建议客人回房间拿取或打电话请其朋友或亲人帮助。

思考与训练

◇阅读思考

1.为什么说商务中心是"办公室外的办公室"?

2.简述商务中心领班的职责。

3.简述商务中心票务服务的主要程序及标准。

◇能力训练

名称:商务中心设备使用实操。

目的:掌握商务中心的服务程序与标准,学会商务中心设备的使用。

内容:1.观看商务中心设备使用教学片;

2.以6—8人为一组,分组进行各种设备的实操练习。

◇案例分析

酒店商务中心的出路在哪里

曾几何时,商务中心作为酒店利润率最高的营业场所令酒店经理甚为兴奋:接收传真20元一页,上网180元一小时,秘书服务3000元一天。然而好景不长,没有几年,酒店商务中心就变得日渐冷清,现在已经成为酒店的"鸡肋"。

北京香格里拉酒店商务中心的张小姐表示,各酒店商务中心对客人提供的服务基本相同,一般都包括复印、传真、打印输出,以及租用设备、会议室服务等。另外,有些酒店的商务中心还提供秘书租借服务,专门负责给一些商务客人提供会议安排,以及生活翻译服务,而且商务中心还对非住店客人提供服务。现在商务中心经营情况正在走下坡路,技术的日新月异和电信资费的下调大大降低了酒店商务中心的收益。越来越多的商务散客为了办公需要携带手提电脑,而且宽带也铺进了北京各大五星级酒店。现代办公对纸张的需求也越来越少,所以对复印及传真服务的需求减少,酒店商务中心的商务职能也越来越弱。

另外酒店的位置及酒店客人的定位对酒店的商务中心也有很大的影响。一般情况下，客源以团队为主的酒店经营情况比商务酒店的经营情况要差很多。商务中心的收益和酒店的入住率也有很大的关系。一般旅游旺季的收益比较好，淡季的生意较差。而坐落在繁华地带以接待商务客人为主的酒店的商务中心经营情况也大致如此。

就在酒店经营者讨论商务中心运营时，各家电信企业提出了结合宽带接入的"酒店商务中心客房化"的解决方案。这个方案的核心是将商务中心的职能融入客房中，使酒店客房增加远程通信、收发传真、远程办公等功能，将酒店客房"写字楼化"。

据提出这一方案的中国网通北京分公司有关人士介绍，这套方案几乎涵盖了酒店商务中心的全部功能，但却将其有机地分解到酒店客房中。如网络传真就是通过某种技术，将传真收入互联网服务器上，使客人可以随时通过网络浏览、接收、发送传真，甚至能够完成普通传真机所无法完成的群发传真等功能。

网络电脑（NC）也是促使酒店商务中心向普通客房发展的一个重要因素。有关电信运营商表示，由于普通个人电脑（PC）主机和显示器用电量大，极容易造成室内火灾隐患，而且成本昂贵，因此各酒店都不愿将其放置在客房中。而目前基于宽带网络的NC，由于只有一个显示器和键盘鼠标，火灾概率大幅度降低，而且主机放置在服务器端，每间客房改造费用在千元左右，也能够为众多酒店所接受。有关人士表示，NC不仅是酒店商务中心的解决方案，还可以取代客人的笔记本电脑。只要不涉及商业机密，大多数商旅客人还是会欢迎NC的。

不少酒店从业人员认为，虽然商务中心目前处于一个非常尴尬的阶段，但由于商务中心本来就是一个"救急"的部门，而且酒店周围的商务服务机构也越来越多，因而商务中心的存在意义变成酒店实力和综合服务能力的象征，其盈利倒成了次要功能。但无论如何酒店商务中心都要为自己的发展找一条出路。

问题：根据上述材料，请你谈谈对酒店商务中心客房化的理解。

模块八　大堂副理

┌─ 学习目标 ─────────────────────────────┐

知识目标

■ 了解大堂副理工作的地位、作用与工作任务

■ 熟悉突发事件的处理流程

■ 熟悉处理客人投诉的方法与程序

能力目标

◎ 应用所学内容灵活处理酒店各类突发状况

◎ 能有效处理宾客投诉

└──┘

☝ 案例导读

某天傍晚，正下着滂沱大雨，H 城一家五星级酒店大堂内，一位戴眼镜的先生正来回踱步，他时而看看酒店的一些指示牌，在总台前看看房价表；时而从酒店大堂的几个走廊走进走出，似乎在等人，又似乎在寻找什么……

他的举止引起了当晚值班的大堂副理凯丽的注意。此时，她正在大堂内巡视，一双敏锐的眼睛不被察觉地扫过每一个客人。平时，碰到这样的客人，凯丽都会主动上前征询是否需要帮助，客人会从这里得到他们所需要的信息，凯丽热情主动的服务态度也常常受到客人的好评。这时，她像往常一样上前询问客人："晚上好，先生，请问您需要什么帮助吗？"

"我……"客人欲言又止。

"您是住宿吗？我可以为您介绍客房。"凯丽又说。

"啊！不要，不要。"客人有点慌乱。

"您是不是在等人或找人？"

"不是，不是。"

"那么，您是不是要去哪里？"凯丽见客人盯着指示牌，进一步提供服务。

"我不去哪里，"客人显然很不耐烦了，终于对凯丽说，"我说小姐，你可不可以不要问了，我只是在躲雨，我的公司就在附近，我们常常在这儿消费的。今天下班，刚巧赶上雷阵雨，就进来躲一会儿。你非得刨根寻底问我干什么？我现在就走！"客人说完，怒气冲冲地走了。

凯丽感到非常委屈，可又不知道自己做错了什么，不禁想到有些老员工跟她说的话"多做多错，少做少错"，难道真的是这样的吗？

思　考

如果你是凯丽,你会怎么做?

任务一　认知大堂副理

在酒店组织机构中,通常会出现一个"大堂副理"的职位,而这一职位在不同的酒店中又常常隶属于不同的部门。如有的酒店将这一职位划归前厅部管理,有的酒店把它划到人事部或总经理办公室。从不同酒店所确定的这一职位的不同级别和不同的隶属关系,可见人们对这一职位的认识是比较混乱的。这一问题不仅在国内酒店存在,在国外酒店中也屡见不鲜。

实际上,酒店需要在大堂设一个代表酒店管理层总体处理客人有关事务的岗位,以便及时满足酒店日常工作中经常出现的客人要求。同时,也便于跨部门处理客人提出的一些投诉,协调有关部门的关系,使其在对客服务中保持一致性和协调性。在酒店出现特大或紧急事件时,这一岗位就是一个协调、联络的中心。这一岗位所行使的权利,是代表酒店管理层执行酒店对客服务的政策,处理与客人有关的事务。

一、大堂副理的素质要求

1.掌握与客人沟通的语言能力(至少掌握一门外语)。

2.有较强的酒店意识、整体管理意识、公关意识、整体销售意识和培训意识。

3.了解各部门的运作程序。

4.掌握一些本地的历史、游乐场所、购物及饮食场所的有关事项。

5.了解一些主要国家的风土人情。

6.有一定的法律知识。

7.有较强的自我控制能力,处事不惊、不卑不亢。

8.有较强的判断、分析、处理问题的能力;思维敏捷,意思表达要准确,处理问题要正确。

9.有敏锐的观察力,对问题的发展有预见性。

10.社会经验丰富,有较强的口头及笔头表达能力。

二、大堂副理的工作内容

1.代表总经理接受及处理酒店客人对馆内所有部门和地区(包括个人)的一切投诉,听取宾客的各类意见和建议。

2.会同有关部门处理宾客在店内发生的意外事故(伤亡、凶杀、火警、失窃、自然灾害等)。

3.解答客人的咨询,向客人提供必要的帮助和服务(报失、报警、找人、找物等)。

4.维护安全(制止吸毒、嫖娼、卖淫、赌博、玩危险游戏、酗酒、房客之间的纠纷等行为)。

5.维护酒店利益(索赔、催收等)。

6.收集客人意见并及时向总经理及有关部门反映。

7.维护大堂及附近公共区域的秩序和环境的宁静、整洁。

8.督导、检查在大堂工作人员(总台、财务、保安、管家、餐饮、工程等部门人员)的工作情况及遵守纪律情况。

9.协助总经理或代表总经理接待好 VIP 客人和商务楼层客人。

10.夜班承担酒店值班总经理的部分工作,如遇特殊、紧急情况需及时向上级汇报。

11.向客人介绍并推销酒店的各项服务。

12.发现酒店管理内部出现的问题,应向酒店最高层提出解决意见。

13.协助各部维系酒店与 VIP 客人、熟客、商务客人的良好关系。

14.负责督导高额账务的催收工作。

15.定期探访各类重要客人,听取意见,并整理好呈总经理室。

16.完成总经理及前厅经理临时指派的各项工作。

17.参与前厅部的内部管理。

知识链接

酒店大堂副理"十忌"

大堂副理主要工作职责是代表酒店接待每一位在酒店遇到困难且需要帮助的客人,并在自己的职权范围内予以解决,包括回答客人问询、解决客人的疑难、处理客人投诉等。因此,大堂副理是沟通酒店和客人之间的桥梁,是酒店建立良好宾客关系的重要环节。为了把大堂副理的工作做得更好,就此归纳总结出大堂副理工作"十忌"。

一、忌总是刻板呆坐在大堂工作台

大堂副理大多数时间应在大堂迎来送往地招呼来来去去的客人,随机地回答客人的一些询问,不放过能与客人交流的任何机会。这一方面方便了客人,使酒店的服务更具人情味,增加了大堂副理的亲和力。另一方面可以收集到更多宾客对酒店的意见和建议,以利于发现酒店服务与管理中存在的问题与不足,及时发现隐患苗头,抢在客人投诉之前进行事前控制。

二、忌在客人面前称酒店其他部门的员工为"他们"

在客人心目中,酒店是一个整体,不论是哪个部门出现问题,他(她)都会认为就是酒店的责任,而大堂副理是代表酒店开展工作的,故切忌在客人面前称其他部门员工为"他们"。

三、忌在处理投诉时不注意时间、场合、地点

有的大堂副理在处理宾客投诉时往往只重视了及时性原则,而忽略了处理问题的灵活性和艺术性。例如客人在午休、进餐、发怒时,或在休息区、宴会厅等公共场所,在这些时间和场合去处理投诉效果就不佳,还可能引起客人反感,"气"上加"气",火上浇油。

四、忌缺乏自信,在客人面前表现出过分的谦卑

大堂副理是代表酒店总经理在处理客人的投诉和进行相关的接待的,其一言一行代表着酒店的形象,应表现出充分的自信,彬彬有礼,热情好客,不卑不亢,谦恭而非卑微。过分的谦卑是缺乏自信的表现,往往会被客人看不起,会使客人对酒店失去信心。

五、忌唯恐客人投诉

投诉是坏事,也是好事,投诉的顾客就像一位医生,在无偿地为酒店提供诊断,以使酒店管理者能够对症下药,改进服务和设施,提高服务质量和管理水平。因此不应该回避投诉,而应正确对待。

六、忌讲话无分寸,不留余地

为了避免在处理客人投诉时使自己陷入被动,一定要给自己留有余地,不能把话说死,但要明确告诉客人多长时间内可以解决问题。

七、忌不熟悉酒店业务和相关知识

大堂副理如果不熟悉酒店业务知识和相关知识,如客房服务程序、送餐服务、收银程序及相关规定、酒店折扣情况、信用卡知识、洗涤知识、基本法律法规、民航票务知识等,势必会影响到处理投诉的准确性和及时性,同时也将失去客人对酒店的信赖。

八、忌存有与客人暗地比高低、争输赢的心态

一般来讲,有客人投诉,说明酒店的服务和管理上有问题,而且一般情况下客人是不愿来当面投诉的。因此,即使是客人的言行有些出入,我们也应把"对"让给客人。因为即使我们表面上"赢"了客人,实则得罪了客人,使客人对酒店不满意,实际上还是输了。

九、忌在处理投诉时只对客人就事论事,不能意会客人的真实意图

客人投诉归纳起来不外乎三种心态,即求发泄、求尊重、求补偿。大堂副理要能准确地把握客人投诉的真实心态和用意,要给客人发泄的机会,不要与客人进行无谓的争辩和解释。及时、准确地领会投诉的心态和意图是处理好投诉的关键和捷径。

十、忌忽视对投诉结果的进一步关注

接待客人投诉的人,往往并不是实际解决问题的人,因此客人的投诉是否最终得到解决仍然是个问号。事实上,很多客人的投诉并未得到根本解决,或是这个问题解决了,却又发生了另一个问题,故对投诉的处理过程进行跟踪,对处理结果予以关注尤其重要,它会使客人感到酒店对其投诉非常重视,从而使客人对酒店留下良好的印象。

任务二　了解大堂副理工作规程

一、VIP 客人接待程序

(一)了解即将抵达的 VIP 客人的情况

1.通过预定单和电脑资料,了解即将抵达的 VIP 客人的人数和到达时间。

2.查找客史档案资料,了解 VIP 客人的特殊要求和习惯。

3.如果预定单与电脑资料有差别,需马上与相关预订人进行核对。

(二)做好 VIP 客人抵达/离开前的准备工作

1.订车(如有需要)。

(1)在 VIP 客人到达/离开前一天做好订车工作。

(2)填写泊车单,注明 VIP 客人姓名、航班号、抵/离时间、付款方式、车型等,签字后转交车队。

(3)根据订车日期在日记本上做好记录以便查询。

(4)完成有关确定工作,如在 VIP 客人到达/离开的当天与车队和客人事先确认,并与接站司机确认联系方式、航班号等,确保做好迎送准备(如遇特殊 VIP 客人,要保证与接待人员保持联系,随时确定到店时间,并通知相关部门)。

2.检查预抵 VIP 客人房间。

(1)电气设备正常:灯具工作正常,电视图像清晰,频道设置正确,床头柜钟表时间正确,房间紧急扩音器处于关闭状态,空调正常工作(温度适宜)。

(2)墙、门和天花板符合要求:门锁开关良好,保险链无松动,门镜从内可清楚看到门外情况;墙壁无裂缝,墙纸无开胶现象;天花板清洁无破损。

(3)室内清洁整齐:家具表面、四周和下部无尘土,灯具和壁画上无灰尘,玻璃窗、镜子和水杯清洁无异物,阅读用品整齐摆放在桌上(阅读物品无破损、无污渍)。

（4）卫生间清洁无异味，开关工作正常，无漏水现象；垃圾桶光亮无异物；面盆、浴盆光洁，水龙头开关正常、无漏水，淋浴喷头转动正常、灵活；瓷砖、墙壁清洁无污染；浴帘干净、无破损；浴巾、面巾和手巾各两块，脚垫和防滑垫各一条，均要求摆放整齐；手纸两卷，面纸一盒，摆放到位。

（5）衣柜、抽屉、小冰箱物品齐全完整；睡衣、毛毯和拖鞋均有塑料包装，并摆放整齐；衣架、裤夹、裙架齐全；洗衣袋和洗衣单配备齐全并放于抽屉内；小冰箱内饮料齐全，并配有价格表。

（6）地毯表面无异物、无破损、无开裂。

（7）准备好 VIP 礼品：在 VIP 客人到达前 30－40 分钟内，将水果、鲜花、刀、叉、餐巾等摆放在屋内规定位置。

（8）保证房间周围处于良好状态。

（9）如果房间有问题，应马上与客房部、楼面领班和工程部联系，保证在 VIP 客人到达前 30 分钟内解决；如果问题不能解决，与前厅总台主管联系，保证在 VIP 客人到达前为其调换好房间（如果 VIP 客人为保密客人，在检查房间时，注意除以上设施外，行李柜背后、电视柜背后及下沿、电视机顶盒、台灯内壁、书桌下方、窗帘槽内、床下、电话机下、床头柜后、卫生间马桶后、浴缸下沿、衣柜内沿及熨衣板下沿也应当仔细清查，确保安全）。

（10）将房间状态结果记录在案，并由检查人签字。

3.提前准备好 VIP 客人的房卡、房门钥匙、入住登记表等（注意在客人到店前逐一测试，确保使用正常）。

4.做好接待前欢迎牌、横幅的反复核对（保证内容要有接待单位名称、客人姓名、客人职务等相关内容），确保欢迎标识无污染、无错字，标识整洁美观。

（三）为 VIP 客人办理入住手续

1.做好迎接准备。

（1）在 VIP 到达酒店前 5 分钟通知酒店有关人员恭候。

（2）通知礼宾部 VIP 客人的姓名和号码。

（3）大堂副理亲自在酒店门口等候 VIP 客人。

2.迎接。

（1）礼貌迎接 VIP 客人，并友好地以 VIP 姓名/职务进行称呼。

（2）向 VIP 客人表示问候和欢迎。

（3）向 VIP 作自我介绍，同时介绍有关接待人员。

3.办理入住手续。

(1)将 VIP 客人引领入房,并对酒店和房间进行简单介绍。

(2)为 VIP 客人填写住宿登记卡后请 VIP 客人签字(或将"入住登记表"放在床头柜上)。

(3)离开房间时预祝客人入住愉快,告诉客人服务中心的电话号码,表示 24 小时随时为其提供服务。

4. 转交登记卡。

将填写完整的登记卡转交给前厅接待处,并将 VIP 客人有效证件或复印件及时进行扫描且做好留底工作,将其录入电脑,完成入住登记手续(保证在 5 分钟内及时归还客人有效证件)。

5.记录。

在工作日报上记录 VIP 客人入住接待办理情况,并签字。

6.随时掌握 VIP 客人住宿期间会务、休闲、娱乐动向,确保服务质量。

(四)为 VIP 客人办理离店手续

1.了解预离 VIP 客人情况

通过住店状态表,了解预离 VIP 客人的姓名和房号。

2.准备工作

(1)依据电脑记录的当天 VIP 客人离店时间,通知前厅接待处(收银处)准备账单。

(2)通知礼宾部落实或注意 VIP 客人需要提取行李的时间。

3.特殊要求的处理

(1)必要时为 VIP 客人控制专用电梯。

(2)如 VIP 客人要求提供机场送离服务,按有关 VIP 客人的机场接送服务标准执行。

4.离店时欢送

(1)通报酒店管理层欢送宾客,同时通知前厅、行政办公室、销售部、保安部做好准备。

（2）若是国宾，则需与外事办、政府接待处联系。

（3）大堂副理负责引导贵宾步出酒店，对其光临表示感谢，祝其旅途愉快，并欢送其离去。

（五）后续工作

1.资料存档

（1）销售部、客房部、前厅部等有关部门须做好资料、图片的存档。

（2）征求接待单位对接待服务的意见。

（3）如果 VIP 客人有遗留物品应及时联系接待方或 VIP 客人秘书，确认后帮助客人把物品及时寄存或转交（确保物品安全）。

2.及时总结经验

（1）对重要的 VIP 客人及大型 VIP 团队完成接待后，应召开有关部门总结会，表扬优质服务部门及个人，找出不足，总结经验。

（2）有新闻价值的 VIP 客人和重要团队的接待，由行政办公室拟写出相关消息供媒体发表，提升酒店形象。

二、处理宾客欠款程序

1.如该客人在酒店发生的费用已超出所预交的押金，应及时催促客人再预付押金。

2.拖欠的账目迟迟不结，或客人有逃账的迹象，经请示有关领导，采取果断措施，如关闭该房间的 IDD（国际/港澳台长途直拨业务），取消其签单权或封闭门锁等。必要时由大堂副理牵头，在保安人员的协助下，及时拖住客人，采取人盯人的方式促其结账。

3.如客人因客观原因拖欠的账目迟迟未结，金额较少，建议客人先结账，将贵重物品暂寄存在账务处。

4.将处理经过做好相关记录。

三、无人无行李房处理程序

1.接到总台提供的无人无行李房后,仔细核对客人离店时间。

2.如房间无人无行李,费用转账、离店日期已到,大堂副理应与接待单位或付款单位联系确认客人是否已离店。如客人已离店,应及时做结账处理,并与付款单位确认客人消费账目。

3.如房间无人无行李,费用自付,离店日期已过,应及时做结账处理。

4.将处理结果记录在当日大副记录本中,以便日后客人结账时查找。

四、宾客推迟离店程序

1.接到宾客提出的推迟离店要求后,问清房号、房间数、推迟原因。

2.与总台联络,查明宾客要求保留的房间是否有其他客人预订,如有,将情况向宾客说明,并建议宾客将行李存放在行李房,在酒店公共区域或营业场所休息。如没有,可考虑同意宾客的要求,时间最迟不超过下午4点。

3.如宾客同时要求保留几间房间,一般只同意保留其中一间,由宾客决定保留哪一间。

五、客房保险箱报警处理程序

(一)走客房保险箱锁着报警

1.大堂副理在接到楼层通知后,迅速通知保安部。大堂副理在客房服务员、保安人员三方到场的情况下,由保安人员使用解码器打开保险箱(解除报警)。

2.保险箱内客人遗留的钱、物,大堂副理清点后书写清单一份,由客房服务员、保安人员确认后共同签字。

3.大堂副理将客人遗留的钱、物,暂寄存在总台保险柜内,钥匙分别由大堂副理、总台保管。

4.根据住客登记单有关信息,设法联系客人。

5.客人前来领取钱、物时,须核对钱、物的名称和数量,核对客人的身份证件,并请客人书写收条。

6.在保安人员、总台及大堂副理三方到场的情况下,打开总台保险箱,取出钱、物交予客人。

7.将此事处理经过记录于大堂工作日志,并将有关单据存档。

(二)住客房保险箱报警且客人不在房内

1.大堂副理协同前台相关人员,尽量与客人联系,说明原因,征得客人同意后,按程序打开保险箱。

2.联系不上客人时,尽量采取闭音措施,以免影响其他客人。

3.保险箱长时间报警且影响其他客人时,经请示打开保险箱、清点物品、保存物品。待住客返回后,联系客人,核对钱、物的数量及名称。核对无误后,在保安人员、总台及大堂副理三方到场情况下,取出钱、物交予客人,并请客人书写收条。

六、拾物招领程序

1.大堂副理接收客人的遗失物品,负责统一保管、认领和处理。

2.大堂副理当面与拾获人一起清点遗失物品,并在失物招领记录表上记下物品的名称、数量和特征,以及捡获地点,并由捡获人签名。

3.有查找线索的,应积极设法与客人取得联系,并送还客人。如无线索查找的,暂放在大堂保管。

4.客人前来认领时,应核对物品的名称、数量和特征。核对无误后,请客人在失物招领记录表上签上其姓名和有效证件号及认领日期。

七、住店客人过生日

1.每天早班在系统上检查是否有当天生日客人,应明确客人的姓名、房号。

2.在总经理签字的贺卡上用端正的字体写好客人的姓名。

3.检查贺卡及水果是否已备齐。

4.前往房间恭祝客人生日快乐并代表酒店赠送水果及贺卡。

八、紧急事件处理程序

(一)火灾处理程序

1.接到火警电话后,保持冷静。通知总台迅速打印在住客人房态表。

2.电话通知总经理、保安部经理、工程部经理、客房部经理、前厅部经理及医务室医生。

3.如果火情影响较小,应注意住店宾客的反应,并做好解释工作,尽可能缩小火情的影响,保持酒店的良好声誉。

4.如果火势蔓延,可能影响到住客安全,在总经理的指挥下,尽快将宾客疏散到安全地带,并安抚客人。

5.火势扑灭后,配合有关部门调查了解火灾原因,并做好相关记录。

6.代表总经理慰问宾客,并解答有关方面提出的问题。

(二)突发停电、停水、停煤气处理程序

1.保持冷静,询问工程部原因。通知商务中心打印温馨提示并告知客人。

2.协助有关部门采取应急措施,尽量保证对客服务不受影响。

3.回答客人的问询,向客人致歉,解释此事正在调查中,并与客人保持联系。

4.与工程部联系,争取尽早恢复供应;与举行大型活动的区域及组织者联系。

5.停电时,在与酒店自发电切换期间,及时与保安部联系,协助其在楼层、公共区域的安全巡视,为宾客提供紧急服务;向困在电梯里的客人致歉(必要时事后给予客人优惠作为补偿)。

6.停水时,如宾客正在洗浴,应安排服务员运水。

7.停煤气时,如恰在用餐时间,要配合餐厅管理人员向宾客做好解释工作。

8.恢复供应水、电、气时,要督促相关部门对设备进行检查,以防意外事故发生,将处理过程记录在大堂日志中。

(三)客人死亡事件的处理程序

1.接到死亡报告后,立即前往现场,并通知保安部经理和酒店医生。

2.证实死亡后,保护现场,通知总经理。

3.协助保安部调查死亡原因,如需公安机关介入调查则由保安部通知。

4.与保安部合作,清理客人遗物并列出遗物清单。房间双锁,保存客人的登记单及身份证。

5.与死者家属联系,确定遗物处理,将遗物转交给家属,并进行登记。

6.通知楼层封锁此房,注意房号保密。尸体未运出前,此楼层不安排客人入住。

7.尸体运送时,使用一部职工电梯。安排救护车在职工通道处等候,不得通过大厅。运送时,无关人员回避。

8.由卫生防疫部门对房间进行消毒。客人在房内使用过的卧具及物品全部销毁。

9.有关事件的询问统一由酒店指定的权威人士回答,不得向任何人透露相关情况。

10.将处理过程记录在大堂日志中。

九、意外事件处理程序

(一)酒店财物丢失的处理

1.接到客房有关客人离店时房内物品带走的通知后,立即到总台委婉地告诉客人"服务员查房时,发现少了××",不可强行开包检查。

2.如客人不承认,应给客人台阶下,把责任转移:"是否亲朋好友带走?"请客人掏钱买下。

3.欢迎客人下次光临。

4.如客人坚决否认且又无法确认是客人所为的情况,在职权范围内予以签免,如金额超出职权范围,请示有关上级。

5.在工作日志中予以记录。

(二)损坏酒店物品的处理

1.接到报告后,立即赶到现场查看。保留现场,做好记录。

2.经查为宾客所为或其负有责任的,根据损坏程度,参照"宾客损坏酒店财物价目表"，向客人提出索赔。

3.索赔时大堂副理由相关部门陪同，礼貌地指引客人查看现场，陈述原始状态，尽可能向客人展示有关记录和材料。如客人外出，须将现场保留至索赔结束。

4.如客人对索赔有异议，无法说服客人，赔偿价格可酌情减免。

5.如索赔价格涉及贵宾，须报请上级管理人员，将结果转告随行人员或接待单位，向他们提出索赔。

6.在工作日志中做好记录。

案例评析

张先生是某针织厂的厂长，因公务常来省城出差。某三星级酒店距离他办事的公司较近，因此张先生每次都住在该酒店。有一次，张先生办完事后去总台结账退房，前厅服务员王小姐一边熟练地为他办理离店手续，一边热情地同客人寒暄。这个时候，电话响了，原来是房务中心打来的，说张先生所退房间的地毯上烧了一个烟洞。王小姐当即询问客人，但客人矢口否认自己在房间里抽过烟。王小姐觉得处理此事有点为难。

点　评

本案例可能采用的做法及评析：

1.既然客人不承认这个事实，那就不向客人索赔，让其高兴地离开。反正一个烟洞也不是什么大事情，免得给客人留下不好的印象，让客人高兴地离开不是更好吗？但王小姐却忽略了一件事：如果每个客人都这么损坏了酒店的物品而"高兴"地离开，时间一长，酒店不就成了一个破烂旅馆了？后面入住此房的客人对酒店印象肯定不佳，故此方法不可取；

2.告知客人，酒店有酒店的规章制度，客人损坏物品都必须照价赔偿。酒店的物品应该都是没问题的，不然的话，客人入住的时候就会发现问题。如果客人当时发现并提出来，那就是酒店的责任；但现在客人退房时才发现这个问题，酒店就没有办法了，所以必须赔偿。此方法在道理上不仅不能让客人完全理解和接受，可能还会引起客人的不满和反感，从而影响客人下次入住本酒店的愿望，原则上不可取；

3.告知客人,酒店的查房制度是非常严格的,在上一个客人退房时和您入住前,服务员都经过了检查,在房间物品没有任何问题的情况下才让您入住,现在地毯上有烟洞,应该是在您不经意间弄出来的,因为您不是故意的,所以让您赔偿的也仅仅是此地毯的部分价格。由于这块地毯的破损,酒店就要把此房列为维修房。等到新的地毯完全铺好起码要几天时间,这几天时间里此房就卖不出去了,所以酒店的损失就不止这块地毯的价格了。希望您能理解酒店的难处,协助共同维护酒店的制度。酒店会给您一个常住客人的优惠价,以此也能弥补您这次的损失。此方法合情合理,既能让客人接受这次赔偿的事实,同时也能为客人着想,维护客人权益。

给酒店管理人员的启示:

1.必须严格执行查房制度,有破损的一定要报维修房,不能将就,以免冤枉了客人,给客人造成不良感觉,要维护好每一个客人的权益;

2.作为前厅服务员,处理问题时必须以理服人,在语言上要加强培训。不能简单粗暴地处理任何一件事,既要维护酒店的制度,又要给客人留足面子。不能得理不饶人,这样会得罪很多客人,以至于影响酒店的声誉。

(三)醉酒客人的处理

1.立即上楼与楼层服务员共同处理此事,如有必要,须通知同行的客人(或领队、会务组)。

2.将客人扶进房间,让客人在房间休息,避免醉酒客人在楼层吵闹,影响其他客人的休息。

3.如客人醉酒情况严重,则应征得客人或有关人员同意后,及时送其去医院,与医院保持联系。

4.在处理过程中,不要与客人争论,须谨慎、礼貌地将客人引出公共场所。如客人行为无礼,请保安部协助解决。

5.做好处理记录。

(四)客人财物失窃的处理

1.接到客人财物失窃的报告,向客人表示歉意,认真听取客人对丢失财物过程的各个细节的说明,详细询问丢失物品的地点和丢失物品的名称、数量、特征。

2.通知并陪同保安部人员共同到达现场。

3.协助保安部人员在丢失地点查找物品。

4.若在现场未能找到物品,请客人书写丢失报告,送一份丢失报告复印件给保安部,原始报告存档。如客人在丢失报告中有指控酒店的内容,则不能签字。

5.在工作日志中将整个事件予以记录。

6.随时与保安部联系,了解事情进展情况并将结果及时通知客人。

7.如客人要求(或丢失财物数额价值较大的)到派出所报案,由保安部通知公安机关。

(五)客人打架的处理

1.接到报告后,立即与保安人员一起赶到现场,把打架双方分开。

2.向客人表明身份,了解事发缘由,努力争取客人信任。

3.待客人平静后,向其解释其行为已影响到其他客人,对酒店造成不利影响,希望不要发生类似事件。

4.若客人情绪尚未稳定,需将双方分开,分别沟通。

5.如是同住一间房的客人,建议再开一间房。避开同一楼层,给予一定房费折扣。

6.会同保安人员在现场检查遗留物,查清酒店设施是否遭受损坏,明确损坏程度、数量。

7.如事态严重,有伤害事故发生,报总值班同意后及时与派出所联系。

8.在工作日志中予以记录。

(六)客人受伤事件的处理

1.接到报告后,立即前往现场。

2.询问受伤者的伤情,如有必要,建议伤者前往医院做进一步检查。如伤势严重,要立即与派出所取得联系,安排酒店有关人员陪同伤者前往医院就诊。

3.及时与陪同人员取得联系,随时掌握客人的情况,向有关上级汇报。

4.调查受伤原因,通知相关部门采取措施。

5.在工作日志中记录,包括事件发生的时间、地点、受伤人员情况等要点。

(七)客人生病的处理

1.根据客人的病情,建议客人外出就诊,说明车费与医疗费客人自理。

2.如客人外出就诊,为其联系车辆。视病情严重程度,决定是否派人陪同前往。如为 VIP 客人,大堂副理陪同前往。

3.外出治疗的客人回店后,大堂副理须进房看望,并代表酒店慰问客人,询问有无特殊服务要求。

4.若客人住院治疗,大堂副理得到客人授权,在客房服务员、保安在场时,由行李员收拾行李,存放到行李房。通知总台办理结账手续。

(八)客人发生紧急病症

1.立即赶到现场查看,视病情需要打电话至急救中心求救。

2.通知保安部经理。在救护车到达时,由保安人员立即带到现场。

3.通知楼层控制一部电梯。

4.若客人为单身,安排酒店医生与一名能够与客人进行语言沟通的酒店工作人员,陪同客人前往医院。

5.保持与医院的联系,及时向有关上级汇报客人的病情。如有需要,代表酒店前往医院看望。

6.在工作日志中予以记录。

(九)精神病人肇事的处理

1.发现病人有精神失常的症状,要及时和保安部取得联系。

2.如客人确系精神病患者,应告知同行人迅速护送病人回原地治疗。

3.如病人正在实施危害行为,在未离店前,可协助病人同行人员进行看管或请求公安机关用强制手段约束病人行为或强行送医院治疗。

任务三　宾客投诉处理

酒店危机表现最多的是投诉。投诉是酒店常见的一种现象。投诉者最多的是顾客,当然还包括社区、员工、竞争对手等。投诉的问题常见的有菜肴质量问题、居住环境的设备损坏、服务态度等。客人投诉在某种意义上是对酒店的褒贬评价,是企业服务质量提高的动力,因此必须认真处理好。

一、客人投诉的心理

从酒店众多客人投诉的案例来看,客人投诉的心理一般有三种。

一是求尊重的心理。客人采取投诉行动,其基本出发点是希望别人认为他(她)的投诉是对的和有道理的,渴望得到同情、尊重,希望酒店向他(她)表示道歉并立即采取相应的补救行动等。

二是求发泄心理。客人利用投诉的机会把自己的烦恼、怨气、怒火发泄出来,以维持其心理上的平衡。

三是求补偿的心理。客人希望通过投诉得到重视,让酒店能补偿他们的精神或物质损失。

因此,在处理客人投诉时,一定要了解客人的心理,对客人的投诉要根据不同的投诉问题,有针对性地采用不同的方法进行处理,尽量满足客人投诉的心理。

知识链接

投诉处理中的"六个一样"

大堂副理在处理投诉时要做到"六个一样":

1."高、低"一样。即对高消费客人和低消费客人一样看待,不能重"高"轻"低";

2."内、外"一样。即对国内客人和外国人一样看待,不能重"外"轻"内";

3."华、洋"一样。即对境外华人(华侨、外籍华人)和外国客人一样看待,不能重"洋"而轻"华"、重"黄发碧眼"者而轻"黑发黑眼"者;

4."东、西"一样。即对东方国家的客人和西方国家的客人一样看待,不能重"西"而轻"东";

5."黑、白"一样。即对黑人客人和白人客人一样看待,不能重"白"而轻"黑";

6."新、老"一样。即对新来的客人和原来的客人一样看待,不能重"老"而轻"新"。

二、处理客人投诉的流程

处理客人投诉的基本出发点:迅速、有效、有礼地处理客人的所有投诉,平息客人激动情绪,迅速解决客人问题。在世界酒店业中,特别是一些大型国际酒店所采用的方法和程序基本是一致的。

(一)承认宾客投诉的事实

在接待客人投诉时,首先要做到热情相待、耐心听取、冷静分析。即使对方怒气冲天,情绪激动,甚至蛮不讲理,也不能受其影响而冲动。相反,要心平气和、善解人意,逐步引导,充分尊重投诉者的心情,显示出接待人员有文化、有教养、有风度,并有能力帮助客人处理好投诉的事情。

如果在大堂接待处等人多的场合发生客人激烈的投诉,需先陪伴客人到安静、舒适并与外界隔离的地方,如办公室等,以避免客人投诉的激烈情绪与批评在公共场合传播。要有礼貌地接待,请他(她)坐下,最好与客人一起坐在沙发上,使客人有一种受尊重的平等感受,再给客人倒一杯饮料或茶,请他(她)慢慢讲述,在态度上给投诉人亲切感。有人认为由女性负责人来接待客人投诉比较合理,因为女性的微笑容易使暴怒的投诉者趋于平静。

接待投诉时必须认真听取客人的叙述,即使是客人不对,也不要急于辩解和反驳,要使客人感到酒店管理者十分重视他(她)提出的问题。在听取客人意见时,还应做一些记录,以示对客人的尊重及对其反映问题的重视,同时也给酒店解决投诉提供依据。

(二)表示同情和歉意

作为投诉接待人,要不时地表示对客人的同情。如"我们非常遗憾,非常抱歉地听到此事,我们理解您现在的心情""感谢您对我们酒店提出的宝贵意见"。

对合理、正确的投诉,应同情和表示歉意,但也有不太讲理的投诉,要相信大多数客人的投诉都是合情合理的,即使遇到个别爱挑剔的客人,也应本着"宾客至上"的宗旨,尽可能满足其要求,包括心理需求。例如,客人对你说:"你们的服务简直糟透了。"这种否定一切的说法,显然是不客观的、不恰当的。根据接待礼仪要求,正确的做法是先适当地满足客人一下:"真抱歉,我们的服务工作是有做得不够好的地方。"等客人的态度变得较为缓和的时候,再向他(她)提出问题:"为了进一步改进我们的工作,希望您多指教。您能不能告诉我,您刚才遇到了什么问题?"当客人发泄不满时要表现出宽容,不要计较他(她)的气话,在适当的时候说:"是的,是这样,关于这件事,您能否说得再具体一点?""现在我们有两种办法来解决这个问题,您看用哪一种办法好?"由客人做出选择后,客人就会满意地感到自己受到了礼遇,提出的意见受到重视并得到解决。

(三)同意客人要求并决定采取措施

这里同意和采取措施有一个过程。处理客人投诉的方法,关键是要体现处理的及时性与负责性。如一位客人在对酒店收费问题产生不满后给总经理写了封投诉信。酒店大堂副理马上给客人回一封信,说明酒店总经理将会调查这个问题,并在7个工作日内答复客人。给客人的任何退款或降低收费必须快速办理,并答应许诺之日起15天内把钱退给客人。这就是及时性。对客人的投诉既要表示理解、同情、重视、关心,但也需注意处理问题不能主观武断,不轻易表态,不要简单回答"是"或"否"。告诉客人你能做什么,如有可能提出可供选择的意见和办法,不可擅自做主和超越自己的权限做不合实际的许诺,或者"胳膊肘往外拐",做出损害酒店的利益和声誉,这就是负责性。

当决定要采取行动纠正错误时,一定要让客人了解并同意将要采取的处理决定及具体措施内容,切勿盲目采取行动。要十分礼貌地告知客人将要采取的措施,并尽可能让客人同意。例如可以这样征求客人对改进措施的意见:

"××先生,我将这样去做,您看是否合适?"

"××太太,我们将这样去安排您的要求,您是否喜欢?"

"××先生,假若我这样去做,您看可以吗?"

(四)感谢客人的批评指教

当客人投诉或反映问题时,不要对客人反感,而应表示感谢。如果客人遇到不满意的服务,他(她)不告诉酒店,也不做任何投诉,但他(她)会讲给其他客人或朋友听,这样会极大地影响酒店未来的客源市场,影响酒店的声誉。所以当酒店遇到客人的批评、抱怨甚至投诉的时候,不仅要欢迎,而且要感谢。应这样回答:

"××先生,感谢您给我们提出的批评、指导意见,非常感谢您。"

"您及时让我们知道服务中的差错,这一点太好了,非常感谢您。"

"谢谢您,××女士,您指出我们服务中的欠缺和不足,使我们能及时发现并得以纠正。"

(五)快速采取行动,补偿客人投诉损失

当客人完全同意你所采取的改进措施时,一定不要拖延时间。耽误时间只会进一步引起客人不满,因为时间与效率就是客人的最大需求,如果光说不做就是对客人的漠视,也会引起新的不满。

(六)追踪客人投诉的具体落实情况

要使处理宾客投诉获得良好效果,最重要的一环便是落实、监督、检查已经采取的纠正措施。因此先要确保改进措施按计划实施,然后再用电话问清客人的满意程度。投诉客人的最终满意程度,主要取决于酒店对他公开抱怨后的特殊关怀和关心程度。

案例评析

晚上22:00左右,某酒店前厅接待处有一位客人正在大声地和服务员陈小姐争论着什么,而陈小姐好像在坚持什么。经了解,原来客人自称是总经理的朋友,

要求陈小姐给他一间特价房,而陈小姐却说没有接到过总经理的任何通知,只能给予常客优惠价。对此,客人很不满意,大声地吵起来,并找到大堂副理处投诉她:怎么连总经理的朋友也不买账?

点 评

本案例可能采用的做法及评析:

1.告知客人,她马上打电话给总经理,如果总经理答应了,她就照办;或者让客人自己打电话给总经理,给予她一个明确指示。这方法一般不可行。除非是很重要的事,员工一般不直接与总经理联系。陈小姐可以让客人稍等片刻,自己在避开客人的情况下,给上级或总经理打电话证实一下,但一般是不提倡的。作为一个好的员工,不能遇到事情就找上级,否则上级或总经理岂不是什么事都不用做,专门应付这种事了。员工也成了一个传话机器,而不用做具体工作了;

2.告知客人这是没有办法的,作为一个服务员只能照章办事,在没有接到任何通知的情况下,自己只有给予常客优惠价的权利,如果您要向总经理投诉也请便,反正自己做得没错。此方法是不可行的。虽然现在很多客人都用自称是总经理朋友的方法来争取优惠价,但他(她)毕竟是客人,如果被得罪了,大可一走了之,去住别的酒店。但是这样一来,特别是他(她)边上还有别的朋友时,客人会感到自己很没面子,也没有一个台阶可以下。这种做法对酒店也有害无利。如果他(她)的确是总经理很好的朋友,只是一时找不到总经理或总经理忘了通知总台,那这样做无疑增添了很大的麻烦;

3.让客人先登记入住,告知客人可能总经理通知了别人,而相关人员忘了留下任何信息或留言,也许总经理第二天一早会再通知。只要是总经理的朋友,我们总会给您一个满意的价格。然后第二天一早询问一下上级或总经理。如果确是总经理忘了通知,那么这样做既给总经理弥补了一个过失,也没有得罪朋友。反之,如果此人与总经理并不相识,无非是想争取一个优惠价或为了在朋友面前有面子,那么第二天结账时,给他(她)一个普通的常客优惠价,客人也会很乐意地离去。此法可行。

对酒店管理者的启示:

1.酒店应该有一个健全的管理体制,包括酒店的价格政策。怎样的客人该给予怎样的价格应该有明文规定,不能有太大的灵活性,因为灵活性太大,势必对价

格管理造成混乱,最终必定走向失败。总经理必须带头做好此项工作。当然特殊情况也应该特殊处理;

2.加强对员工的培训,增强员工一级对一级负责的意识,尽量发挥主观能动性,独立处理每一个问题,不要做一个传话筒,什么事都找上级。没有独立思考能力的员工是一个不称职的员工。

三、客人投诉处理方法及其运用

(一)一般问题的投诉处理方法

一般的或不激烈小问题的投诉,可采用快速处理的方法,处理的程序主要是:

1.向客人道歉。这是对人不对事,主要是使客人感到安慰;

2.向客人表示同情。倾听客人的意见,用适当的手势和表情来表示你对客人的讲话内容是感兴趣的,努力听清事实,发现解决问题的线索和答案;

3.采取行动。即告诉客人将如何处理问题,什么时候他(她)的预期问题可以被解决。然后去了解问题的当事人和酒店的有关处理政策;

4.感谢客人。将问题处理的方案告诉客人,并感谢他(她)提出的问题引起了酒店的注意;检查一下是否能做其他事来帮助客人,使他(她)在酒店逗留得更愉快。另外,还要防止此类问题的再发生。

(二)大问题的投诉处理方法

诸如在大堂喧哗一类的大问题一般适用绅士处理方法。如一位客人在一个月以前就为自己的婚礼在酒店预订了宴会和客房。预订的客房是702号。今天他进店了,接待员告诉他702号已有一位客人入住,不可能让该客人搬出。怎么办呢?这位新郎在大堂里大声喧哗,说酒店预订服务不好。对这位客人激烈的投诉,运用绅士处理方法和客人进行沟通协商比较合适。

首先陪伴客人到安静、舒适的地方去,为客人倒上一杯茶或其他饮料,与客人一起坐在沙发上,并为有问题引起了他的不愉快而向客人道歉,建立易于沟通的基础。当这位客人一定要见总经理以处理客房预订错误问题时,大堂经理就应及时请示总经理。总经理在见到客人时,要耐心倾听客人的诉说。当确认是酒店客房预订员的预订错误时,总经理应承诺,保证做到使这位客人满意,并当场宣布,这位客人已是酒店非常重要的客人（VIP 客人）。在婚宴上，送上总经理敬贺的喜庆蛋糕，同时菜肴服务上升一级。另外，请客人给总经理一个机会，将 502 客房隆重装饰一下，直到客人满意为止；在客房四周摆满鲜花，同时挂上恭贺新婚的条幅。这样，这个问题必然会得到圆满解决。

更多精彩：宾客投诉处理的原则

任务四　对客沟通技巧

要与客人建立良好的宾客关系,就要对客人有正确的认识,正确理解酒店员工与客人的关系,掌握客人的心理和与客人的沟通技巧。

一、正确认识客人

要与客人进行良好的沟通,首先要正确认识客人,了解"客人是什么"和"客人不是什么"。

(一)客人是什么

1.客人是服务的对象

在酒店的客我交往中,双方扮演着不同的"社会角色"。服务人员是"服务的提供者",而客人则是"服务的接受者",是"服务的对象"。员工在工作中始终都不能忘记这一点,不能把客人从"服务的对象"变成别的什么对象。所有与"提供服务"不相容的事情,都是不应该做的。特别是无论如何也不能去"气"自己的客人。道理很简单:客人来到酒店,是来"花钱买享受",而不是来"花钱买气受"的。

2.客人是最要面子的人

常见客人到酒店的前台或餐厅,说的第一句话就是:"叫你们老总(经理)来。"来干什么? 来给客人一个"面子",给了客人面子,其他事情(如价格、结账单)就都好办多了。我们服务中常说一句话:"把面子给客人。"这是因为迎合了客人"求尊重"的心理。

3.客人是具有优越感的人

在酒店里,我们所做的一切都是为了客人。客人的要求,只要不是无理的,我们都要满足他们。一次,一房客叫来服务员,说他来了两位客人,要两包茶叶和两个一次性纸杯。房间备有两个盖杯,可客人就是不用。服务员按客人的要求将茶叶和两个一次性纸杯拿过去时,这位客人说又来了两位客人,再要两袋茶叶和两个一次性纸杯,服务员又立刻返回去拿。这位客人对他的朋友说:"听说这里的服务员态度很好,我非得考验考验她们。"对此类客人,只要要求不过分,都应该尽量满足,这体现了一个态度问题。

4. 客人是有情绪的自由人

一位客人在餐厅喝多了,跟跟跄跄地走在廊道里,一位男服务生走上前问候并想搀扶他,这位客人恼羞成怒,大声训斥服务员说看不起他。明明喝多了,但客人非说喝半斤八两白酒不算什么;明明是摔倒了,但那位客人还在大声嚷嚷"没事儿,没事儿!"之后还是服务员搀扶他走进了房间,并帮他脱掉鞋和外衣,盖好被子,关好房门才离开。在客人的行为不超越法律的范畴时,服务人员要学会宽容客人,设身处地地为客人着想,用换位思考的方式来处理这些问题,才能使服务工作做到位。

5. 客人是追求享受的人

我们应该在一定的范围内满足客人的精神和物质享受,并不断开发新产品来满足他们更新、更高程度的享受。比如:发现床头控制柜太烦琐,可改为单向控制;在床的枕头上增添靠垫,使客人躺在床上能舒舒服服地看电视;延长就餐时间,以满足客人的送餐服务;为使客人在廊道里好找服务员,在廊道的电梯旁安装服务电话;除了客房里备有多种小食品和扑克牌,服务中心还可按客人要求,随时提供水果、巧克力;专门提供保健按摩服务等。

6. 客人是绅士和淑女

谈及曾否遇到过特别粗鲁的客人时,某酒店的一位经理曾对酒店的培训生讲道:"如果你善待他们,他们自然也会善待你。切记,你们要以绅士和淑女的态度为绅士和淑女们提供优质服务。"说着,他停下脚步,弯腰捡起地上的一些杂物,放入自己的口袋中,然后接着说:"我们要尽力帮助客房服务生,正如他们帮助我们从楼厅内清理餐车一样。"这位经理以自己的言行完美地诠释了酒店员工与客人及同事的沟通。

(二)客人不是什么

1. 客人不是评头论足的对象

任何时候,都不要对客人评头论足,这是极不礼貌的行为。请听一下一位客人的经历和反应。"当我走进这家酒店的餐厅时,一位服务员颇有礼貌地走过来领我就座,并送给我一份菜单。正当我看菜单时,我听到了那位服务员与另一位服务员的对话:'你看刚才走的那个老头,都快骨瘦如柴了还舍不得吃,抠抠索索的……''昨天那一位可倒好,胖成那样儿,还生怕少吃一口,几个盘子全叫他给舔干净了!'听了他们的议论,我什么胃口也没有了。他们虽然没有议论我,可是等我走了以后,谁知道他们会怎样议论我?我顿时觉得,他们对我的礼貌是假的!……"

2. 客人不是比高低、争输赢的对象

不要为鸡毛蒜皮的小事与客人比高低、争输赢,因为即使你"赢"了,你却得罪了客人,使客人对你和酒店不满意,实际上你还是输了。

3. 客人不是"说理"的对象

在与客人的交往中,服务人员应该做的只有一件事,那就是为客人提供服务。所以,除非"说理"已经成为服务的一个必要的组成部分,作为服务人员,是不应该去对客人"说理"的。尤其是当客人不满意时,不要为自己或酒店辩解,而是立即向客人道歉,并尽快帮客人解决问题。如果把服务停下来,把本该用来为客人服务的时间,用去对客人"说理",其结果,肯定是"吃力不讨好"。

4. 客人不是"教训"和"改造"的对象

酒店的客人中,"什么样的人都有",思想境界低、虚荣心强、举止不文雅的人大有人在。但服务人员的职责是为客人提供服务,而不是"教训"或"改造"客人。如果需要教育客人,也只能以"为客人提供服务"的特殊方式进行。

更多精彩:对客沟通技巧

案例评析

某日,有几位客人在客房里吃西瓜,桌面上、地毯上吐的到处是瓜子。一位客房服务员看到这个情况,就连忙拿了两个盘子,走过去对客人说:"真对不起,不知道您几位在吃西瓜,我早应该送两个盘子过来。"说着就去收拾桌面上和地毯上的瓜子。客人见这位服务员不仅没有指责他们,还这样热情周到地为他们提供服务,都觉得很不好意思,连忙自我批评:"真是对不起,给你添麻烦! 我们自己来收拾吧。"最后,这位服务员对客人说:"请各位不要客气,有什么事,尽管找我!"

点 评

这位服务员就不是用训斥的方式,而是用"为客人提供服务的方式""教育"了客人。

二、掌握与客人的沟通技巧

(一)重视沟通语言的使用

沟通缺失或沟通不当,是影响酒店各部门服务质量的重要因素。主动、规范的沟通语言,是提高酒店总台接待质量及酒店服务质量的重要途径。

(二)重视对客人的"心理服务"

酒店为客人提供"双重服务",即"功能服务"和"心理服务"。功能服务满足消费者的实际需要,而"心理服务"除了满足消费者的实际需要外,还要能使消费者得到一种"经历"。从某种意义上讲,客人就是花钱"买经历"的消费者。客人在酒店的经历,其中一个重要的组成部分,就是他们在这里所经历的人际交往,特别是他们与酒店服务人员之间的交往。这种交往,常常对客人能否产生轻松愉快的心情,能否带走美好的回忆,起着决定性的作用。所以,作为前厅服务员,只要能让客人经历轻松愉快的人际交往,就是为客人提供了优质的"心理服务",就是生产了优质的"经历产品"。

总而言之,酒店员工如果只会对客人微笑,而不能为客人解决实际问题,当然不行,但如果只能为客人解决实际问题,而不懂得要有人情味儿,也不可能使客人满意。

(三)对客人不仅要斯文和彬彬有礼,而且要做到"谦恭""殷勤"

斯文和彬彬有礼,只能防止和避免客人"不满意",而只有"谦恭"和"殷勤"才能真正使客人满意。所谓"殷勤",就是对待客人要热情周到,笑脸相迎,问寒问暖;而要做到"谦恭",就不仅意味着不能去和客人"比高低、争输赢",而且要有意识地把"出风头的机会"全都让给客人。如果说酒店是一座"舞台",服务员就应自觉地去让客人"唱主角",而自己则"唱配角"。

(四)对待客人,要"善解人意"

要给客人以亲切感,除了要做"感情上的富有者",还必须"善解人意",即能够通过察言观色,正确判断客人的处境和心情,并能根据客人的处境和心情,对客人做出适当的语言和行为反应。

(五)"反"话"正"说,不得对客人说"NO"

将反话正说,就是要讲究语言艺术,特别是掌握说"不"的艺术,要尽可能用"肯定"的语气,去表示"否定"的意思。比如,可以用"您可以到那边去吸烟",代替"您不能在这里吸烟";"请稍等,您的房间马上就收拾好",代替"对不起,您的房间还没有收拾好"。在必须说"NO"时,也要多向客人解释,避免用钢铁般生硬冰冷的"NO"字一口回绝客人。

(六)否定自己,而不要否定客人

在与客人的沟通中出现障碍时,要善于首先否定自己,而不要去否定客人。比如,应该说:"如果我有什么地方没有说清楚,我可以再说一遍。"而不应该说:

"如果您有什么地方没有听清楚,我可以再说一遍。"

(七)投其所好,避其所忌

客人有什么愿意表现出来的长处,要帮他表现出来;反之,如果客人有什么不愿意让别人知道的短处,则要帮他遮盖或隐藏起来。比如,当客人在酒店"出洋相"时,要尽量帮客人遮盖或淡化之,决不能嘲笑客人。

(八)不能因为与客人熟,而使用过分随意的语言

做酒店工作久了,有许多客人就会成为自己的朋友。于是见面的问候不再是"您好"而是"哇! 是你呀!"彼此之间的服务也由"格式化"变成"朋友化"了。这会导致沟通失误,甚至造成严重后果。

任务五　客史档案管理

　　众所周知,随着酒店业竞争的日益激烈和顾客消费个性化需求的不断加强,酒店客史档案在酒店经营与服务中的作用日渐显著。客史档案是酒店宝贵的资源和财富。通过客史档案,酒店能够更为准确地了解市场动向和特点,把握自身客源结构、消费构成,以及顾客对酒店服务产品的要求、意见等情况,才能适应变化的趋势,制定正确的决策,实现提高产品针对性,增强顾客满意度,更为稳固地占有市场、拓展市场的目的。

一、客史档案的基本内容

客史档案应该包含以下三个方面的基本内容。

(一)客户的常规档案

　　包括单位客户档案和散客档案。单位客户档案主要有双方协议签订时所提供的单位名称、性质、经营内容、地址、负责人姓名、联系人姓名、联系方式、主要消费需求、认定的房价、消费折扣率、付款方式等信息。散客档案则是指客人在办理预定和入住登记时所留下的第一手资料,主要包括客人姓名、性别、出生年月日、所属单位、常住地、有效身份证件类别及号码、联系方式、到达原因、入住房价、入住时间、付款方式等要素。

(二)酒店有意识收集的顾客消费个性化档案

　　酒店每天迎来送往的客人不计其数,而他们的要求和特点又是五花八门的,要让与宾客直接接触的员工都能够了解宾客的情况,并充分照顾到宾客的个性化要求就有相当的难度。

　　在日常工作中对宾客的特殊要求、消费习惯等要有意识、有目的地进行收集,比如客人的订房单、住宿登记表、账单、宾客满意度、投诉等,以及其他平时的观察和收集,从而针对宾客的需求特点,提供更加完善的个性化服务。

还可以通过不同渠道、方式,有意识、主动去收集顾客消费需求特点、行为特征、个人嗜好等信息,包括顾客家庭状况、学历、职称、职务;洗浴用品的品牌追求;枕头高低、床垫软硬度选择;阅读习惯;电视节目、娱乐喜好;饮食习惯、口味特征,茶叶、咖啡、酒类爱好;灯光、空调温度、洗澡水热度要求;卫生标准;个人其他嗜好;对酒店产品与服务的评价等。

(三)客户信息分析档案

客史档案是客户信息的总汇,植根于对客户信息科学分析基础上所形成的经营、服务策略,是客史档案价值的真正体现。

客户信息分析主要从以下几方面进行:

1.客户概况分析,包括客户层次、风险、爱好、习惯等;

2.客户忠诚度分析,主要指客户对酒店各项服务产品的认同度和购买热情;

3.客户利润分析,主要指客户消费不同产品的边缘利润、总利润额、净利润等;

4.客户未来分析,包括客户数量、类别、潜在消费能力等未来发展趋势,争取客户的手段、方法等;

5.客户促销分析,包括广告、宣传、情感沟通计划等。

只有由上述内容有机组成的客史档案才能形成一个完善的体系,构筑起酒店客户关系管理系统和客户忠诚系统的组合平台,使客史档案为经营决策提供依据。

二、酒店客史档案的功能

(一)有利于增强酒店的创新能力

酒店行业是服务型行业,所提供的产品必须适应自身客源市场不断变化的消费需求。通过客史档案的管理和应用,酒店能够及时掌握顾客消费需求的变化,适时地调整服务项目,不断推陈出新,确保持续不断地向市场提供具有针对性、有吸引力的新产品,满足顾客求新、求奇、求特色的消费需要。酒店产品体系的创新是酒店生命力所在,而客史档案的科学建立和运用是提升酒店创新能力的基础。

(二)有利于提升酒店的服务品质

客史档案是酒店客户关系管理系统和客户忠诚系统的组合平台。一方面客户关系管理系统的作用就在于通过对客户信息的深入分析,能够全面了解客户的爱好和个性化需要,开发出"量身定制"的产品,大大提高客人的满意度;另一方面,客户忠诚系统的作用则体现在个性化服务和一系列酒店与客户间"一对一"的情感沟通上。客户对酒店会产生信任感,会认为在这里消费比在其他地方更可靠、更安全、更有尊严感,顾客满意将因此升华为顾客忠诚,酒店服务的品质会得到客户进一步的认同。

(三)有利于提高酒店的经营效益

客史档案的科学运用将有助于酒店培养一大批忠诚顾客。一方面可以降低酒店开拓新市场的压力和投入;另一方面由于忠诚客户对酒店产品、服务环境熟悉,具有信任感。因此,他们的综合消费支出也就相应比新客户更高,而且客户忠诚度越高,保持忠诚的时间越长,酒店的效益也就越好。

(四)有利于提高酒店的工作效率

客史档案为酒店的经营决策和服务提供了翔实的基础材料,使得酒店的经营活动能够有的放矢,避免许多不必要的时间、精力、资金的浪费。由于对客户消费情况的熟悉,员工的服务准备更为轻松。良好客户关系的建立,也有助于酒店工作氛围的改善,员工的工作热情、主动精神将得到有效地发挥,酒店整体的工作效率也将极大地提高。

(五)有利于塑造酒店的显性品牌

口碑效应是酒店品牌塑造的关键因素,忠诚客户一个显著的特点是会向社会、同事、亲戚朋友推荐酒店,义务宣传酒店的产品和优点,这为酒店树立了良好的口碑,从而带来新的客源。根据客史档案划分、培育忠诚客户,可以为酒店创造更为重要的边际效应。

三、客史档案的管理

在错综复杂、千头万绪的客户信息中提取出有效的信息,形成科学的客史档案是一项十分困难的工作。因此,客史档案的管理和使用必须重视以下环节。

(一)树立全店的档案意识

客史档案信息来源于日常的对客服务细节,绝不是少数管理者在办公室内就能得到的资源,它需要酒店全体员工高度重视,在对客服务时有意识地去收集。因此酒店在日常管理、培训中应向员工不断灌输"以客户为中心"的经营理念,宣传客史档案的重要性,培养员工的档案意识,形成人人关注,人人参与收集客户信息的良好氛围。

(二)建立科学的客户信息制度

客户信息的收集、分析应成为酒店日常工作的重要内容,应在服务程序中将客户信息的收集、分析工作予以制度化、规范化。如可规定每月高层管理者最少应接触五位顾客,中层管理者最少应接触十五位顾客并了解客户的需求,普通员工每天应提供两条以上客史信息等。在日常服务中应给员工提示观察客人消费情况的要点,如客房部员工在整理客房时应留意客人枕头使用的个数、茶杯中茶叶的类别、电视停留的频道、空调调节的温度数、客房配备物品的利用情况等。同时应以班组为单位建立客户信息分析会议制度,每个员工参与,根据自身观察到的情况,对客人的消费习惯、爱好做出评价,形成有用的客史档案。

(三)形成计算机化管理

随着酒店经营的发展,客史档案的数量将越来越多,如连续二十年被评为世界服务质量第一名的曼谷东店堡的散客档案便达到二十多万份。同时客史档案中的许多内容靠人工管理是非常困难的,因为它们随着客户生活情况的改变会发生变化。

(四)利用客史档案开展经营服务的常规化

酒店营销部门、公关部门应根据客史档案所提供的资料,加强与 VIP 客户、回头客、长期协作单位之间的沟通和联系,使之成为一项日常性的常规工作。如通过经常性的回访、入住后征询意见、客户生日时赠送鲜花、节日期间邮寄一张贺卡、酒店主题活动、新产品推出时邮寄宣传资料等方式都能拉近酒店与客户之间的关系,让客人感到亲切和尊重,客人的忠诚度也会得到极大提高。这样客户即使偶尔对酒店的服务有意见,也不会轻易弃酒店而去。

总之,酒店客史档案的管理和应用是一项系统性工程,需要酒店高度重视,积极探索,形成科学完整的体系,对宾客日积月累的消费记录进行各方面的分析,为管理者提供有利的决策依据,使之成为酒店经营决策的财富。酒店客史档案卡如表 8-5-1 所示。

表 8-5-1　酒店客史档案卡

编号:＿＿＿＿＿＿　客源类别:＿＿＿＿＿＿
姓名:＿＿＿＿＿　性别:＿＿＿＿＿　婚姻:＿＿＿＿＿
国籍:＿＿＿＿＿　省会:＿＿＿＿＿
出生日期:＿＿＿＿＿　教育程度:＿＿＿＿＿
身份证号码:＿＿＿＿＿
护照号码:＿＿＿＿＿
护照签发日期与地点:＿＿＿＿＿
职业:＿＿＿＿＿　职务:＿＿＿＿＿
家庭地址:＿＿＿＿＿　电话:＿＿＿＿＿
工作单位:＿＿＿＿＿　单位电话:＿＿＿＿＿
单位地址:＿＿＿＿＿
电子邮箱:＿＿＿＿＿
传真号码:＿＿＿＿＿
其他资料:＿＿＿＿＿
喜欢房号:＿＿＿＿＿　喜欢楼层:＿＿＿＿＿　喜欢包房:＿＿＿＿＿
抵店日期:＿＿＿＿＿
离店日期:＿＿＿＿＿
入住间夜:＿＿＿＿＿
月入住率:＿＿＿＿＿
入住房租:＿＿＿＿＿
前年消费:＿＿＿＿＿
去年消费:＿＿＿＿＿
今年消费:＿＿＿＿＿

上月消费：_____

付款方式：_____

享受折扣：_____

预订方式：_____

信用程度：_____

个人账号：_____

会员卡号：_____

习俗爱好：_____

　　　　　_____

　　　　　_____

　　　　　_____

公司资料：_____

　　　　　_____

家人情况：_____

　　　　　_____

　　　　　_____

备注：_____

填表人：_____　填表日期：_____

思考与训练

◇阅读思考

1.简述大堂副理的主要职责?

2.大堂副理接待 VIP 客人的工作流程是怎样的?

3.投诉处理的基本程序是怎样的?

◇能力训练

名称:宾客投诉处理。

目的:掌握处理宾客投诉的程序与原则,学会与客人沟通的技巧和方法。

内容:1.选用一个典型案例,现场做投诉处理的演示;

2.6—8人为一组,分组讨论一个案例的投诉类型、解决方法及处理程序。

◇案例分析

夏日,南京某酒店大堂,两位外国客人向大堂副理值班台走来。大堂倪副理立即起身,面带微笑地以敬语问候。坐后两位客人忧虑地讲述起他们心中的苦闷:"我们从英国来,在这儿负责一项工程,大约要三个月,可是离开了翻译我们就成了睁眼瞎,有什么方法能让我们尽快解除这种陌生感?"小倪微笑地用英语答道:"感谢两位先生光临我店,两位的到来使大厅蓬荜生辉,这座历史悠久的都市同样欢迎两位先生的光临,你们在街头散步的英国绅士风度也一定会博得市民的赞赏。"熟练的英语所表达的亲切的情谊,一下子拉近了彼此间的距离,气氛变得活跃起来。于是外宾更加广泛地询问了当地的生活环境、城市景观和风土人情。从长江大桥到六朝古迹,从秦淮风情到地方风味,小倪无不一一细说。

言谈中,倪副理还得知其中的一位马斯先生生日就在两天之后。谈话结束之后,倪副理立即在备忘录上做了记录。两天后一早,小倪就买了鲜花,并代表酒店在早就预备好的生日卡上填好英语贺词,请服务员将鲜花和生日贺卡送到马斯先生的房间。马斯先生从珍贵的生日贺礼中获得了意外的惊喜,激动不已,连声答道:

"谢谢,谢谢贵店对我的关心,我深深体会到这贺卡和鲜花之中隐含着许多难以用语言表达的情意。我们在南京逗留期间再也不会感到寂寞了。"

问题:大堂倪副理对待两位客人的做法对你有什么启发?

模块九　前厅部基层管理

学习目标

知识目标

■ 掌握前厅部沟通和协调管理的主要方法

■ 掌握激励的主要方式和方法

■ 了解服务质量的内容和控制方法

能力目标

◎ 能根据沟通协调的要求和方法,进行有效内部沟通

◎ 能够结合实际运用各种激励方法提升员工工作效率

◎ 能制定服务质量管理方案,完成员工服务质量培训

案例导读

一天，外籍总经理在酒店做一天开始的第一项工作——巡视酒店的公共区域，发现大厅的钢琴有些脏。他叫来旁边正在做清洁的服务员 Peno，对他说："The piano is dirty，Please clean the piano."Peno 把听懂的部分凑起来，以为是要他"clean Peno(Piano)"，他虽然纳闷自己天天洗澡，怎么会"dirty"，但却没敢追问总经理，只好回去更认真地洗了澡。谁知第二天总经理又发现钢琴上的污渍，又叫 Peno，请他尽快清理。Peno 一头雾水，不明白为什么总经理总说自己脏，满腹委屈地向自己的经理诉苦，通过经理向总经理证实才知道是一场误会。一个问题，甚至一个手势就能澄清的误解，却造成 Peno 两天的苦恼和委屈。

思　考

1.造成 Peno 苦恼和委屈的主要原因是什么？
2.这个案例对你有什么启示？

任务一 沟通与协调管理

一、前厅部沟通管理

沟通是企业组织的生命线。管理的过程，其实也就是沟通的过程。通过了解顾客的需求，整合各种资源，创造出好的产品和服务来满足客户，从而为企业和社会创造价值和财富。如果说酒店是个有生命的有机体，沟通则是机体内的血管，通过流动来给组织系统提供养分，实现机体的良性循环。所以说，沟通是人类行为中最重要的活动，是一门研究如何使阻抗降至最低，共同达到最优目标的学问。

沟通是指信息在人与人之间的传递，是人与人之间通过语言、文字等多种表达方式进行信息传递和交换的过程。它是一种通过传递观点、事实、思想、感受和价值观而与他人相接触的途径。沟通包含着意义的传递，如果信息和想法没有被传递出去，则意味着沟通没有发生。所以说，要使沟通成功，意义不仅需要被传递，还需要被理解。

酒店前厅日常工作是一项"高接触"的活动，沟通是前厅组织职能中的一项重要内容，它包含着对内沟通和对外沟通两个层面。内部沟通通常是指员工间沟通、上下级间沟通、部门之间沟通，等等；外部沟通则包括酒店与顾客的沟通，以及与政府机构、社区等职能部门的沟通。

(一)沟通的形式

1. 正式沟通

正式沟通是指通过组织明文规定的渠道进行的与工作相关的信息传递和交流，它与组织的结构息息相关。如组织中上级的命令指示逐级向下传达，下级的情况逐级向上报告等。

正式沟通的优点是效果较好，比较严肃，有较强的约束力，易于保密，可以使信息沟通保持权威性。重要和权威的信息都应当采用这种沟通方式。其缺点是：由于依靠组织系统层层传递，速度较慢，比较刻板，不够灵活。因此，组织为顺利进行工作,必须要依赖非正式沟通以弥补正式沟通的不足。

2.非正式沟通

非正式沟通是在正式沟通渠道之外的信息交流和传递,它是以社会关系为基础的沟通方式,不受组织的监督,自由选择沟通渠道,如朋友聚会、小道消息等。

非正式沟通的优点是沟通方便、内容广泛、方式灵活、速度快,而且由于在这种沟通中比较容易表露思想、情绪和动机,因而能提供一些正式沟通中难以获得的信息。它的重要作用表现在:

(1)可以满足职工情感方面的需要;

(2)可以弥补正式通道的不足;

(3)可以了解职工真实的心理倾向与需要;

(4)可以减轻管理者的沟通压力;

(5)可以防止管理者滥用正式通道,有效防止正式沟通中的信息"过滤"现象。

非正式沟通的缺点主要是信息的真实性和可靠性欠缺,有时甚至会歪曲事实。

(二)沟通的方法

组织中最常用的沟通方法有口头沟通、书面沟通、非语言沟通及电子媒介沟通。

1.口头方式

人们之间沟通最常用的方式是口头交谈,也就是口头沟通。常见的口头沟通包括演说、正式的一对一讨论或小组讨论、非正式的讨论,以及传闻或小道消息的传播。口头沟通的优点是快速传递和快速反馈。

2.书面方式

书面沟通包括备忘录、信件、组织内发行的期刊、布告栏及其他任何传递书面文字或符号的手段。书面沟通的优点是持久、有形,可以核实。

3.非言语方式

一些极有意义的沟通既非口头方式也非书面形式,而是非语言沟通。刺耳的警笛和十字路口的红灯都不是通过文字告诉人们信息的。一个人所用的办公室和办公桌的大小,一个人的穿着打扮都向别人传递着某种信息。不过,非语言沟通中最为人知的是体态语言和语调。

4.电子媒介

现代社会,人们正越来越依赖于各种各样复杂的电子媒介来传递信息。除了电话、公共邮寄系统,闭路电视、计算机、静电复印机、传真机等一系列电子设备也已经成为重要的沟通渠道。互联网和无线通信网络,使个体之间可以迅速地传递书面信息,存贮在接受者终端的信息还可供接受者随时阅读;电子邮件和短信迅速而廉价,并可同时将一份信息传递多人。它的缺点与书面沟通相同。

(三)酒店前厅部的沟通管理

1.内部沟通管理

(1)抓好纵向沟通,保证信息双向畅流

在前厅部,员工因素是影响服务质量的重要因素。因而,酒店前厅管理人员在积极抓好酒店外部销售管理的同时,应加强对内部员工的管理,通过有效的沟通、交流,排除员工心中影响服务质量的不满情绪,增强员工的整体凝聚力,为酒店经营目标的实现服务。

前厅部员工在进行对客服务时需要大量有关顾客需求和酒店经营、决策等方面的信息;而前厅管理者也有必要把酒店新的服务策略、新的服务方式及酒店的企业文化等信息及时地传递给前厅部的员工。这种信息的双向需求,要求酒店提供顺畅的沟通渠道,抓好上、下级之间的沟通,以保证信息的双向畅流。同时,前厅部员工的需要、建议、要求也需要及时反馈到管理层,尤其是酒店前厅的一线员工,在与顾客频繁而密切的接触中,最易得到有关顾客需求的信息,发现服务中存在的问题,所以说一线员工的建议对酒店改善经营、服务极具价值。如果员工的某些建议、要求无法到达管理层或得不到重视,就会挫伤员工积极性,影响对客服务的质量。因而,前厅部内部应有下情上呈的沟通渠道,建立有效的双向沟通系统,使得员工的可行性建议能被及时采纳。管理层根据员工的要求做出调整后把信息反馈给员工,从而使员工深切地意识到自己在组织中的价值。

为了搞好酒店上、下级的纵向沟通,许多酒店采用召开员工会议、与员工座谈等方式,以求从中了解员工的需要及员工的不满情绪,并做出反应。

（2）做好横向沟通，加强部门间的协作、支持

从酒店的具体工作来看，酒店的许多服务工作都需要不同部门的员工相互配合，共同协作完成。以餐饮宴会接待为例，宴会接待涉及餐饮部、销售部、工程部及安全部等部门，单靠餐饮一个部门是不能很好地完成接待任务的。而从顾客角度来看，服务对顾客来说是一个整体概念，酒店中不同部门、不同员工为顾客提供的服务都是顾客对本酒店服务质量感受的组成部分，任何环节的缺失都会破坏服务的整体效果。因而，前厅部有必要加强与其他部门间的信息横向沟通，协调好部门间的协作、支持；应及时将顾客信息传递到相关的辅助部门，并要求辅助部门做出相应的信息反应。接待部门需要了解销售部门在对外营销时对顾客做出的承诺程度，以便在提供服务时，尽量达到或超过酒店对顾客所做的承诺。

酒店要达到经营目标，保证经营活动的高效运作，必须借助各种手段进行内部沟通，使信息在酒店内部流动起来，使员工在顾客导向、质量观念的指导下，充分发挥积极性、创造性和协作精神，以求实现酒店最终的经营目标。如果部门间缺乏沟通，没有向顾客提供其所希望的产品、服务，就会极大地影响顾客对酒店服务的满意度。因此，员工之间、部门之间必须协调配合，以求创造一个高服务质量的酒店形象，增加酒店对外部市场的吸引力。

知识链接

酒店内部沟通的误区

研究表明，酒店管理中70％的错误是由不良的沟通引起的，所以我们有必要了解酒店沟通中的种种误区，走出困境。

误区一：忽视"倾听"的重要性

保罗说"沟通首先是倾听的艺术"，而酒店的管理者习惯于高高在上地发号施令，不善于也不愿意倾听员工的声音，他们觉得酒店员工层次低，提不出什么好建议，所以很少去向员工征求意见，倾听他们的真实想法。然而，一线员工每天直接接触大量顾客，能够更及时、准确地了解顾客需求，甚至比管理者更清楚酒店存在的各种问题，管理者如果不认真倾听，就不能及时发现和解决问题。

误区二:沟通是信息的单向交流

很多酒店管理者认为:我把酒店管理层的决策、酒店的各项规章制度及日常经营信息告诉员工了,就完成了沟通工作。他们不重视信息的反馈,不关心员工对信息的接收和理解程度。实际上,良好的沟通需要双方的积极参与,需要良好的沟通反馈机制,使发送信息者能及时了解信息在实际中如何被了解、信息接收者是否有困难,从而提供帮助和解决,进而使信息沟通有效地达到目的。

误区三:不重视管理层的沟通

酒店管理者习惯说"我们需要改善一下与员工的沟通""管理者自己能管好自己",其实大部分的沟通问题是发生在管理层的。在酒店内的下行和上行沟通中,大部分是管理层的沟通,大部分的信息损失发生在管理层。管理层的沟通是管理者与员工沟通的前提。当管理层沟通不好时,肯定会导致与员工沟通时的信息失真、沟通失败;而且管理者的影响范围明显大于一般员工,如果一个管理者的信息不准确,可能影响到一批人。所以酒店的内部沟通应首先重视管理层的沟通,然后确保管理者与员工的良好沟通。

2.外部沟通管理

(1)与顾客的沟通

顾客是酒店的服务对象,是酒店外部沟通中的首要对象。一旦没有顾客或是客源贫乏,酒店就难以生存和发展下去。良好的顾客关系是酒店无形的财富,是酒店成功的关键。"顾客至上,服务第一"已经成为一种被酒店业公认的经营管理思想。这种经营管理思想要求前厅部在经营过程中,首先要面向顾客,以目标市场顾客为导向,为顾客提供优质的酒店产品。要以提供优质的服务为宗旨,赢得顾客,获得信誉;要以沟通为基础,建立酒店与顾客之间双向的经常性的信息沟通,及时了解顾客需求,预测顾客需求的变化,进而完善酒店的服务项目、服务技术和服务系统。

(2)与酒店所在社区的沟通

社区关系是指酒店与周围处于同一地域的其他群体、组织、个人的关系。社区是酒店的根据地和大本营,对酒店的生存和发展起着至关重要的作用。建立良好的社区关系的目的,就是要使酒店在社区中树立良好的形象,争取社区公众的信赖、支持和合作,创造一种对酒店生存和发展有利的"地利""人和"的环境。酒店要建立和维持良好的社区关系,可以通过积极创办和扶助社区公益事业、参与整治和美化环境活动、为社区提供就业机会等途径来实现。

二、前厅部协调管理

(一)协调的形式

1.程序式

这是针对一些反复出现的问题而采用的协调方式。对于这类问题,在第一次出现时,因为没有先例可循,所以应认真研究,严格按有关政策和规定,拿出正确的处理意见,制定标准的处理程序。当以后再出现类似问题时,一般就按标准程序办理。

2.磋商式

这是当某个问题或事情涉及酒店内外许多部门时而采用的协调方式。酒店有些问题或事情的解决,有时往往需要经过许多部门的同意,比如:在户外设立广告牌、楼房扩建改造、增加服务项目和设施等,办这些事情都要得到工商、环保、规划、交通等部门的同意。在办理过程中,当某个部门有阻力或不同意时,相关协调人员就应主动去向该部门的领导说明情况,做好沟通工作,力求解决问题,若实在行不通,则应向总经理报告情况,采取新的措施。

3.随机式

在遇到一些特殊情况的问题,难以用一种固定不变的方式进行协调时,必须要见机行事,随机应变,临场处理。通常的办法是:紧急情况下,一方面见机处理,另一方面向总经理汇报并请求指示;非紧急情况下,可及时向总经理汇报,并建议有关领导到现场协调处理。

4.咨询式

咨询即请教、商量的意思。运用到酒店协调工作中,就是对所需协调的问题,用探讨研究的语气发表自己的意见,征询对方看法,以达到相互协商、共同寻求最佳办法的目的。

5. 建议式

无论是上下级之间还是平级之间的协调，酒店相关协调人员都要强化"服务意识"，以谦逊的态度、建议的口吻，将自己的意见转告对方，供其参考选用。建议性的意见不带有强制性，也不具有约束力，只具有影响力。而影响力大小，取决于建议性意见本身的价值。一般情况下，多采用建议式的协调方式比较易于被对方采纳和接受，从而达到协调的目的。

协调的形式是多种多样的，应针对不同的对象和不同的问题，采用不同的方法。协调方式运用适当与否，将直接影响协调工作的结果。所以，酒店前厅管理者要在实践中不断摸索和积累，逐步增强协调力。

(二)前厅部协调管理的方法

1. 认真学习和掌握一系列政策和法规。就协调工作而言，无论对内对外，都属于一种对矛盾和纠纷的调解，有时还需要做出仲裁，因此，作为参与协调工作的人，必须要有判明是非的标准和调解问题的尺度。这种标准和尺度就是一系列的政策、法规和有关规定。只有掌握了这种标准和尺度，协调工作才有最基本的依据。

2. 了解和熟悉酒店各项制度和各种工作运转程序。酒店的协调工作不是一个抽象的概念，它是有具体内容的。尤其是发生在酒店内部需要协调的问题，往往是与有些制度或工作程序相抵触而产生的。因此，了解并熟悉酒店各项制度和工作程序，对开展协调工作而言是至关重要的，它是做好协调工作的准绳。

3. 保持对内外经常性的联系与沟通。各部门之间应保持经常性的联系和沟通，建立良好的关系。因为，协调工作并不带有强制性和约束力，它是靠意见和建议本身的价值去影响他人，靠解释与说理让人接受。尤其是在对外协调时，更是如此。因此，当与酒店内部和外部的有关单位建立了良好的关系时，也就给协调工作带来了极大的方便。这种方便主要表现在：当你有事与人协商时，双方在感情上不会产生对立和抵触的情绪。相反，因为有了良好的关系，所以双方对对方的意见或建议都比较容易理解，甚至比较容易接受。

4. 正确运用协调方式，注意在实践中积累。能正确运用协调方式，协调工作也就比较顺手。但是，要做到对协调方式运用自如，就必须注意在实践中摸索和积累。酒店对内对外的协调工作随时产生，问题千差万别，协调的成功率也不可能达到百分之百。有些不成功是客观原因造成的,有些则是方式方法不当造成的。提高协调工作的能力,就是要尽量避免因方式方法不当而导致的协调不成功。实践经验的不断积累,实际上是提高协调工作能力最有效的办法。

任务二　员工激励管理

所谓激励,是指激发人的行为动机的心理过程,即通过各种客观因素的刺激,引发和增强人的行为的内驱力,使人达到一种兴奋的状态,从而把外部的刺激转化为个人自觉的行为。激励能激发人的行为动机,激发士气,鼓舞干劲。而"激励机制"是在组织系统中,激励主体系统运用多种激励手段并使之规范化和相对固定化,而与激励客体相互作用、相互制约的结构、方式、关系及演变规律的总和。在一个企业所管理的人力资源、物力资源、财力资源、时间资源和信息资源中,人力资源的管理是核心所在,这在当今世界日趋兴盛的人本主义思想中已得到充分张扬。

不同的企业有着不一样的激励机制,根据情况的不同,每个企业所采取的激励也是不一致的。比如说有的企业注重物质激励,满足员工的物质需要,来调动员工的工作积极性;而有的企业却注重精神上的激励,给予员工精神上的鼓舞,来提高工作质量。由此可见,激励的方式是各种各样的。从理论上讲,激励可以按不同的标准分类,比如按内容分,可分为物质激励和精神激励;按性质分,可分为正激励和负激励;按形式分,可分为内激励和外激励;等等。每种激励方式都有着不可估量的功效,而每个酒店则有着自己独有的一套激励方案。

一、前厅部员工激励的意义

(一)有利于提高员工工作的自觉性、主动性和创造性

激励可以提高员工接受和执行组织目标的自觉程度,解决员工对工作价值的认识问题,使其充分认识所从事工作的必要性。因为,工作的自觉性、主动性和创造性是工作取得突破性进展的重要保证。而利益是调节人行为的重要因素,领导者在设置目标时,在保证国家和集体利益的前提下,应当尊重个人利益,使个人目标与组织目标尽可能协调一致,一致性程度越高,员工的自觉性、主动性和创造性就越能够得到有效发挥。反之,便会出现消极怠工现象,员工甚至产生抵触心理。

(二)有利于激发员工的工作热情和兴趣

激励不仅可以提高员工对自身工作的认识,还能够激发员工的工作热情和兴趣,解决工作态度和认识倾向问题,投入自己的全部精力为达到预期目标而努力。兴趣是影响动机形成的重要因素。强烈而稳定的职业兴趣,是保证员工掌握技术、进行创新、充分发挥自身能力的重要心理条件。激励可以使员工对工作产生稳定而浓厚的兴趣,使员工对工作产生持久的注意力和高度的敏感性,形成对自身职业的热爱。

(三)有利于提高员工的工作绩效

激励可以激发员工的干劲,充分挖掘员工的潜力,从而提高工作绩效。同样一个人,通过充分激励后,发挥的作用相当于激励前的 3—4 倍。工作效率的高低和工作绩效的大小,通常取决于两个基本因素:一是能不能,二是干不干。前者指是否具有承担某项工作的能力和资格,后者是指从事某项工作的意愿、干劲,也就是工作的积极性。在人力资源开发和管理过程中,经常大量而艰苦的工作就是解决干不干和以多大的积极性去干的问题,而激励正是充分调动人的积极性,发挥人的主动性、创造性的主要手段。

(四)有利于创造和维持良好的环境

领导者可以通过营造有利的环境,促使组织成员的动机更强烈,使群体中的个人很好地为共同目标而努力工作,从而创造出一个良好的工作环境。在质量优、信誉好的组织里,员工往往受到信誉的激励而努力工作。

(五)有利于引导员工活动的方向

所有人类行为的基本要素,都是一些行为或精神方面的活动。问题是员工在某一时刻会产生什么行为,以及为什么会产生这些行为。而行动是看目标的,因此,领导者通过激励引导员工在某些活动上做出贡献,有助于社会或组织达成它们的任务和目标。

(六)有利于激发员工创造力和革新精神

在当今世界上企业的产品生命周期越来越短的趋势下,创新可以维持企业生命的活力。而要使企业不断创新并改善产品品质,关键是要提高员工的素质,特别是要提高员工的创新意识和能力,使员工每天都有进步。而要做到这一点,就必须对员工进行激励,使他们不仅充分发挥自己的积极性,还产生巨大的激励效应,努力钻研和创新企业文化。

二、前厅部员工激励方式与要求

(一)工作激励

工作激励的目的是希望员工从工作本身中找到乐趣,把工作看成自身一种内在的需要。因此企业给员工分配工作时要注意多样性(如工作轮换)、确定性(员工有机会看到自己的成果)、完整性(不要让员工只承担工作的一半)、重要性(使员工明确工作不仅仅是为了赚钱,而且承担着一定的责任),同时给予员工工作上足够的自主权,并及时对其工作进行反馈。

(二)目标激励

没有目标就没有管理,管理就是朝着目标步步逼近的过程。目标是一种努力的方向。明确、合适的目标可以给员工很大的激励作用。因此,企业要不断地为员工设立可以看得到、在短时间内可以达到的目标,并积极引导员工个人目标与企业目标同向,使员工个人的切身利益与企业的集体利益一致。另外,目标设定要有期限,并不断给员工进行反馈,向其指出目标的实现程度或接近目标的程度。但值得注意的是,太高、太远的目标对员工来说,激励作用不会太大。

(三)环境激励

好的环境对员工来说,是一种很好的激励因素。具体来说,环境包括制度环境、工作环境、人际环境和心理环境等。因此,企业制定的各种规章制度要有利于员工个体和部门之间的良性竞争,为其工作带来一定的压力和动力。前厅部的管理者和人力资源部门的工作人员要经常关心员工的工作、学习、生活,帮助员工排忧解难,在企业内创造一种良好的工作、人际和心理氛围,使员工能够在一种轻松、和谐、向上的环境下工作。

(四)参与激励

每一个人都希望参与管理,酒店前厅部的员工也不例外,他们总想拥有参与酒店管理的发言权。因此前厅管理者和人力资源工作者要善于给予员工参与管理、参与决策和发表意见的机会。要倾听下属的心声,因为决策的最终执行者还是下属员工。在美国、德国等一些国家,越来越多的酒店设立了总经理接待日,它使每位员工都有机会和总经理面对面说出自己的心里话,谈心中的"疙瘩",提合理化建议。在酒店整体人力资源开发中,这一激励方式应得到广泛重视和应用。

(五)荣誉激励

每个人都有荣誉感,给予一定的荣誉,对员工具有一定的激励作用。因此,前厅部管理者要设法让员工们感觉并认识到荣誉的崇高性,设定一定的荣誉对员工进行激励。当员工因为做出突出成绩而获得某种荣誉时,应该受到企业所有人包括总经理的尊重。在某种意义上说,尊严可以产生生产力,这也是荣誉激励的内涵所在。

(六)奖惩激励

在管理工作中奖励是肯定,惩罚就是否定。恰如其分的惩罚不仅能消除消极因素,还能变消极为积极,两者相结合的激励方式效果更佳。但运用这一方式时要注意以下问题。

1. 及时性。"雨后送伞"的事情不要做,对成绩及时肯定,对错误及时惩罚、批评,否则事过境迁效果会大打折扣。

2. 准确性。不论是奖还是惩,都要实事求是、恰如其分、力求准确,否则只能招来反感和不良后果。激励没起作用却带来问题就有些不值了。

3. 艺术性。很多事情都要因人而异,奖惩激励也不例外,要根据不同对象的心理特点采用不同方式。有的人爱面子,口头表扬带来的作用有时比奖金更有用,而对那些只认钱的员工,金钱奖励就是最适合的。

(七)榜样激励

榜样激励是通过满足员工的模仿和学习的需要,引导员工的行为到达组织目标所期望的方向。"榜样的作用是无穷的",管理人员要善于及时发现典型、总结典型、运用典型。通过具有典型性的人和事,营造典型示范效应,让员工明白提倡或反对什么思想、作风和行为,鼓舞员工学先进、帮后进。另外,酒店管理人员首先应从各方面严格要求和提高自己,通过各级管理人员的行为示范、敬业精神来正面影响员工。

三、前厅部员工激励方法

(一)为员工创造良好的工作环境

要充分利用酒店优越的设施与设备条件,使员工能在良好的工作环境中心情舒畅、精力集中地工作,从而激发他们的工作热情,使其能较好地完成本职工作。

(二)创立宽松而融洽的人际环境

前厅部管理人员要重视内部人际关系,注意改善领导作风,尊重和关心员工的工作、生活,落实员工集体福利,解除后顾之忧。在员工遇到困难和挫折时,给予鼓励和支持,使员工感到集体的温暖、组织的关怀。

(三)工作安排得当,工资报酬合理

前厅部管理者在工作中应坚持各尽所能、按劳分配的原则,建立合理的工资及奖金分配制度,充分体现按劳分配、多劳多得的分配原则。

(四)搞好员工培训,为员工个人发展创造条件

酒店在激烈的行业竞争中,要求提高员工业务素质,而广大员工也有上进的

需求。前厅部应针对员工的上进心,制定培训计划,鼓励员工通过培训获得个人发展的机会,激发员工的事业心,为酒店培养大批业务能力强、忠实可靠的员工队伍。

(五)注重企业文化建设

以企业精神、共同的价值观念来协调、激励每个员工的自主精神与创新意识,使他们齐心协力为完成酒店目标而奋斗。成功的企业精神是酒店经营的精神支柱,是酒店对员工的向心力与凝聚力,成为"企业生存的基础、发展的动力、行为的准则、成功的核心"。卓越的企业文化对员工的精神激励作用是难以估量的。

(六)用信任和尊重激励员工

要以人为中心进行管理,靠激发员工的积极性来完善酒店的服务质量,提高企业的管理水平与竞争能力。相信人、尊重人,尊重每个员工的人格,承认员工的工作成绩和对酒店企业的贡献,员工才会感到工作的意义和自我的价值,从而提高他们的自信心和责任意识。

在酒店管理中,员工激励的方法是多种多样的,前厅部各级管理者必须针对员工的具体情况,选择恰当的方法,才能使激励产生实效。

任务三　前厅服务质量控制

　　酒店业是一个以服务为核心与灵魂的行业,服务贯穿于酒店产品生产和宾客消费酒店产品的全过程,酒店服务的运作水平直接决定了酒店的管理水平。从根本上说,服务质量是酒店生存与发展的基础,酒店之间的竞争,本质上是服务质量的竞争。对酒店服务质量可以有广义和狭义两种理解。狭义的服务质量仅指由服务人员的服务劳动所提供的使用价值,不考虑酒店服务赖以存在的其他物质因素。广义上的酒店服务质量,它包含着组成酒店服务的三要素,即设施设备、实物产品和服务的质量,是一个完整的服务质量概念。

　　前厅服务是一种以客人为核心的行为过程,它的存在和运作既要以有形的设备设施和物质产品作为基础,又要能超越物质实体本身给宾客带来情感体验。而对酒店服务质量含义的正确理解和对酒店服务质量特点、内容的把握则是进行前厅服务质量管理最基本的前提。

一、酒店服务的概念

　　酒店服务是酒店向宾客提供的一组使用他人或他物的权利,是通过服务员的热情、周到、体贴入微,并以宾客所需要和期待的方式满足宾客需求的,同时为酒店获得盈利的一系列过程的总和。

　　酒店服务的内涵可以用英文 SERVICE 一词来阐述。该词的每一个字母代表一项服务的内涵,每一项服务的内涵必须具备相应的服务意识。

　　S:sincere,服务必须是真诚、诚心诚意的,只有具备宾客至上意识和主动服务意识,才能使服务真诚、诚心诚意。

　　E:efficiency,服务必须是高效、有效率的,只有具备优质服务意识和主动服务意识,才能使服务高效、有效率。

　　R:ready for service,服务必须是随时准备提供的,只有具备宾客至上意识和迎合需求意识,才能随时按宾客的需求提供服务。

　　V:visible and valuable,服务的提供必须是可见的和有价值的,因此必须具备主动服务意识和推销意识。

I：information，服务包括诸多的信息、资料和知识性的服务，因此必须具备优质服务意识和细微周全的服务意识。

C：courtesy，服务必须是礼貌、谦恭的，因此必须具备优质服务意识和宾客至上意识。

E：excellence，服务必须是优秀、卓越、周全细致的，因此必须具备优质服务意识和服务质量意识。

二、酒店服务质量的特点

酒店服务质量与其他一般商品的质量相比，存在很大的差别。为了更好地实施对酒店服务质量的管理，管理者必须正确认识与掌握酒店服务质量的特点。

(一)服务质量构成的综合性

酒店服务质量既包括有形的设施设备质量和实物产品质量，也包括无形的劳务服务质量和环境氛围质量，每种质量中又有其具体的构成因素和不同的表现形式，这体现出酒店服务质量综合性的特点。酒店服务质量的综合性要求管理者具有全面、整体和系统的观念，既要抓好有形产品的质量，又要抓好无形产品的质量，既要保证前台对客服务质量，又要保证后台的服务供给质量，从整体上确保酒店的服务质量。

(二)服务质量评价的主观性

服务产品质量的好坏最终是由客人做出评价的，不同的客人对服务有不同的期待，对同一服务也会有不同的感受和评价，即使同一客人对同一服务在不同的时间、场合和不同的心情下，也会做出不同的评价。正是由于服务产品质量评价的这种主观性和不确定性，要求酒店工作人员必须具有灵活性，在提供服务时要因人而异、见机行事，不可墨守成规。这也是熟练的酒店工作人员与新手之间的差别。有经验的酒店工作人员总是能够针对不同的客人，在不同的时间、不同的场合说不同的话，提供不同的服务；而缺乏经验的新手则往往机械地照搬服务规程、标准，缺乏灵活性。

(三)服务质量内容的关联性

客人对服务质量的评价是通过他进入酒店后所享受服务的全过程决定的,在整个服务过程中,只要某个环节出现质量问题,就会破坏客人对整个酒店的印象,使其他服务过程中所做出的努力前功尽弃,即所谓的"100-1=0",所以酒店各部门、各服务过程、各服务环节之间要协作配合,并做好充分的服务准备,确保每项服务的高效、优质。

(四)酒店服务质量对员工素质的依赖性

酒店产品生产、销售、消费同时性的特点决定了酒店的质量与酒店员工直接关联。酒店服务质量是在有形产品的基础上通过服务人员的劳务服务创造并表现出来的。这种创造和表现能否满足宾客需要,取决于服务人员的素质高低。所以,酒店应合理配备、培训、激励员工,努力提高他们的素质,发挥他们的服务主动性、积极性和创造性。

更多精彩:前厅服务质量的特点

三、前厅服务质量管理

在前厅服务实践中,赢得令人满意的服务质量的关键是在将从业人员重复性的操作行为规范化的基础上进一步明确为制度化,并要求从业人员在处理不确定的客人实际需求中合理地、灵活地寻求平衡。与此同时,在这一过程中应始终贯彻优质酒店服务的真谛:微笑、真诚、友好和诚实。

(一)制定规范的前厅服务规程

服务规程指以描述性语言对某一特定的服务过程所包含的作业内容和顺序

及该服务过程应达到的某种规格和标准所做的详细而具体的规定,即某一特定服务过程的规范化程序和标准。在实践中,将前厅从业人员重复性的操作行为规范化进而制度化主要有两种益处:第一,将规范化的服务标准上升为制度化是用共同的行为标准代替在实践中可能的因人而异的经验服务,从而在某种程度上消除了前厅员工因个人主观因素造成的酒店最终服务的随意性、不可预知性;第二,重复性的操作行为的规范化、制度化有利于前厅员工在以后的实践中有不断完善的可能。令人满意的酒店服务质量是一个追求精益求精的过程,规范化的操作行为为从业人员不断反省、改进提供了一个客观的参考依据,从而最终形成了每一位从业人员可以共同遵循的标准。

制定服务规程时,首先确定服务的环节程序,再确定每个环节服务人员的动作、语言、姿态、时间的要求,用具、手续、意外处理、临时要求等。每套规程在首、尾处有和上套服务过程及下套服务过程相联系、衔接的规定。服务规程不能照搬其他酒店的服务程序,而应在广泛吸取国内外先进管理经验、接待方式的基础上,紧密结合本店大多数顾客的饮食习惯和本地的风味特点,推出全新的服务规范和程序。

前厅管理人员的任务,主要是执行和控制规程。特别要注意抓好各套规程即各个服务过程之间的薄弱环节。一定要用服务规程来统一各项服务工作,从而使之达到服务质量标准化,服务岗位规范化和服务工作程序化、系列化。

(二)建立有效的前厅服务质量管理体系

1.建立严密的服务质量管理规章制度

无论是新筹建的酒店,还是正在运营中的酒店,都必须首先建立起一套严密而严肃的酒店前厅服务质量管理规章制度。制度是酒店人员管理、经营管理、服务质量管理的核心准则,是保障酒店良好运营,给客人提供优质服务的法典。国内许多知名酒店,如南京金陵酒店、广州白天鹅宾馆、北京王府酒店等,在筹建之初就着手制定了完善而严密的服务质量管理规章制度,这些制度保证了酒店服务管理体系的良好运行和服务工作程序的落实到位。

2.树立全员高度服从质量检查管理的思想观念

酒店服务质量管理体系一旦建立,就必须教育全体员工,要自觉树立提供优质服务的思想,做好对客服务的每一项具体而细小的工作,服从酒店质量管理工作的思想观念。只有全员高度树立了服从质量管理的思想,酒店的各项服务质量管理工作、检查考评制度才能落实到位,才能保证酒店整个质量管理体系的良好运行。

特别是中层管理人员决不能有将质检部发现本部门存在的各种服务质量问题,认为是给本部门挑毛病或跟本部门过意不去的思想,而应该看成,质检部是在帮部门经理发现自己没发现的服务质量、卫生质量问题,是在帮助本部门完善工作,提高管理水平。

同时,酒店是半军事化管理的企业,质检部和酒店领导发现的卫生、服务、信息沟通、部门协调、硬件维修等方面影响酒店服务质量的问题,各部门工作人员都必须无条件地对其加以改进、完善和提高。只有在层层管理、逐级负责、垂直领导的过程中,树立全员高度服从质量管理的思想观念,酒店管理水准和服务质量才能提高。反之,若有令不止、政令不畅、落实不力,都会影响酒店服务质量的优劣和对客服务工作满意率。

3. 包含日检、周检、月检的质量检查管理体系

前厅部在制定了严密而严肃的服务质量管理规章制度之后,还应建立起一套全方位、立体化的服务质量检查督导系统,建立和完善日检、周检、月检的质量检查管理体系,以保证服务质量管理工作的贯彻执行,以实施酒店全面服务质量管理。

前厅部每日的检查工作由质检部工作人员进行例检。周检工作由质检部经理牵头,带领部门主管、领班进行检查。月检工作在每月底的最后一天,由质检部、总经办牵头,由总经理(或常务副总)带领各部门经理,对前厅部各岗位全方位的服务质量、卫生保洁、设备养护、节能降耗、安全防火、服务人员仪容仪表、礼节礼貌、外语水准等工作,实施全面督导检查。

另外,在进行日常三级质检督导工作的同时,还可以聘请业内同行,旅游局星评员、酒店常住客对酒店前厅部的服务质量、卫生质量等进行明查、抽查、探访和暗访,广泛收集各方面意见,以改进和提高酒店的整体服务质量管理水平。

4. 奖罚严明的质检纪律条例

酒店服务质量控制,一靠预防,防患于未然,杜绝发生质量事故;二靠检查督导控制,实行日检、周检、月检;三靠与经济利益挂钩,奖罚严明。

尤其是面对“处罚”问题,一旦触及经济利益,不要说服务人员,许多部门经理都会表现出不接受、不情愿、不执行的情况。所以在制订《服务质量奖罚条例》时,

一定要统一部署、全员参加。建立前厅部质检奖罚条例起草小组,让部门全体人员共同参与制订、起草制订的过程,这也是对全体员工进行《服务质量奖罚条例》培训学习和教育的过程,变传统的事后劣质服务质量处罚管理为预防服务质量管理。

(三)进行服务质量教育

1.采取有针对性的培训形式

培训是提高员工队伍综合素质最有效的手段。为使新员工在较短时间内适应工作环境,掌握业务知识,熟练服务技能,认同酒店企业文化,前厅部要和人力资源部配合,加强协作,通过岗前培训、信息收集、现场指导、案例分析及整理等途径,使每位新员工都得到全面、规范、合理的培训。在培训中,避免出现教条主义和重形式、轻实效的现象,不断丰富培训形式,实行现场培训、班前班后培训、角色演练、案例讨论等具有针对性的培训。

与此同时,加强对培训效果的检查评估,全程跟踪部门的培训工作,对部门开展的每一堂培训课做出点评,对达不到培训要求的,要求限期重新安排补课。另外,在注重培训员工业务知识和服务技能的同时,注重对员工服务意识、酒店企业文化理念的灌输,采用虚实相结合的方法,使新员工对酒店服务模糊的概念转化为有形有实的服务流程和服务内容。

2.服务意识与质量意识教育

教育培训的内容根据教育培训的对象不同而不同,前厅一线员工的培训教育内容侧重顾客第一意识、质量第一意识、主动服务意识、细致服务意识、灵活服务意识的培训与教育,管理层人员的培训教育内容侧重员工第一意识、质量第一意识、质量管理与控制意识、质量考评与奖惩意识的培训与教育。

3.质量管理知识教育

主要包括质量管理的基本思想、质量管理的理论和方法、质量管理活动运作的程序和要求、开展质量管理所需要的技能等方面内容。

4.专业技术和技能培训与教育

专业技术的培训教育目的是培育合格的员工,培训教育内容主要是服务产品特点、服务运作流程、岗位操作要求与标准等;技能的培训教育目的是培育优秀的员工,培训教育内容主要是对客服务的方式与方法、心理研究与灵活服务的方法、处理突发事件和应变的能力、综合服务素质培育等。

(四)评价酒店服务质量管理效果

服务质量是酒店生存的基石,是企业发展的原动力。随着酒店市场竞争的加剧,顾客消费意识的提高和对高附加值的追求,酒店间的竞争越来越表现为服务质量的竞争。针对前期由于部分新员工入职、业务不熟练而影响部门服务质量的状况,酒店前厅部要和人力资源部一起认真分析原因,加强员工培训和指导,运用有效的方法,尽快提高新员工的服务水平。通过有的放矢地开展工作,服务质量能得到提升,并迅速走向稳定、规范。

思考与训练

◇**阅读思考**

1. 怎样理解"沟通是酒店组织的生命线"这句话?
2. 结合现实,谈谈如何正确运用各种不同的协调形式。
3. 举例说明激励在酒店前厅人力资源管理中的作用。
4. 酒店服务质量的内容包括哪些方面?

◇**能力训练**

1. 某酒店前厅部近段时间员工流失率大大提高,员工士气低沉,顾客投诉增加。如果你是该酒店前厅部负责人,你会采取怎样的措施来激励员工的士气,试拟出一份方案。

2. 某酒店前厅部需要了解与顾客的沟通现状,请你为其设计一份科学的调查问卷。

◇**案例分析**

住在 401 房间的王先生早上起来想洗个热水澡放松一下,但洗到一半时,水突然变凉。王先生非常恼怒,匆匆洗完澡后给总台打电话抱怨。接到电话的服务员正忙着为前来退房的客人结账,一听客人说没有热水,一边工作一边回答:"对不起,请您向客房中心查询,电话号码是 58……"本来一肚子气的王先生一听更来气,嚷道:"你们酒店怎么搞的,我洗不成澡向你们反映,你竟然让我再拨其他电话!"说完,"啪"的一声,就把电话挂了。

问题:1. 如果你是接电话的总台服务员,你将如何处理这个问题?
2. 通过这个案例你得到什么启示?

附　录

一 前厅岗位英语

一、预订（**Reservation**）

1. May I have the room type, please? /What kind of room would you like to reserve?

请问需要预订哪一类型的房间？

2. We have standard, superior, deluxe, executive rooms. There is one presidential suite as well. Furthermore, we have a floor of non-smoking rooms, and we also have some connecting rooms.

我们酒店有标准房、高级房、豪华房、行政房。除此之外还有总统套房。而且我们酒店还设有不吸烟楼层及连通房。

3. We have four kinds of restaurant, lobby bar, conference room, health center, swimming pool, shop prince and KTV equipment.

本酒店有四种类型餐馆，还有大堂吧、会议室、健身会所、游泳池、商场及KTV设施。

4. Which date would you like to book? When will you check in and check out?

请问您需要订哪一天？什么时候入住及退房？

5. How long will you stay in our hotel?

请问您打算逗留多长时间？

6. Our hotel's website is ×××and our email address is ×××. To reserve a room or give feedback to us.

我们酒店的网址是×××，我们的邮址是×××，预订房间或有任何建议可与我们联系。

7. Your reservation is temporary and it will be cancelled if you don't arrive before 6 p. m. on that day.

您的预订是暂时的,如果那天下午 6 点前不到,我们将会取消您的预订。

8. Can I reconfirm the reservation? A superior room, for Mr. Smith on the 20th Oct.. My name is ××, if you have any questions, please feel free to contact us. Thank you for calling. Bye-bye!

我可以再确认您的预订吗? 史密夫先生,10 月 20 日预订一间高级房。我的名字是××,如有任何疑问请与我们联系。谢谢您的来电。再见!

9. Please hold on for a moment, Mr Smith.

史密夫先生,麻烦请您稍等。

10. May I have your name, please?

请问您贵姓?

11. I am sorry, I beg your pardon.

不好意思,麻烦请重复一遍。

12. Could you hold the line, please? I'll check our room availabilities for those days.

麻烦请您稍等,我们将查询那段时间的房态。

13. What time do you expect to arrive, sir?

请问大概什么时候到酒店,先生?

14. I'd like to confirm your reservation.

我想确认您的预订。

15. Could you hold on for a moment please? I'll check our reservation record.

麻烦请您稍等,让我查询下我们的预订记录。

16. We have a special family package plan.

我们现在新推出了一个优惠套餐。

17. We'll have to charge you RMB100 extra for an additional bed.

如需加床,我们将会收取人民币 100 元。

18. Which travel agent did you go through to make this reservation?

请问您是通过哪间旅行社来预订的?

19. We'll send a confirmation to you soon.

我们稍后传确认书给您。

20. Should you have any questions，please do not hesitate to contact us.

如有任何疑问请随时与我们联系。

21. Please feel free to contact us if we can be of further assistance.

如需进一步了解，请随时与我们联系。

22. Just a minute，please. I'll check our booking situation.

麻烦请您稍等，我需要查询我们的房态。

23. Sorry, the quoted rate is lowest.

不好意思，这个报价已经是最低了。

24. Sorry, I can't find your name on the arrival list.

不好意思，我在预期到达的名单上找不到您的名字。

25. May I recommend deluxe suite? It's more luxurious and comfortable.

我向您推荐豪华套房，它更豪华、更舒适。

26. How many people are there in your party?

与您同行的有多少人？

27. Just a moment，please. I'll check the availability for you.

麻烦请您稍等，我查询能否可以提供给您。

28. We'll amend your reservation at you request.

我们将会按您的要求做相应的更改。

29. The reserved room will be held till 18：00 on arrival unless a cash or credit card guarantee is made.

所预订的房间保留至当天的下午 6 点，除用现金或信用卡担保外。

30. For guaranteed reservation, one night room rental will be charged for cancellation or no show.

已做担保的预订，如当天取消或没入住，本酒店将会收取当天的一晚房费。

二、总机（Operator）

1. If you need outside call，please dial "9" first，and then the number.

要打外线的话，请先拨"9"，然后拨电话号码。

2. One moment，please.

请稍等。

3. Would you like to wait?

您愿意等会儿吗？

4. I'll switch you to room 1501.

我给您转到 1501 房。

5. The line is busy, would you mind calling back later?

电话占线，您可以待会再打来吗？

6. I'll transfer your call, you hold the line, please.

我给您转，请别挂机。

7. I'll connect you to Mr. Smith's room straight away.

我会把您的电话直接接到史密斯先生房间。

8. Just a moment, sir. I'll put you through.

稍等会儿，我替您接过去。

9. You're through. / The line is free.

线通了。

10. May I tell him who is calling?

能告诉他谁在打电话给他吗？

11. I'm afraid I cannot transfer calls from the house phone. Could you dial the number directly, please.

恐怕我不能直接转房间之间的电话，请直接拨。

12. Mr. Smith, someone wants to speak to you.

史密斯先生，有人打电话给您。

13. Would you like me to place the call for you?

您想接这个电话吗？

14. I'm sorry, sir. Mr. Smith is not in, would you like to take a message to him?

对不起，先生，史密斯先生不在，您需要留口信吗？

15. Shall I ask him to return your call?

我要请他回您电话吗？

16. I'm afraid we can only take simple messages.

抱歉，我们只能转达简短的口信。

17. I will convey your message.

我会转达您的口信。

18. The line is busy(engaged).

电话占线。

19. May I know who is calling?

我能知道是谁的电话吗?

20. OK, go ahead, please.

请说。

21. Is that the complete message?

您的口信说完了吗?

22. OK, Let me repeat your message. Is it right?

好的,让我重复一下您的口信,对吗?

23. We must take the message to him when he come back, please don't worry about this.

请别担心,他回来后我们一定会把口信留给他。

24. At what time?

什么时候?

25. Could you tell me your room number?

您能告诉我房间号码吗?

26. For all your group members' rooms at 7:00 am?

所有团队客人的房间都在早上 7:00 叫醒吗?

27. Wake-up service for what time and room number is?

叫醒服务是什么时间,房号是多少呢?

28. OK, we'll wake you up at ... , Have a good sleep.

好的,我们将在×点叫醒您,睡个好觉。

三、礼宾(Concierge)

1. Are these your baggage?

这些是您的行李吗?

2. Is this everything, sir?

这是全部东西吗,先生?

3. May I take them for you? / Let me help you with your luggage.

我来帮您拿好吗? /让我来帮您拿吧。

4. I hope I'm not disturbing you.

我希望没有打扰您。

5. Just a moment, madam. I'll bring them to you right away.

等一会儿,夫人。我马上送来。

6. The bell boy will show you to your room, sir.

先生,行李生会送您到房间的。

7. Here is your room key.

给您房间钥匙。

8. You may leave your luggage in the Concierge.

您可以把行李放在礼宾部。

9. Would you like to check your luggage here?

您要寄存行李吗?

10. Don't worry, your luggage will be sent up at once.

别担心,您的行李很快就会送上去的。

11. When you check out, please call NO. 6849 and we'll help you with your luggage immediately.

如果您要退房,请致电 6849,我们将马上帮您运送行李。

12. May I know your room number? / What's your room number, please?

您能告诉我您的房间号吗?

13. May I have a look at your room card?

我可以看一下您的房卡吗?

14. Do you mind if I put your luggage here?

我把您的行李放在这里好吗?

15. Please sign your name here.

请您在这里签名。

16. Would you like me to call a taxi for you? / Would you want a taxi?

需要我为您叫一辆出租车吗? / 需要出租车吗?

17. About 20 minutes by taxi from here to Airport.

从这里到机场大概需要 20 分钟。

18. I'm sorry to have kept you waiting . /Sorry to have kept you waiting.

对不起让您久等了。

19. Would you tell me your phone number?

您能告诉我您的电话号码吗?

20. After you, please. / You first, please.

您先请。

21．This way，please

这边请。

22．Is there anything else I can do for you?

您还有什么事要我做吗?

23．I see what you mean.

我了解您的意思。

24．I'll send the luggage up by another lift.

我乘另一部电梯把行李送上去。

25．Here we are，sir，room 1101.

先生，1101 房到了。

四、总台(**Reception**)

1. Good morning/afternoon/evening，sir/madam. Do you have a reservation?

早上/下午/晚上好,您有预订吗?

2. Excuse me? Would you please show me your passport?

请出示您(你们)的护照。

3. Which kind of room would you prefer，single room or double room?

您想要的是单人间还是标间呢?

4. How long will you be staying? /how long do you intend to stay?

您打算住多久?

5. How much did you book the kind of your room?

您订的是哪种价位的房间?

6. Sorry，I am afraid that I did not look through your reservation list. Would you tell me how do you make your reservation successfully?

对不起,我现在暂时还没有查到您的预订,可以告诉我您是通过哪种方式预订的吗?

7. Could you tell me the telephone number or the name of your friend，if this reservation made by friends.

如果是朋友订的房间,可以告诉我您朋友的电话和名字吗?

8. Could you tell me the name of your company ?

可以说下您公司的名字吗?

9. Could you tell me the name of reservation agency on the line?

请告诉我订房公司的名字。

10. Could you tell me the travel agency's name and the call?

可以告诉我旅行社的名字和电话吗?

11. Please show me the confirmation notice or the confirmation message by phone.

可以把您的订房确认单或者是订房确认短信给我看看吗?

12. You booked this type room for no smoking, is that right?

您订的是无烟房,对吗?

13. Would you like to go and see the room you booked? The bellman will show you the way.

需要参观一下您预订的房间吗? 我们这边行李生会陪同您上去。

14. How do you think about that room? And would you like to see another one?

您对刚才看的房间满意吗? 还需要看看其他的房间吗?

15. We can give you a special percent of price off for your visited room.

我们可以给您刚才参观的房间打个折。

16. Please show me all your passports. Thanks!

请出示所有人的护照,谢谢!

17. Your visa is residence permit for foreigner, right? Would you tell me the valid date?

请问您所持护照是长期居留签证吗? 可以告诉我您的签证有效期到哪一天吗?

18. Could you tell me the latest day you come in China?

请问您最近一次入境是什么时候?

19. Please wait for a moment. We are scanning your passports.

请你们稍等,我们需要扫描你们的证件。

20. Excuse me? sir/madam. Because the personal information-sending system does not work and we did not preserve your information, would you mind we using your passport again? Thank you very much.

不好意思,由于办理入住时,我们在扫描您的证件的时候,扫描仪出了一点问题,我们没有保存到您的信息。您介意我们再用一下您的护照吗?

21. We will send the housekeeping waitress up to your room right away and

check it.

我们马上派服务员到您的房间来检查一下。

22. We will ask the housekeeping bring it to your room right now.

我们马上派服务员送到您的房间。

23. There is a laundry form and a laundry bag in your room. Make sure what you want washing and fill in the laundry form.

在您的房间衣柜下方有一个洗衣袋和一张洗衣单,请您填写洗衣单并签字确认,稍后我们会让服务员到您的房间收取您的衣服。

24. Sorry , I can not find your friend's name in our record. Maybe he is not here.

不好意思,我们在住客人名单里没有查到您朋友的名字。

25. Please pay us 200yuan advance deposit.

请您付给我们人民币 200 元作为押金。

26. If your cash is not enough, we can accept U. S dollars to be the advance deposit. When you check out, you must charge RMB and we return your dollars.

如果现金不够的话,您可以用美元作为押金。等您在银行兑换后我们再把美元退还给您。

27. If the balance of your cash and credit card are all not enough, you can pay your room fee day by day. Please come to front desk extend your room rate when you are free (within 24 hours).

如果您信用卡上的余额和现金都不足的话,您可以逐日支付房费。在您住店的 24 小时内到前台来续交押金,我们为您续房卡。

28. ×nights at RMB××yuan each. That makes a total of RMB××yuan.

您的房价是人民币×元/间/夜,您一共住了×天,共计房费人民币×元。

29. Today exchange rate is 8.07 yuan to the dollar。

今天的美元兑人民币的汇率为 8.07 元。

30. Sorry. I'm afraid we can only change money for our guests staying here.

对不起,我们只为住店客人提供兑换服务。

五、商务中心（**Business Centre**）

1. Mr. Brown, you have an incoming fax at the Business Centre. Would you please pick it up?

早上好,布朗先生,商务中心有您的传真,请您来取一下。

2. Please wait a moment, I will get a bellboy to send the fax to your room.

请稍等一下,我让行李员把传真送到您的房间去。

3. I will send this fax for you, it will take a moment, please have a seat.

请坐着等一会儿,我为您发传真。

4. To … is 10yuan per page.

发传真到……是每页 10 元。

5. Please write down the country code, the area code and their number.

请写下国家代号、区号和对方的电话。

6. Sorry, sir, the fax line is busy now, would you please wait a moment?

对不起,先生。传真线路很忙,请您稍等一会儿。

7. Your fax has been transmitted, please check the activity report.

传真发好了,请您查看一下这份即时报告。

8. Please sign your name here.

请在这里签名。

9. How many copies do you need, sir?

您需要复印多少份,先生?

10. Both sides into one piece of paper?

要双面复印吗?

11. Shall I staple there for you?

我为您装订这些好吗?

12. What other information can I offer you, sir?

我还能为您提供些什么信息,先生?

13. Please wait a moment, sir, I'll check it for you if there is an incoming fax.

请您稍等一下,先生,我为您检查一下是否有传真。

14. If you need any help, please do not hesitate to contact us, our extension

number is 1.

如果有什么事需要帮忙的话,请随时同我们联系,我们的分机号码是1。

15. May I give you a brief introduction of the Business Centre?

我给您简单介绍一下商务中心,好吗?

16. Our Business Centre's service time is from 8:00am to 9:00pm.

商务中心的营业时间从上午八点到晚上九点。

17. Please forgive my carelessness, sir. This fax is not for you, I do hope you will accept my apologies.

请原谅我的粗心,先生。这份传真不是给您的,请接受我的道歉。

18. Our notebook PC is available for renting at the price of RMB 200 yuan per hour.

我们有手提电脑可以出租,租费为每小时 200 元人民币。

19. Printing costs:each page in A4 is RMB 10 yuan; colour page is RMB 15 yuan.

打印收费标准:A4 纸每页收费 10 元人民币;彩色每张 15 元人民币。

20. In the Business Centre we provide broadband internet service, 20 yuan for one hour, 10 yuan for half hour.

商务中心为你提供上网服务,费用是 20 元一小时,半小时 10 元。

21. Please choose the proper cell phone charger for your mobile phone, it costs RMB 1 yuan for every ten minutes.

请选择对应的手机充电器插座进行充电,每十分钟收费 1 元人民币。

22. Please wait a moment, and I will contact the engineer to solve the problem for you as soon as possible.

请稍等一下,我马上联系电脑房为您解决问题。

23. You can access broadband internet wirelessly with your PC in the Business Centre. The front desk provides the password. It'll account in your bill automatically. We provide this service only for guests staying in our hotel.

您可以使用自己的笔记本电脑在商务中心区域内无线上网。上网的密码在前台领取。费用会自动转记到您的总账单。目前我们只为住店客人提供该服务。

24. Would you like a pay call or collect call, sir/madam?

请问您的长途电话是直接付款还是对方付款?

25. You can make call from your room. Please dial "9" firstly before the telephone number.

您可以直接在房间里拨打。请在号码前加拨号码 9。

26. Shall I make the space larger?

我把行距拉开一些好吗？

27. Just a moment, please. I must deal with guests in turn, sir/madan.

请您稍等片刻，我将依次办理。

28. I will do it for you as soon as possible.

我将尽快给您办理。

29. Shall I put it on your bill, sir?

需要把它加在您的账单上吗，先生？

30. Yes, we have EMS/UPS service and each letter with extra RMB 10 yuan for service.

我们有邮政快递和 UPS 快递服务，每单加收人民币 10 元服务费。

六、大堂副理（Assistant Manager）

1. Is this your first stay in our hotel?

您是第一次入住我们酒店吗？

2. If you need something to help, let us know.

如果您有任何需要请告知我们。

3. What do you think of our service?

您对我们的服务有何意见？

4. We look forward to having you with us tonight.

我们期待您今晚光临。

5. I can't guarantee anything. But I will try my best.

我不能保证什么，只能尽力而为。

6. Because of the bad weather, the swimming poor won't open today. We are so sorry about that.

因为天气不好，今天游泳池暂时不开放，非常抱歉。

7. Did you sleep well last night?

您昨晚休息得好吗？

8. Have a 10 percent discount for you.

给您打 9 折。

9. You can take the room card to enjoy sauna service. It's no charge.

您可以凭房卡享受免费桑拿服务。

10. I promise to aft end to the matter promptly.

我一定处理这件事。

11. I apologize for this.

我为此道歉。

12. I assure you it won't happen again.

我保证此类事件不再发生。

13. I'm afraid you have misunderstood what I said. Perhaps I can explain again.

恐怕您误会我的意思了,我能解释一下吗?

14. It's against the hotel's regulations.

这是违反酒店制度的。

15. You broken a glass. I'm afraid you'll have to pay for the damage.

您房间打破一个水杯,您必须赔偿。

16. Thank you for your comments.

谢谢您给我们的建议。

17. Please don't worry. I'll send someone up to your room right away.

请不必担心,我马上派人到您的房间去。

18. Thank you for telling us about it. I'll look into the matter at once.

感谢您为我们提供这些情况,我立即去了解。

19. We've done what we ought to.

我们做了应当做的事。

20. Would you need change a room? Standard room or single room?

您需要换房吗? 标准间还是单人间?

21. Out of the hotel turn left and go straight. The Friend Shop is on the second crossing. It takes ten minutes on foot.

从酒店出去左转,笔直往前走,友谊商店就在第二个十字路口,走路大概 10 分钟。

22. Your deposit is not enough. Please pay in advance for additional nights with Front Office Cashier.

您的押金不够了,请您至前台收银处预付续住租金。

23. If you have some valuables, it can leave with the safety box of front

cashier.

您如果有贵重物品,可以寄存于前台收银保险箱内。

24. I'll tell our manager about it and get back to you ask him to contact you.

我会将有关情况告诉我们的经理,并且请他和您联系。

25. OK. I'll check for you and get back to you as soon as I can come up with an answer.

好的,我可以马上检查,并尽快给您答复。

26. While you were out, a friend of yours came by to see you. He left a note for you.

您出去的时候一位朋友来拜访您,给您留了一张字条。

27. May I have the guest's name? We must announce visitors to our guests.

请问您找哪位客人? 我们必须先通知客人。

28. Sorry to have kept you waiting, may I help you?

让您久等了,我能帮助您吗?

29. We hope you enjoy your stay with us.

希望您在这里和我们度过一段愉快的时光。

30. It was a pleasure having you here. We hope you have a safe trip home.

感谢您的光临,祝您一路平安。

二　前厅服务员国家职业标准

1. 职业概况

1.1　职业名称

前厅服务员

1.2　职业定义

为宾客提供咨询、迎送、入住登记、结账等服务的人员。

1.3　职业等级

本职业共设三个等级，分别为：初级（国家职业资格五级）、中级（国家职业资格四级）、高级（国家职业资格三级）。

1.4　职业环境

室内、室外、常温。

1.5　职业能力特征

具有良好的语言表达能力；能有效地进行交流，能获取、理解外界信息，进行分析判断并快速做出反应；能准确地运用数学运算；有良好的动作协调性；能迅速、准确、灵活地运用身体的眼、手、足及其他部位完成各项服务操作。

1.6　基本文化程度

高中毕业（或同等学力）。

1.7 培训要求

1.7.1 培训期限

全日制职业学校教育,根据其培养目标和教学计划确定。晋级培训期限:初级不少于 90 标准学时;高级不少于 110 标准学时。

1.7.2 培训教师

培训初级前厅服务员的教师应具有本职业中级以上职业资格证书;培训中级、高级前厅服务员的教师应具有本职业高级职业资格证书或本专业中级以上专业技术职务任职资格,同时具有 2 年以上的培训教学经验。

1.7.3 培训场地设备

教室、模拟服务台,以及前厅常备用具和设备。

1.8 鉴定要求

1.8.1 适用对象

从事或准备从事本职业的人员。

1.8.2 申报条件

——初级(具备以下条件之一者):

(1)经本职业初级正规培训达到规定标准学时数,并取得毕(结)业证书;

(2)在本职业连续见习工作 2 年以上。

——中级(具备以下条件之一者):

(1)取得本职业初级职业资格证书后,连续从事本职业工作 1 年以上,经本职业中级正规培训达到规定标准学时数,并取得毕(结)业证书;

(2)取得本职业初级职业资格证书后,连续从事本职业工作 2 年以上;

(3)连续从事本职业工作 3 年以上;

(4)取得经劳动保障行政部门审核认定的、以中级技能为培养目标的中等以上职业学校本职业(专业)毕业证书。

——高级(具备以下条件之一者):

(1)取得本职业中级职业资格证书后,连续从事本职业工作 2 年以上,经本职业高级正规培训达到规定标准学时数,并取得毕(结)业证书;

(2)取得本职业中级职业资格证书后,连续从事本职业工作 3 年以上;

(3)取得高级技工学校或经劳动保障行政部门审核认定的、以高级技能为培养目标的高级职业学校本职业(专业)毕业证书。

1.8.3　鉴定方式

分为理论知识考试和技能操作考核。理论知识考试采用闭卷考试方式，技能操作考核采用现场实际操作方式。理论知识考试和技能操作考核均实行百分制，成绩皆为 60 分以上者为合格。

1.8.4　考评人员与考生配比

理论知识考试考评人员与考生配比为 1∶15，每个标准教室不少于 2 名考评人员；技能操作考核考评员与考生配比为 1∶10，且不少于 3 名考评员。

1.8.5　鉴定时间

各等级理论知识考试时间：初级不超过 100 分钟，中级、高级不超过 120 分钟；各等级技能操作考核时间：初级不超过 30 分钟，中级、高级不超过 40 分钟。

1.8.6　鉴定场所设备

场所：

(1)标准教室；

(2)服务台或模拟服务台；

(3)总台。

设备：

(1)电脑终端及打印机、扫描仪；

(2)大、小行李车，行李寄存架；

(3)验钞机；

(4)账单架、客房状况显示架、预定状况显示架、住客资料显示架；

(5)邮资电子秤；

(6)钥匙架、钥匙卡；

(7)信用卡压卡机；

(8)电话机、传真机；

(9)雨伞架；

(10)轮椅；

(11)电子钥匙；

(12)常用办公室及设备；

(13)宣传广告资料架；

(14)贵重物品保管箱。

2. 基本要求

2.1 职业道德

2.1.1 职业道德基本知识

2.1.2 职业守则

(1)热情友好,宾客至上。

(2)真诚公道,信誉第一。

(3)文明礼貌,优质服务。

(4)以客为尊,一视同仁。

(5)团结协作,顾全大局。

(6)遵纪守法,廉洁奉公。

(7)钻研业务,提高技能。

2.2 基础知识

2.2.1 计量知识

(1)法定计量单位及其换算知识。

(2)行业用计价单位的使用知识。

(3)常用计量器具的使用知识。

2.2.2 安全防范知识

(1)消防常识。

(2)卫生防疫常识。

2.2.3 电脑使用知识

2.2.4 前厅主要设备知识

(1)钥匙架。

(2)打时机。

(3)电话机、传真机。

(4)贵重物品保管箱。

(5)客史档案柜。

(6)电脑终端。

(7)打印机。

(8)电子钥匙机、钥匙卡

(9)邮资电子秤。

(10)账单架。

(11)客房状况显示架。

(12)预订状况显示架。

(13)住客资料查询架。

(14)行李寄存架。

(15)大、小行李车。

(16)雨伞架。

(17)轮椅。

(18)信用卡压卡机。

(19)验钞机。

(20)计算器。

(21)税务发票打印机。

(22)扫描仪。

(23)复印机。

2.2.5 相关法律、法规知识

(1)劳动法的相关知识。

(2)合同法的相关知识。

(3)消费者权益保护法的相关知识。

(4)治安管理处罚条例的相关知识。

(5)文物保护法的相关知识。

(6)外汇管理暂行条例的相关知识。

(7)旅馆业治安管理条例的相关知识。

(8)外国人入境出境法的相关知识。

(9)消防条例的相关知识。

3. 工作要求

本标准对初级、中级、高级的技能要求依次递进,高级别包括低级别的要求。

3.1 初级

职业功能	工作内容	技能要求	相关知识
一、工作前准备	(一)仪表仪容	能按饭店要求,保持个人良好的仪表、仪容、仪态	仪表、仪容、仪态的规范
	(二)准备工作	1.能按标准整理好工作环境 2.能准备好工作所需的各种报表、表格、收据等 3.能清洁、调试工作所需的办公用具和设备	1.工作设施、设备的使用方法 2.办公用具使用常识

续　表

职业功能	工作内容	技能要求	相关知识
二、客房预订	（一）接受和处理订房要求	1.能通过电话、信函、电报、传真、当面洽谈及电脑终端的方式了解客人的订房要求 2.能根据《房情预订总表》给出选择 3.能判断某间预订房能否接受	1.接待与电话礼仪 2.处理信函预订的注意事项 3.传真机的使用方法 4.饭店房间的种类和特点 5.饭店房价的种类和政策 6.判断某间订房能否接受的因素 7.我国兄弟民族的习惯、习俗 8.英语基本接待用语
	（二）记录和储存预订资料	1.能使用电脑终端输入或正确填写《预订单》《房情预订总表》 2.能正确填写预订记录本 3.能装订、存放客人的订房资料	1.相关表格的填写要求 2.预订资料的记录步骤 3.订房资料的排列顺序 4.订房资料的装订顺序
	（三）检查和控制预订过程	1.能用口头或书面的方式确认宾客预订的内容 2.能正确记录宾客提出预订的更改和取消内容 3.能根据预订更改和取消的内容修改(或电脑输入)《房情预订总表》 4.能填写客房预订变更或取消单	1.客人预订的种类 2.预订修改的注意事项 3.饭店客房保留和取消规定
	（四）客人抵店前准备工作	1.能核对次日抵店客人的预订内容 2.能填写(或打印)《次日抵店客人名单》《团队/会议接待单》，并分送给相关部门	相关表(单)的填写、使用要求

续　表

职业功能	工作内容	技能要求	相关知识
三、 住宿登记	(一)为散客办理入住登记	1.能识别客人有无预订 2.能填写(输入、打印)《入住登记表》,查验证件并核实内容 3.能根据不同客人的要求安排房间 4.能确认房价和付款方式 5.能完成入住登记手续 6.能建立相关的表格资料	1.各类散客办理入住登记的接待、登记方式及工作内容 2.排房的顺序 3.常用付款方式的信用及处理方式 4.完成入住登记相关手续的内容 5.各类相关表格的填写要求、内容,以及分送相关部门的规定 6.饭店信用政策
	(二)为团队客人办理入住登记	1.能做好团队抵店前的准备工作 2.能做好团队抵店时的接待工作	1.团队抵店前准备工作的内容和工作程序 2.团队抵店时接待工作的内容和工作程序
	(三)显示和控制客房状况	能正确显示和控制各种客房状况	1.显示和控制客房状况的目的 2.需要显示和控制的客房状况的种类
四、 问讯服务	(一)留言服务	1.能处理访客留言 2.能处理住客留言	1.处理访客留言的服务程序 2.处理住客留言的服务程序 3.须委婉的留言和口信的内容
	(二)查询服务	1.能提供查询住店客人的有关情况的服务 2.能提供询问尚未抵店或已离开店客人的情况的服务	1.使用电话提供查询时的注意事项 2.提供查询服务的原则 3.提供查询尚未抵店或已离店客人的情况的处理办法
	(三)邮件服务	1.能做好进店邮件的接收、分类工作 2.能做好客人邮件的分发工作 3.能处理错投和"死信" 4.能提供邮件和包裹的转寄和外寄服务	1.客人邮件的处理程序 2.错投和"死信"的处理办法 3.邮寄服务操作程序
	(四)客人物品的转交服务	1.能处理他人转交给住客的物品 2.能处理住客转交给他人的物品	处理转交物品的操作要求

续　表

职业功能	工作内容	技能要求	相关知识
五、 行李服务	（一）店外迎接 服务	1.能代表饭店到机场、车站、码头迎接客人 2.能为客人安排去饭店的交通工具 3.能帮助客人提拿行李 4.能争取未预定客人入住本饭店 5.能向饭店提供贵宾到达及交通方面的信息	店外迎客的要求
	（二）门厅迎送 服务	1.能为步行、坐车到达的散客提供迎送服务 2.能为团队客人提供迎送服务 3.能做好其他日常服务	1.步行到达的散客迎送服务的程序及要求 2.坐车到达的散客迎送服务的程序及要求 3.团队客人的迎送服务程序及要求 4.其他日常服务的内容和要求
	（三）行李服务	1.能为散客提供行李服务 2.能为团队客人提供行李服务 3.能提供饭店内寻人服务 4.能及时、准确地递送邮件、报表 5.能提供出租自行车服务 6.能提供出租汽车的预订服务 7.能提供雨具和订票服务 8.能提供电梯服务	1.散客行李服务程序及要求 2.团体客人行李服务程序及要求 3.寻人服务程序及要求 4.递送服务的注意事项 5.提供自行车出租服务的注意事项 6.提供出租汽车预约服务的要求 7.订票服务的程序及要求 8.提供雨具服务的程序及要求 9.提供电梯服务的程序及要求

续　表

职业功能	工作内容	技能要求	相关知识
六、离店结账	(一)处理客账、办理离店手续	1.能为散客建立与核收客账 2.能为团队客人建立与核收客账 3.能做好客账的累计 4.能为住客办理离店结账手续	1.建立与核收散客客账的程序及要求 2.建立与核收团体客人客账的程序与要求 3.客账累计的办法 4.办理离店结账手续的程序与要求 5.使用现金、信用卡及转账支票的服务程序及要求
	(二)贵重物品的寄存、保管服务	能提供贵重物品的寄存、保管服务	1.贵重物品的寄存、保管服务的程序及要求 2.贵重物品保管箱的使用方法
七、公关与推销	(一)把握客人的特点	能采用形象记忆法记住客人的姓名、特征	形象记忆法
	(二)介绍产品	1.能介绍饭店的服务设施、服务项目、营业点的营业时间 2.能介绍饭店客房的种类、设施、位置	饭店的服务设施、服务项目及营业点的营业时间
	(三)洽谈价格	1.能报出各种类型客房的房价 2.能报出各服务项目的收费标准	1.各服务项目的收费标准 2.饭店客房商品的特点
	(四)展示产品	能将饭店宣传册、广告宣传资料及图片按要求陈列、摆放好	饭店相关资料陈列、摆放要求
	(五)促成交易	能准确无误地确认客人最终的选择	适时成交的技巧
八、沟通与协调	(一)部门内的沟通、协调	能准确填写(或输入、打印)本岗位的各类报表,并分送到本部门各相关岗位	沟通协调的重要性及方法
	(二)与客人的沟通、协调	能主动征求客人意见,并做好记录	处理客人投诉的重要性

3.2 中级

职业功能	工作内容	技能要求	相关知识
一、客房预订	（一）接受和处理订房要求	1. 能善于使用语言表达技巧与客人交流 2. 能根据《客情预订总表》给出选择，并帮助客人做出选择 3. 能妥善处理婉拒的订房要求	1. 婉拒订房的处理方法 2. 语言表达技巧常识 3. 客人购物心理常识
	（二）记录和储存预订资料	能选择适合本饭店运作的预订资料储存方式	两种不同的预订资料储存方式及其特点
	（三）检查和控制预订	1. 能核查、处理、纠正《房情预订总表》中的错误 2. 能及时处理"等候名单"上的客人的订房	1.《预订单》的作用 2.《房情预订总表》的作用
	（四）客人抵店前的准备工作	能提前一周填写（或打印）《一周客情预报表》《贵宾接待规格审批表》《派车通知单》《房价折扣申请表》《鲜花、水果篮通知单》，并分送给相关部门	1. 折扣房价的审批制度 2. 各类贵宾的接待规格及要求
	（五）报表制作	能正确填写或输入预订处的其他各类报表	相关的报表填写要求及统计计算公式
二、住宿登记	（一）显示和控制客房状况	1. 理解客人的换房要求 2. 能查找和更正客房状况的差错	1. 服务工作程序 2. 查找和更正客房状况差错的方法
	（二）违约行为的处理	1. 理解并能处理客人声称已办了订房手续，但饭店无法找到其订房资料的情况 2. 能处理客人抵店时（超过规定的保留时间）饭店为其保留的客房已出租给他人的情况	1. 为客人做转店处理的注意事项 2. 各类客人违约时的处理方法

续　表

职业功能	工作内容	技能要求	相关知识
三、 问讯服务	（一）客用钥匙 的控制	1. 规范摆放、管理好客用钥匙 2. 能做好客用钥匙的分发和回收 　工作	1. 钥匙摆放的要求 2. 钥匙的注意事项 3. 保管、控制客用钥匙的 　重要性
	（二）提供旅游 和交通 信息	1. 能回答客人对交通信息的问讯 2. 能回答客人对饭店所在地景点 　方面的问讯 3. 能回答客人对饭店所在地主要 　康乐、购物、医疗等方面的问讯	1. 国内、国际民航、铁路、 　长短途汽车、轮船的最 　新时刻表和票价，市内 　公交车的主要路线 2. 交通部门关于购票，退 　票，行李大小、重量的 　详细规定 3. 饭店所在地各主要景 　点的简介、地址、开放 　时间 4. 时差计算方法 5. 饭店所在地著名土特 　产、商品及风味餐馆的 　简介 6. 常用紧急电话号码
四、 行李服务	（一）店外迎接 服务	能为客人在沿途适当介绍景观及 饭店概况	1. 沿途景观的简介内容 2. 饭店概况
	（二）行李服务	1. 能为客人办理行李寄存服务 2. 能处理破损、错送、丢失的行李	1. 办理行李寄存服务的 　程序及要求 2. 交通部门有关行李破 　损、丢失的处理规定 3. 行李破损、错送、丢失 　的处理方法 4. 饭店不负责赔偿的前提
五、 离店结账	（一）处理客账， 办理离店 手续	能做好夜间审计工作	1. 夜间审计的目的和内容 2. 夜间审计的步骤
	（二）外币兑换	1. 能处理外币现钞的兑换 2. 能处理旅行支票的兑换 3. 能识别中国银行可兑现的外币 　现钞	1. 可兑换的外币、现钞的 　种类及兑换率 2. 外币兑换服务程序及 　要求 3. 旅行支票兑换服务程 　序及要求

职业功能	工作内容	技能要求	相关知识
六、公关与推销	(一)把握客人的特点	能自然地与客人沟通,了解客人的愿望与要求	客我关系沟通技巧
	(二)介绍产品	1.能描述饭店各种类型客房的优点 2.能引导顾客的购买兴趣	各种类型客房的优点
	(三)洽谈价格	能根据客人特点正确使用报价方法	1.高码讨价法 2.利益引诱法 3.三明治式报价法
	(四)展示产品	1.能主动将饭店宣传册、广告宣传资料和图片展示给客人 2.能带客人实地参观,展现饭店优势	1.产品介绍知识 2.相关讲解知识及技巧
	(五)促进交易	1.能采用正面的说法称赞客人的选择 2.能揣摩客人心理,适时抓住成交机会	客人购买行为常识
七、沟通与协调	(一)部门内的沟通、协调	能做到前厅部内部信息渠道的畅通	前厅部内部沟通、协调的内容
	(二)部门间的沟通、协调	1.能与客房部做好沟通协调 2.能与餐饮部做好沟通协调 3.能与营销部做好沟通协调 4.能与总经理室做好沟通协调 5.能与其他部门做好沟通协调	与客房部、餐饮部、营销部、总经理室及其他部门沟通协调的内容
	(三)与客人的沟通协调	能妥善处理常见的客人投诉	1.处理客人投诉的原则 2.处理客人投诉的程序
	(四)英语服务	能使用常用岗位英语会话	常用岗位英语

3.3 高级

职业功能	工作内容	技能要求	相关知识
一、 客房预订	(一)接受和处理订房要求	1.能用英语通过电话或当面洽谈的方式了解和处理客人的订房要求 2.能接受和处理"超额预订"	1.常用旅游接待英语 2."超额预订"的目的及处理方式
	(二)记录和储存预订资料	1.能设计制作《预订单》 2.能设计制作适用于不同种类饭店的《房情预订表》	1.《预订单》的内容 2.各种《房情预订总表》的适用范围及内容、形式
	(三)检查和控制预订过程	1.能设计制作《预订确认书》 2.能控制"超额预订"的数量 3.能调整预留房的数量 4.能处理有特殊要求的订房事宜	1.《预订确认书》内容 2.预订未抵店、提前离店、延期离店、未预订直接抵店客人用房百分比的计算公式
	(四)客人抵店前准备工作	能审核《一周客情预报表》《贵宾接待规格审批表》《鲜花、水果篮通知单》和《团队/会议接待单》	1.相关表、单的内容及应用知识 2.各类折扣房价的政策 3.客情通知可采用的方式
	(五)报表制作	能设计预订处使用的各类报表	预订处使用的各类报表的形式
二、 住宿登记	(一)为散客办理入住登记	能处理散客入住登记中常见的疑难问题	1.外事接待礼仪 2.住宿登记表的内容的形式 3.前厅服务心理学
	(二)违约行为处理	能处理客人已获得饭店书面确认或保证为其预订,但现在无法提供客房的情况	饭店违约时国际惯例的处理方法
	(三)显示和控制客房状况	1.能分析未出租客房造成损失的原因 2.能提供营业潜力方面的建议	影响客房状况的原因及分析方法
三、 问讯服务	(一)查询服务	能为有保密要求的住客做好保密工作	提供住客保密服务的程序
	(二)客用钥匙的控制	1.能了解客人钥匙的丢失原因,并做好住客钥匙丢失后的工作 2.能选择适用于本饭店的客用钥匙分发模式	1.住客钥匙丢失后的处理方法 2.各种客用钥匙分发模式的特点及利弊 3.新型客房钥匙系统 4.饭店钥匙管理体系

职业功能	工作内容	技能要求	相关知识
四、 行李服务	礼宾服务	1.能随时为客人办理委托代办的服务 2.善于倾听客人的意见,能应变和处理各种事件 3.能与相关服务行业建立工作关系 4.能为 VIP 客人(贵宾)提供迎送服务 5.能为残疾客人提供迎送服务	1.各服务性行业的有关规章 2.国际礼仪规范
五、 公关与推销	(一)把握客人特点	能主动与客人沟通,判断客人身份、地位	消除客人心理紧张的方法
	(二)介绍产品	1.能描述给予客人的便利条件 2.能正确引导客人购买	顾客消费需求常识
	(三)洽谈价格	1.能营造和谐的销售气氛 2.能判断客人的支付能力,使客人接受较高价格的客房	影响客人购买行为的各种因素
	(四)展示产品	能陈列、布置饭店产品宣传册、广告宣传资料架、图片	室内装饰美学常识
	(五)促进交易	1.能在客人犹豫时多提建议 2.能掌握客人的购买决策过程,准确把握成交时机	客人购买决策过程常识

续　表

职业功能	工作内容	技能要求	相关知识
六、 沟通与协调	（一）部门内的 　沟通、协调	能制定前厅部内部需要沟通协调的内容及方式	
	（二）部门间的 　沟通、协调	能制定前厅部与酒店其他各部门需要沟通协调的内容及方式	
	（三）与客人沟 　通、协商	1. 能主动征求客人意见，并做好记录 2. 能正确处理客人的疑难投诉 3. 能定期对客人投诉意见进行统计、分析、归类 4. 能针对客人反映的问题提出（采取）改进措施	1. 投诉的类型 2. 处理涉及客人个人利益和影响面巨大的投诉的方法 3. 国际上和主要客源地常用的投诉处理方法 4. 主要客源地的风土人情习俗
	（四）英语服务	1. 能用英语了解和处理客人的订房要求 2. 能用英语与客人沟通，办理散客入住 3. 能用英语提供查询服务 4. 能用英语提供旅游交通、康乐、购物、医疗等方面的信息 5. 能用英语办理客人离店结账手续	旅游接待英语
七、 管理与培训	（一）制定工作 　职责	1. 能制定前厅部各岗位的工作职责 2. 能检查、评估下属员工的工作表现	1. 前厅部组织机构设计原则 2. 大、中、小型酒店前厅部的组织机构图 3. 前厅部各岗位的工作职责 4. 检查、评估员工工作表现的方法
	（二）业务指导	能够对前厅服务员进行业务指导培训	业务培训知识

4. 比重表

4.1 理论知识

项 目		初 级(%)	中 级(%)	高 级(%)
基本要求	职业道德	5	5	5
	基础知识	20	10	5
相关知识	工前准备	5	——	——
	客房预订	10	10	5
	住宿登记	10	10	5
	问讯服务	10	10	5
	行李服务	10	10	5
	离店结账	10	10	
	公关与推销	10	15	20
	沟通与协调(英语)	10	20(5)	30(15)
	管理与培训	——	——	20
合 计		100	100	100

4.2 技能操作

项 目	初 级(%)	中 级(%)	高 级(%)
工前准备	5	——	——
客房预订	15	15	5
住宿登记	15	15	5
问讯服务	15	15	5
行李服务	15	10	5
离店结账	15	15	——
公关与推销	10	15	25
沟通与协调(英语)	10	15(5)	35(30)
管理与培训	——	——	20
合 计	100	100	100

技能要求

参考文献

[1] 陈乃法.饭店前厅客房服务与管理[M].北京:高等教育出版社,2003.

[2] 徐文苑,贺湘辉.酒店前厅管理实务[M].广州:广东经济出版社,2005.

[3] 王明景.前厅服务实训教程[M].北京:科学出版社,2007.

[4] 宋健强.前厅服务与管理[M].北京:经济科学出版社,2008.

[5] 孟庆杰,刘颖.前厅与客房管理[M].武汉:武汉大学出版社,2009.

[6] 王赫男,郭亚军.前厅部运营管理[M].北京:电子工业出版社,2009.

[7] 曹艳芬.酒店前厅服务与管理[M].天津:天津大学出版社,2011.

[8] 吴玲.前厅管理与运行[M].上海:上海交通大学出版社,2011.

[9] 刘伟.前厅与客房管理(第3版)[M].北京:高等教育出版社,2012.